21世纪高职高专规划教材·金融保险系列

证券投资实务（第二版）

主　编　杨立功
副主编　景海萍
参　编　周　嵘　赖朝果　崔　嵩

中国人民大学出版社
·北京·

21 世纪高职高专规划教材・金融保险系列
参编人员及单位

马海涛　中央财经大学
王玉雄　中国人民银行营业管理部
孔立平　东北财经大学
付　菊　保险职业学院
刘金波　哈尔滨金融学院
安秀梅　中央财经大学
邢天才　东北财经大学
伏琳娜　辽宁金融职业学院
杨　虹　中央财经大学
李元伟　辽宁信息职业技术学院
李杰辉　福建江夏学院
张伟芹　北京财贸职业学院
张晓洁　山东理工大学
郑祎华　辽宁金融职业学院
赵锡军　中国人民大学
夏雪芬　保险职业学院
唐宴春　山东轻工业学院金融职业学院
满玉华　黑龙江财经学院
王　力　山西财税专科学校
王红梅　哈尔滨金融学院
石月华　山西财税专科学校
刘连生　广东金融学院
刘淑娥　北京财贸职业学院
关颖哲　辽东学院
邢俊英　中央财经大学
杜　鹃　上海金融学院
李　民　福建商业高等专科学校
李军燕　山西财税专科学校
张为群　浙江金融职业学院
张劲松　浙江金融职业学院
张强莉　山东轻工业学院
武　飞　北京财贸职业学院
赵煜光　中华女子学院
倪信琦　福建江夏学院
温来成　中央财经大学

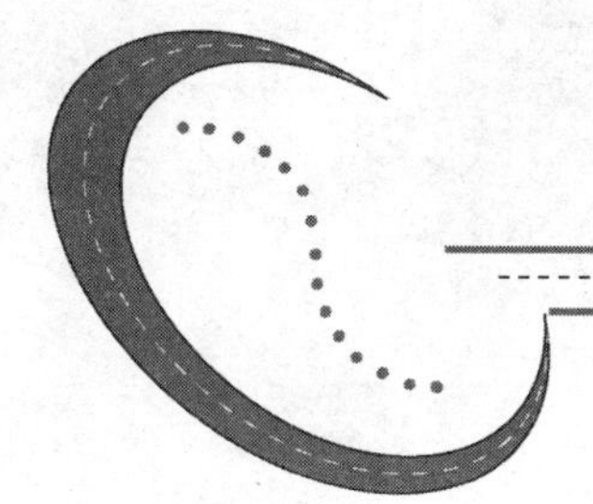

前　言

证券是现代经济活动和社会生活中重要的金融工具，证券投资是现代社会中具有举足轻重地位的投资活动。

在现代投资知识体系框架中，产业投资和金融投资是其中的两大核心主体，此外还包括以收藏品投资为主的实物性投资等。从某种角度上讲，产业投资具有较大的深度，而金融投资具有较大的广度（虽然金融投资也不乏深度）。金融投资根据投资对象不同，有股票投资、债券投资、基金投资、外汇投资和衍生金融工具投资等。

本书是课程项目教学改革的成果之一，体现出鲜明的高等职业教育教学特色，符合高等职业教育“理论知识以应用为目的，以必需、够用为度，兼顾未来职业发展”的要求，强调基础性与应用性的统一。本书作为高职高专经济管理类、金融保险类专业的核心课程教材，突出对学生分析能力、操作能力的培养，重视发展学生的动手实践能力。

本书内容由证券投资基础知识、证券投资基本分析、证券投资技术分析、现代金融投资理论和实战指导等组成。其中证券投资基础知识既是为了方便没有证券投资基础知识的学生学习，又兼顾证券从业人员资格考试。证券投资基本分析共有两个学习项目，包括“宏观经济形势与证券市场运行趋势”、“行业分析和公司分析”，这是价值投资的经典内容。“证券投资技术分析的主要理论”是本教材中难度较大的部分，是有力的分析工具。实战部分对没有经验的投资者（尤其是在校学生）迅速适应投资环境有较好的帮助。

本书由黄河水利职业技术学院财经系投资与理财教研室主任、高级理财规划师杨立功老师策划、总纂，具体分工为：陕西财经职业技术学院的景海萍老师编写了项目一、项目二；郑州铁路职业技术学院的周嵘老师编写了项目三；黄河水利职业技术学院的杨立功老师编写了项目四、项目五，赖朝果老师编写了项目六、项目七，崔嵩老师编写了项目八和附录。

在本书的编写过程中，我们吸收了前辈及同行很多值得借鉴的成果，也吸收了众多股民朋友的观点、感受和实战经验，在此对他们表示衷心的感谢。

尽管我们力求完美，并为此进行了不懈努力，但由于能力有限，教材中难免存在纰漏甚至错误之处，恳请各位专家、同行以及细心的读者批评指正。

杨立功

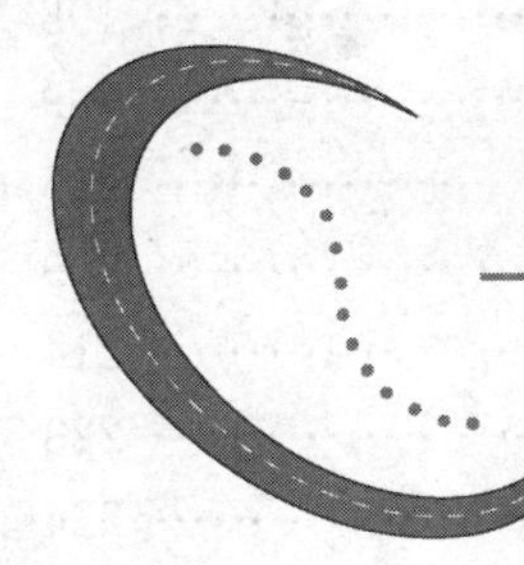

目 录

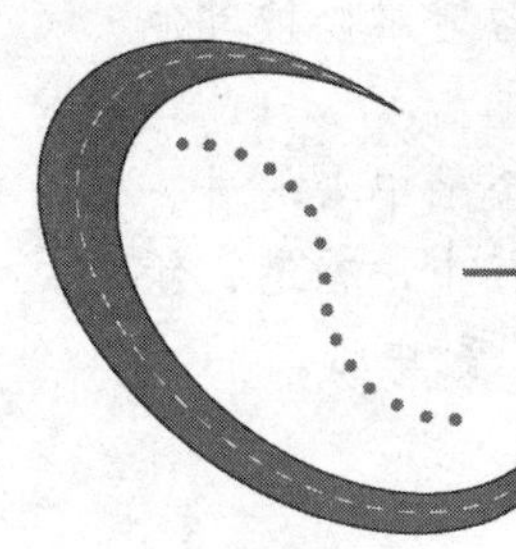

项目一 金融市场

学习要点

- 了解金融市场、金融资产与金融投资
- 熟悉金融市场的构成要素
- 知道金融市场的类型并熟悉其功能
- 掌握证券价格和证券价格指数
- 理解证券投资收益与风险的关系

案例导入

“金融第三极”即将形成

国际金融格局正在发生深刻变化，亚洲金融中心综合竞争实力及话语权不断提升。

2013年《全球金融中心指数》报告显示，亚洲金融中心对传统欧美金融中心的赶超之势强劲，不仅进入前列的亚洲金融中心的数量在增加，一些后起之秀也在迎头赶上。

香港、新加坡和东京三大亚洲金融中心紧随伦敦和纽约，排名全球第三至第五，首尔进入全球前十，上海和深圳的排名大幅上升，分别位居第十六和第二十七，吉隆坡、卡塔尔、迪拜、特拉维夫等亚洲新兴金融中心的全球排名也较为靠前，亚洲金融中心正在国际金融格局中扮演越来越重要的角色。

尽管欧美金融中心受到来自亚洲的挑战，但伦敦和纽约仍然是当前世界上仅有的两个全球性金融中心，在全球金融体系中居于核心地位。2012年，纽约和伦敦的股票市场规模合计约占全球市场总量的40%，债券市场年交易额合计约占全球市场总量的30%，2013年4月份的外汇市场日均成交额合计占全球市场份额的60%。此外，伦敦和纽约在商品期货交易、金融衍生品交易、保险市场保费收入等各个方面均大幅领先于全球其他城市，其金融国际影响力暂时难以被其他城市所赶超。

报告的调查结果也显示，越来越多的金融从业人士看好亚洲金融中心的进一步崛起，并会出现一个与伦敦和纽约相媲美的“金融第三极”。其中，香港、新加坡、上海被认为最有希望成为伦敦和纽约之后的第三个全球性金融中心。

资料来源：http://www. Landscape. cn/news。

任务一　熟悉金融市场及其构成要素

活动一　了解金融市场、金融资产与金融市场投资

一、金融市场

在现代经济系统中，有三类重要的市场对经济的运行起着主导作用，这就是要素市场、产品市场和金融市场。要素市场是分配土地、劳动与资本等生产要素的市场；产品市场是商品和服务进行交易的市场；金融市场是在经济系统中引导资金的流向，沟通资金由盈余部门向短缺部门转移的市场。金融市场是现代市场体系的重要组成部分，与其他市场相比较，具有以下特点。

（一）交易对象的同质性

一般商品市场交易的对象是具有不同使用价值的商品，而金融市场交易的对象是资金或代表资金的各种票据、凭证和证券，这种“商品”的使用价值都是相同的，即都具有获利的可能。

（二）交易价格的特殊性

一般商品的交易价格是由商品价值所决定的，价格是价值的货币表现，而金融商品的价格则表现为“利率”。这里需要指出的是，各种金融商品有各自的价格表现，但它们的价格与利率有着密切的联系。金融商品的供求是以一定的利率水平为参照进行的。

（三）交易目的的多重性

一般商品的交易目的比较单纯，卖者的目的是实现商品的价值，买者的目的是获得商品的使用价值。金融商品的交易目的则比较复杂，在发行市场，发行者的目的是筹集资金用于生产经营活动，购买者主要是投资获利；在交易市场，金融商品交易的目的主要表现为获取投资回报而购买证券、急需现金而卖出证券、回避风险而卖出证券等。

二、金融资产

金融资产是一切可以在有组织的金融市场上进行交易、具有现实价格和未来估价的金融工具的总称。金融资产的最大特征是能够在市场交易中为其所有者提供即期或远期的货币收入流量。例如，我们将一定量的黄金存入银行，银行会开具相应票据，这里的黄金就

是实物资产，而银行票据就是金融资产。显然，这里的实物资产和金融资产同时存在，但它们的意义是有区别的，实物资产指的是实物本身，而金融资产指的是对实物资产的某种权利的追索权。任何金融资产的交易不会增加实物资产，而只是转让了实物资产的相应权利。可见金融资产体现在价格上，实物资产体现在价值上；金融资产是虚拟化的，实物资产是实体化的。

即问即答

什么是金融资产？与实物资产有何不同？

阅读材料

金融活动、金融资产、金融产品和金融工具之间有何区别?

1. 金融活动

资金在盈余方和短缺方之间进行的有偿调剂或借贷活动，称为资金融通或金融活动。

2. 金融资产

金融资产属于无形资产的一种，它是指建立在债权、债务关系基础上的要求另一方提供报偿的所有权或索取权。具体来说，是指一切代表未来收益或资产合法要求权的具有资金融通性质的凭证。它不是社会财富的代表者，不能直接用于生产和消费，但却是居民、企业或政府机构的财富代表。金融资产主要包括三类：一是债务性证券，如个人或企业在银行的存款；二是权益性证券，如公司股票等；三是衍生性证券，如期货合约、期权合约等。

3. 金融产品

金融产品是指由金融机构设计和开发的各种金融资产，如银行储蓄、政府债券、商业票据、回购协议等。

4. 金融工具

金融工具是指那些可以用来进行交易的金融产品。它与金融产品的区别在于，金融工具可以进行交易，而金融产品则不一定可以进行交易，如银行存款属于金融产品而不属于金融工具。

三、金融市场投资

金融市场投资（以下简称金融投资）是以金融市场为依托的一种投资，是指投资者在金融市场上，通过存放款、拆借资金和票据承兑贴现，以及买卖各种有价证券的形式进行投资。广义的金融投资是指进行一切金融资产买卖的投资；狭义的金融投资是指有价证券的投资。在现实的经济生活中，我们常常把钱存进银行，或者把钱换成股票、外汇、黄金等，其实就是在进行金融投资。金融投资与实物投资既有联系又有区别。二者的区别主要表现为：

第一，投资主体不同。实物投资的主体是直接投资者，也是资金需求者，他们通过运用资金直接从事生产经营活动，如投资办厂、购置设备或从事商业经营活动。金融投资的主体是间接投资者，也是资金供应者，他们通过向信用机构存款，进而由信用机构发放贷款，或通过参与基金投资和购买有价证券等向金融市场提供资金。

第二，投资客体不同。实物投资的对象是各种实物资产；金融投资的对象则是各种金融资产，如存款或购买有价证券等。

第三，投资目的不同。实物投资的目的是从事生产经营活动，获取生产经营利润，着眼于资产存量的增加和社会财富的增长，直接形成社会物质生产力，从投入和产出的关系看，实物投资是一种直接投资，可称为“实业性投资”；金融投资的目的在于金融资产的增值收益，它们并不直接增加社会资产存量和物质财富，从投入和产出的关系看，金融投资是一种间接投资，可称为“资本性投资”。

二者的联系主要是：

第一，投资媒介物或者说投资手段相同。实物投资与金融投资都是对货币资金的运用，即以货币作为投资手段或媒介物，只是对象及目的不同。因此，金融投资总量和实物投资总量同属于全社会货币流通总量的范围，二者均为社会货币流通总量的重要组成部分。

第二，金融投资为实物投资提供了资金来源，实物投资是金融投资的归宿。一方面，尽管金融投资并不直接增加社会资产存量，但通过金融投资活动，为实物投资筹集到了生产经营资金，从而间接地参与了社会资产存量的积累；另一方面，金融投资是把社会闲置的货币资金转化为生产资金，而最终归宿也是进行实物投资，只不过它是通过一个间接的过程实现的。

此外，金融投资的收益也来源于实物投资在再生产过程中创造的物质财富。

活动二　熟悉金融市场的构成要素

世界各国金融市场的发达程度尽管各不相同，但就市场本身的构成要素来说，都不外乎金融市场主体、金融市场客体、金融市场的组织形式、金融市场价格、金融市场监管者五个要素。

一、金融市场主体——参与者

金融市场的主体就是金融市场业务活动的参与者，包括资金的需求者、资金的供应者和金融中介机构等。资金的需求者是通过金融商品的发行来筹集资金的金融机构、政府部门、企业等，他们既是资金的需求者，又是金融工具的提供者。资金的供应者即金融市场的投资者，他们将自己暂时闲置的资金以购买金融商品的形式提供给资金需求者。金融中介机构是资金融通活动的重要机构，是资金需求者和供应者之间的纽带。只有金融市场主体积极参与，才可能使金融业务不断创新，促使金融部门提高效率，更好地满足投资者和筹资者的需要。

二、金融市场客体——交易对象

金融市场交易的客体是货币资金，货币资金的载体就是各种金融工具，包括存单、票据、债券、股票、黄金、外汇等。金融工具按其性质不同可分为三大类：一是所有权凭证，如股票；二是债权凭证，如债券和票据等；三是权利义务关系凭证，如各类期货合同和期权合约等。金融市场的参与者对金融工具的选择通常从流动性、收益性和风险性等方面考虑。一个健康、完善、发达的金融市场，能够向参与者提供众多的可供选择的金融工具，从短期的票据、国库券到长期的债券和股票等一应俱全。这主要是从金融市场一切活动的目的最终都实现资金融通这个角度来理解的。因为无论是银行的存款和贷款还是股票、债券的买卖，最终都是货币资金从盈余方流向赤字方。

即问即答

举例说明金融市场的交易工具。

三、金融市场的组织形式

金融市场的组织形式是指将参与者与代表货币资金的金融工具联系起来并促成买卖双方进行交易的方式，主要有三种：一是有固定场所的有组织、有制度、集中进行交易的方式，如交易所方式。证券买卖双方在交易所内公开竞争，通过出价与还价的形式来决定证券的成交价格。交易所本身不参加证券的买卖，也不决定证券买卖的价格，而是履行对证券交易的监督职能。因此它创造了一个具有连续性和集中性的证券交易市场，有利于形成公平合理的交易价格，在保证信息充分披露的基础上，便利投资与筹资。二是在各金融机构柜台上买卖双方进行面议的、分散交易的方式，如柜台交易方式。与交易所那种以竞价方式确定交易价格不同，柜台交易方式通过作为交易中介的金融机构如银行、证券公司的柜台来协商价格，买卖金融工具。三是场外交易方式，是指既没有固定场所，又不直接接触，而主要通过中介机构、借助电信手段来完成交易的方式。随着金融市场的分工逐渐细化，这种场外交易方式将越来越普遍。

即问即答

1. 在网上买卖股票属于金融市场的哪种组织形式？
2. 网上模拟股票交易属于模拟场内交易还是场外交易？

四、金融市场价格

在金融市场上，既然有交易，就必然要有交易价格。金融市场的交易价格是金融工具按照一定的交易方式在交易过程中所产生的价格，它与金融工具的供求、相关金融资产的价格以及交易者的心理预期等因素密切相关，其高低直接决定了交易者的实际收益大小，所以它是金融市场的另一个重要构成要素。金融市场上货币资金借贷的交易价格和金融工具买卖的交易价格是两个不同的概念。货币资金借贷的交易价格通常表现为利率；金融工具的价格表现为它的总值，即本金加收益。可见，金融市场的交易价格不同于商品市场的商品交易价格，众多的因素使金融市场的价格变得更加复杂。一般来说，一个有效的金融市场必须具有一个高效的价格运行机制，这样才能正确地引导金融资产的合理配置与优化。

五、金融市场监管者

我国目前金融市场的监管包括专门机构的日常管理和中央银行的监督管理。具体来看，由证券监督管理委员会负责证券业的监督管理；由保险监督管理委员会负责保险业的监督管理；由银行监督管理委员会负责银行业的监督管理；由中央银行实施全面的监督管理。

任务二　知道金融市场的类型和功能

活动一　知道金融市场的类型

金融市场是统一市场体系的一个重要组成部分。它与消费品市场、生产资料市场、劳动力市场、技术市场、信息市场、房地产市场、旅游服务市场等各类市场相互联系、相互依存，共同形成统一市场的有机整体。在整个市场体系中，金融市场是最基本的组成部分之一，是联系其他市场的纽带。从某种意义上说，金融市场的发展对整个市场体系的发展起着举足轻重的制约作用，市场体系中其他各市场的发展则为金融市场的发展提供了条件和可能。金融市场可按不同的分类标准进行不同的分类。

一、国际金融市场和国内金融市场

国际金融市场是指由经营国际货币和金融业务的金融机构组成的市场，其经营内容包括资金借贷、外汇买卖、证券买卖、资金交易等。

国内金融市场是指由国内金融机构组成的市场，从事各种货币、证券及其他金融业务活动。国内金融市场又分为城市金融市场和农村金融市场，或者分为全国性、区域性、地方性金融市场。

二、货币市场和资本市场

货币市场是指一年以下的短期资金融通市场，如同业拆借、票据贴现、短期债券及可转让存单的买卖。

资本市场是指主要进行一年以上中长期资金交易的市场，如股票与长期债券的发行和流通。

三、债券市场和股票市场

债券市场是指交易到期可以还本付息的各种债券的市场，如国库券和企业债券交易市场。

股票市场是指交易公司或企业的股权凭证的市场，持有人有权得到公司的红利分配，

但没有索要本金的权利。

四、一级市场和二级市场

一级市场是指各种金融证券的发行场所，也称发行市场。

二级市场是指各种已经发行、处于流通中的金融证券在投资者之间进行买卖的场所。

五、金融现货市场和金融期货市场

金融现货市场是指融资活动成功交易后立即付款交割的市场，如股票与债券市场。

金融期货市场是指投资或融资活动成功交易后按合约规定在指定日期进行交割的市场，如股指期货市场。

金融市场是一个整体，它是由各个子市场综合而成的，金融市场体系如图1—1所示。

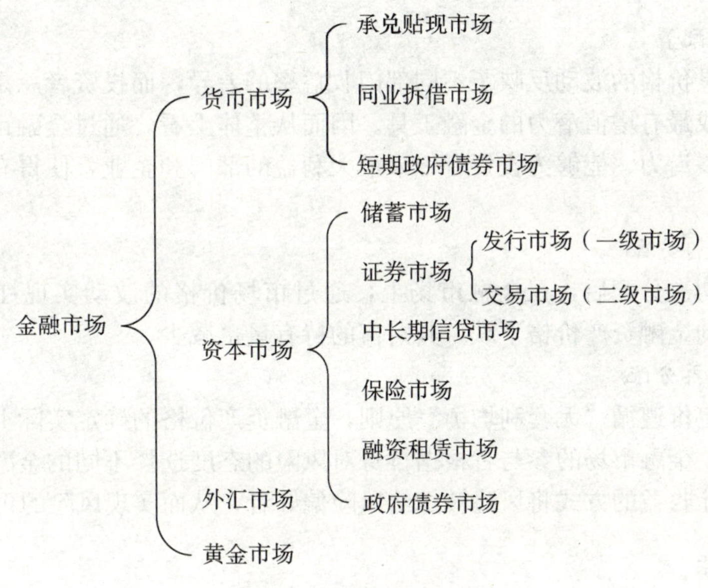

图1—1　金融市场体系

即问即答

请将下列金融交易进行分类，判断它们各属于哪些市场：

(1) 今天你在一家银行为购买一辆小汽车而获得了偿还期为2年的3万元贷款。

(2) 你在附近银行购买了9 000元的国库券，今天交割。

(3) 某A股普通股票价格上涨，为此你电话指示经纪人买入100股。

(4) 你获得了一笔收入，并和本地一家基金公司联系，买入20 000元证券投资基金。

金融市场还有很多其他的划分方法，如按照交易方式不同可以分为场内交易市场和场外交易市场。目前国内的上海证券交易所和深圳证券交易所都是场内交易市场，而早期在深圳进行证券交易的柜台式交易就是场外交易市场。不以交易所形式存在的场外交易市场最典型的就是美国的纳斯达克市场。从现代交易的电子化、网络化、无纸化等方面及过程来看，场内交易市场与场外交易市场的界限越来越模糊。

活动二　熟悉金融市场的功能

一、聚敛功能

金融市场可以将闲置的、分散的、零星（小额）的资金积聚起来，汇聚成为可以投入社会再生产的大规模资金。可以说，金融市场发挥着资金“蓄水池”的作用。金融市场上多种多样的金融工具为聚敛功能的正常发挥提供了物质保证。最常见的如商业银行，众多储户把闲置的、零星的小额资金存入商业银行，商业银行便聚敛了大量的资金。保险市场、证券市场也是如此。

二、配置功能

（一）资源的配置

由于金融工具价格的波动反映了不同部门收益率的差异，而投资者总是会选择将资金投向收益率最高或最有增值潜力的金融工具。因而从整体上看，通过金融市场的作用，资金会流向最有发展潜力、能够为投资者带来最大利益的部门和企业，使得有限的资源能够得到合理的利用。

（二）财富的再分配

国民收入经初次分配后，在金融市场上，通过市场价格的波动实现社会财富的再分配。投资者持有的金融资产价格下跌，其财富的持有量也减少。

（三）风险的再分配

金融资产的定价遵循“无套利均衡”原则，金融资产价格的确定实际上反映了风险和收益的动态均衡。金融市场的参与者根据自身对风险的态度选择不同的金融工具，风险厌恶者可以通过出让收益的方式将风险转嫁给风险偏好者，从而实现风险的再分配。

三、调节功能

调节功能是指金融市场对宏观经济的调节作用。金融市场一边连着储蓄者，另一边连着投资者，金融市场的运行机制通过对储蓄者和投资者的影响而发挥调节宏观经济的作用。

第一，从微观上分析，金融市场具有直接调节作用。

在金融市场大量的直接融资活动中，投资者为了自身利益，一定会谨慎、科学地选择投资的国家、地区、行业、企业、项目及产品。只有符合市场需要、效益高的投资对象，才能获得投资者的青睐。而且投资对象在获得资本后，只有保持较高的经济效益和较好的发展势头，才能继续生存并进一步扩张。否则，其证券价格就会下跌，继续在金融市场上筹资就会面临困难。

第二，从宏观上分析，金融市场的存在与发展，为政府实施对宏观经济活动的间接调控创造了条件。

货币政策属于调节宏观经济活动的重要宏观经济政策，其具体的调控工具有存款准备金政策、再贴现政策、公开市场操作等，这些政策的实施都是以金融市场的存在、金融部门及企业成为金融市场的主体为前提的。金融市场为中央银行实施货币政策提供了一个平台。金融市场既是提供货币政策操作的场所，也提供实施货币政策的决策信息。这是因为政府有关部门可以通过收集和分析金融市场的运行情况来为政策的制定提供依据；中央银行在实施货币政策时，通过金融市场可以调节货币供应量、传递政策信息，最终影响到各经济主体的经济活动，从而达到调节整个宏观经济运行的目的；财政政策的实施也越来越离不开金融市场，政府通过国债的发行及运用等方式对各经济主体的行为加以引导和调节，并提供中央银行进行公开市场操作的手段，同时也对宏观经济活动产生着巨大的影响。

四、反映功能

金融市场历来被称为国民经济的“晴雨表”和“气象台”，是公认的国民经济信号系统。这实际上就是金融市场反映功能的写照。

第一，金融市场是反映微观经济运行状况的指示器。

由于证券买卖大部分在证券交易所进行，人们可以随时通过这个市场了解到各种上市证券的交易行情，并据此判断投资机会。所以证券价格的涨跌在一个有效的市场中实际上反映着其背后企业的经营管理情况及发展前景。

一个有组织的市场，一般也要求上市的公司定期或不定期地公布其经营信息和财务报表，这也有助于人们了解及推断上市公司及相关企业、行业的发展前景。

第二，金融市场交易直接和间接地反映国家货币供应量的变动。

货币的紧缩和放松均是通过金融市场进行的，货币政策实施时，金融市场会出现波动，显示出紧缩和放松的程度。因此，金融市场所反馈的宏观经济运行方面的信息，有利于政府部门及时制定和调整宏观经济政策。

即问即答

举例说明金融市场的聚敛功能和反映功能。

任务三　掌握证券市场相关知识

活动一　熟悉证券市场的定义、特征和结构

一、证券市场

证券市场是股票、债券、投资基金份额等有价证券发行和交易的场所。证券市场以证券发行与交易的方式实现了筹资与投资的对接，有效地化解了资本的供求矛盾和资本结构调整的难题。

二、证券市场的特征

(1) 证券市场是金融工具交换的场所。

(2) 证券市场是财产权利直接交换的场所。证券市场上的交易对象是作为经济权益凭证的股票、债券、投资基金份额等有价证券，它们本身是一定量财产权利的代表，所以，代表着对一定数额财产的所有权或债权以及相关的收益权。证券市场实际上是财产权利直接交换的场所。

(3) 证券市场是风险直接交换的场所。有价证券既是一定收益权利的代表，也是一定风险的代表。有价证券的交换在转让出一定收益权的同时，也把该有价证券所特有的风险转让出去。所以，从风险的角度分析，证券市场也是风险直接交换的场所。

三、证券市场的结构

证券市场的结构是指证券市场的构成及各部分之间的量比关系。证券市场的结构主要有层次结构与品种结构。

(一) 层次结构

这是一种按证券进入市场的顺序而形成的结构关系。按这种顺序关系划分，证券市场的构成可分为发行市场和交易市场。证券发行市场又称“一级市场”或“初级市场”，是发行人以筹集资金为目的，按照一定的法律规定和发行程序，向投资者出售新证券所形成的市场。证券交易市场又称“二级市场”或“次级市场”，是已发行的证券通过买卖交易实现流通转让的市场。

证券发行市场和流通市场相互依存、相互制约，是一个不可分割的整体。证券发行市场是流通市场的基础和前提，有了发行市场的证券供应，才有流通市场的证券交易，证券发行的种类、数量和方式决定着流通市场的规模和运行。流通市场是证券得以持续扩大发行的必要条件，为证券的转让提供市场条件，使发行市场充满活力。此外，流通市场的交易价格制约和影响着证券的发行价格，是证券发行时需要考虑的重要因素。

(二) 品种结构

这是依有价证券的品种而形成的结构关系。这种结构关系的构成主要有股票市场、债券市场、基金市场、衍生品市场等。

股票市场是股票发行和买卖交易的场所。股票市场的发行者为股份有限公司。股份有限公司通过发行股票募集公司的股本，或是在公司营运过程中通过发行股票扩大公司的股本。股票市场交易的对象是股票，股票的市场价格除了与股份公司的经营状况和盈利水平有关外，还受到其他如政治、社会、经济等多方面因素的综合影响。

债券市场是债券发行和买卖交易的场所。债券的发行人有中央政府、地方政府、中央政府机构、金融机构、公司（企业）。债券发行人通过发行债券筹集的资金一般都有期限，债券到期时，债务人必须按时归还本金并支付约定的利息。债券市场交易的对象是债券，债券有固定的票面利率和期限，因此，相对于股票价格而言，债券价格比较稳定。

基金市场是基金份额发行和流通的市场。封闭式基金在证券交易所挂牌交易，开放式基金则通过投资者向基金管理公司申购和赎回来实现流通转让。此外，近年来，全球各主要市场均开设了交易型开放式指数基金（ETF）和上市开放式基金（LOF）交易，使开放式基金也可以在交易所市场挂牌交易。

衍生品市场是各类衍生产品发行和交易的市场。随着金融创新在全球范围内的不断深化，衍生品市场已经成为金融市场不可或缺的重要组成部分。

活动二　了解证券市场的产生和发展

证券市场是指各种股票、债券、投资基金以及其他有价证券发行和买卖的场所，它是金融市场的重要组成部分，在金融市场体系中处于重要地位。伴随着我国经济体制的改革和金融市场体系的建立与完善，证券市场有了前所未有的迅速发展，证券投资已经成为企业及居民经济生活的重要组成部分。

一、证券市场的产生条件

（一）证券市场的形成得益于社会化大生产和商品经济的大发展

在自给自足的小生产社会中，受生产力水平的制约，生产所需的资本极其有限，单个生产者的积累只能满足再生产的需要，不需要也不可能存在证券和证券市场。在从自然经济向商品经济发展的初期，由于社会分工不发达，生产力水平低下，社会生产所需要的资本除了自身积累外，还可以通过借贷资本来筹集，但当时的信用制度仍是简单落后的，证券市场无法形成。随着生产力的进一步发展，社会分工日益复杂，商品经济日益社会化，社会化大生产产生了对巨额资金的需求，依靠单个生产者自身的积累难以满足需求，即使依靠银行借贷资本也不能解决企业自有资本扩张的需要。因此，客观上需要有一种新的筹集资金的机制以适应社会经济进一步发展的要求。在这种情况下，证券与证券市场就应运而生了。

（二）证券市场的形成得益于股份制的发展

随着商品经济的发展，生产规模日渐扩大，传统的独资经营方式和家族型企业已经不能胜任对巨额资本的需求，于是产生了合伙经营的组织。随后，又由单纯的合伙组织逐步演变成股份公司。股份公司通过发行股票、债券向社会公众募集资金，实现资本的集中，用于扩大生产。股份公司的建立、公司股票和债券的发行，为证券市场的产生提供了现实的基础和客观的要求。

（三）证券市场的形成得益于信用制度的发展

只有当货币资本与产业资本相分离，货币资本本身取得了一种社会性质时，公司股票和债券等信用工具才会被充分运用。随着信用制度的发展，商业信用、国家信用、银行信用等融资方式不断出现，越来越多的信用工具逐渐涌现。信用工具一般都有流通变现的要求，而证券市场为有价证券的流通、转让创造了条件。因而，随着信用制度的发展，证券市场的产生成为必然。

二、证券市场的发展阶段

纵观证券市场的发展历史，其进程大致可分为五大阶段。

（一）萌芽阶段

在资本主义发展初期的原始积累阶段，西欧就已经有了证券的发行与交易。15 世纪意大利商业城市中的证券交易主要是商业票据的买卖。16世纪里昂、安特卫普已经有了证券交易所，当时主要交易的是国家债券。1602年在荷兰的阿姆斯特丹成立了世界上第一个股票交易所。1773年，英国的第一家交易所在“乔纳森咖啡馆”成立，1802年获得英国政府的正式批准。这家证券交易所就是世界知名的伦敦证券交易所的前身。1790年，美国国内成立了第一家证券交易所——费城证券交易所。

（二）初步发展阶段

20世纪初，资本主义从自由竞争阶段过渡到垄断阶段。正是在这一过渡中，为适应资本主义经济发展的需要，证券市场以其独特的形式有效地促进了资本的积累和集中；同时，其自身也获得了高速的发展。股份制公司数量剧增，大量的资本都处于股份公司的控制之下。与此同时，持股公司形成并获得了发展，而金融公司、投资银行、信托投资公司、证券公司形成并获得了发展。在这一时期，有价证券发行总量剧增，有价证券的结构也发生了变化，从政府债券占主要地位到公司股票和债券占主导地位。

（三）停滞阶段

1929年至1933年，资本主义国家爆发了严重的经济危机，导致各国证券市场的动荡，不仅证券市场的价格波动剧烈，而且证券经营机构的数量和业务大减。

（四）恢复阶段

20世纪60年代，欧美与日本经济的恢复和发展以及各国的经济增长大大地促进了证券市场的恢复和发展，公司证券发行量增加，证券交易所开始复苏，证券市场规模不断扩大，买卖越来越活跃。

（五）加速发展阶段

从20世纪70年代开始，证券市场出现了高度繁荣的局面，不仅证券市场的规模更加扩大，而且证券交易日趋活跃。其重要标志是反映证券市场容量的重要指标——证券化率的提高。一项研究发现，1995年年末发达国家的平均证券化率（证券市值/GDP）为70.44%，其中美国为96.59%，英国128.59%，日本73.88%。而到了2003年，美国、英国、日本三国证券化率分别提高至298.66%、296.54%、209.76%。韩国、泰国、马来西亚等新兴市场国家的该项比率也分别达到了112.4%、119.83%和240.82%。

即问即答

世界上第一个股票交易所是在什么时间、哪个国家成立的?

三、证券市场的发展趋势

20世纪90年代以来，伴随着金融全球化和世界金融体制变革的不断深入，竞争日趋激烈，国际证券市场发生了巨大变化，这些变化也揭示了证券市场的发展趋势。

（一）证券市场快速发展

随着证券市场的国际化，除个别国家外，无论是发达国家还是新兴市场国家的证券市场都实现了快速发展，并达到了空前规模。尤其是中国证券市场从无到有，发展成为最大的证券新兴市场。发达国家的证券市场在原有基础上持续快速发展。

（二）融资证券化

国家融资证券化是国债市场和股票市场形成之后出现的国家证券市场发展的新趋势。这表现为传统的以间接融资为主体的国际融资格局已被打破，以股票和债券为融资手段的融资市场得到了快速发展。另外，随着各国证券市场的快速发展，也出现了间接融资比重下降、直接融资比重上升的趋势。商业银行为了适应市场竞争的需要，加入金融创新的行列，将信贷资产证券化，将直接融资和间接融资相结合，推动了融资证券化。

（三）证券市场全球一体化进程加快

随着各国证券市场的对外开放和交易所联网，证券市场全球一体化进程加快，主要表现在如下方面。

1. 形成 24 小时交易的全球性市场

为了降低成本并引入竞争机制，各交易所跨国界进行联网，造成世界主要证券市场价格趋同，市场之间相关性大为增强，如美国股市的波动会很快引起世界其他金融市场的迅速反应。

2. 跨国发行和交易股票、债券的数量急剧增加

20 世纪 90 年代开始，发达国家和发展中国家在国外市场发行的股票规模都有跳跃式增长，其中法国、意大利约增长 60 倍；发展中国家中，拉丁美洲国家较为领先，增长了 50 倍。跨国发行的债券规模更大。

3. 投资者的跨国投资更加活跃

巨额的国际游资时刻关注着全球各地的证券交易价格和信息变化，随时寻求盈利机会，导致国际资本的迅速流动。

4. 机构投资者的地位急剧上升

专业化资产管理的机构投资者的快速发展，是全球金融体系结构变化的一个主要特征。机构投资者中共同基金是私人资本跨国证券投资的最主要力量。20 世纪末，全球的机构投资者发展都很快，并向全世界金融市场延伸，成为全世界金融市场参与跨国证券交易的主要力量。机构投资者的发展壮大，及其对全球金融市场活动的积极参与，为金融市场全球化发展提供了新的动力、增添了新的内容。

国际证券市场的发展趋势对于中国证券市场的发展具有借鉴意义，国际证券市场的发展趋势在很大程度上反映了中国证券市场的长远发展方向。

课后实践

查阅资料，了解中国证券市场的发展历程，知道我国自行创办的第一家证券交易所是哪一年成立的什么证券交易所。

活动三　掌握证券价格和证券价格指数

证券市场的基本功能之一就是对上市证券作出价格评定。影响证券价格的因素很多，最为核心的就是证券的供求关系，证券的价格以竞价的方式决定。证券市场的平均价格水平通常用证券价格指数表示。

一、证券价格

证券价格包括股票、债券、基金等有价证券的价格。这里只介绍股票价格。狭义的股票价格仅指股票的市场价格；广义的股票价格则包括票面价格、发行价格、账面价格、清算价格、理论价格和市场价格等。

（一）股票的票面价格

股票的票面价格是指股票票面载明的每股票面金额。通常情况下，股票面额以每股为单位，每一单位股份所代表的资本额就是股票的票面价值。

（二）股票的账面价格

股票的账面价格是指发行人的全部资产减去全部负债后的资产净值分摊到每股的账面净值，也叫做每股净值或每股净资产。其计算公式可以表示为：

每股账面价格＝(资产总额－负债总额)/总股数

（三）股票的发行价格

股票的发行价格是发行人发行股票或增发新股时每股的价格。如中国石油的发行价格为16.8元/股。

（四）股票的清算价格

股票的清算价格是指公司在破产清算时每股所代表的资产价格。公司破产需要进行债务清偿并对剩余资产进行分配，每股所能分配到的剩余财产就是该股票的清算价格。

（五）股票的理论价格

股票的理论价格是根据投资收益理论计算出来的价格。通俗地讲，就是等量的投资资金投资到不同的金融工具上应取得的相应收益。股票的理论价格是以股息收益与银行存款的利息收益比较后计算出来的。计算公式为：

股票的理论价格＝股息收益/利息率

计算与讨论

某股票每股收益为0.5元，同期市场利息率为5%，则该股票的理论价格为多少？若利息率为10%，该股票的理论价格为多少呢？

（六）股票的市场价格

股票的市场价格由价值决定，同时受到许多因素的影响，其中供求关系是最直接的因素，其他因素都通过作用于供求关系而影响价格，也叫交易价格或市价。它分为开盘价、收盘价、最高价、最低价和平均价等。

即问即答

股票的市场价格会低于发行价格吗？会低于账面价格吗？

二、证券价格指数

证券价格指数包括股票价格指数、债券价格指数、股票—债券复合指数等。这里主要介绍股票价格指数。

股票价格指数即股价指数，是对证券市场上的股票价格进行平均计算和动态对比后得出的数值，是反映股票总体价格水平的综合指标。在证券市场上，各种股票价格处于不断变动中，有涨有跌。用单只或少数几只股票的价格水平很难反映整个市场的行情，只能通过股票价格指数来反映和把握证券市场或某一行业股价的变动趋势。

（一）股票价格平均数

股票价格平均数反映一定时点上市股票价格的绝对水平，它可分为简单算术股价平均数、修正的股价平均数、加权股价平均数三类。人们通过对不同时点股价平均数的比较，可以看出股票价格的变动情况及趋势。

1. 简单算术股价平均数

简单算术股价平均数是将样本股票每日收盘价之和除以样本数得出的，即简单算术股价平均数＝$(p_1+p_2+p_3+\cdots+p_n)/n$。世界上第一个股票价格平均数——道·琼斯股价平均数在 1928 年 10 月 1 日前就是使用简单算术平均法计算的。简单算术股价平均数虽然计算较简便，但它有两个缺点：一是它未考虑各种样本股票的权数，从而不能区分重要性不同的样本股票对股价平均数的不同影响。二是当样本股票发生股票分割、派发红股、增资等情况时，股价平均数会产生断层而失去连续性，使时间序列前后的比较发生困难。

即问即答

假设从某一股市采样的股票为 A、B、C、D 四种，在某一交易日的收盘价分别为 10 元、16 元、24 元和 30 元，该市场股价平均数是多少？若 D 股票以 1 股分割为 3 股时，股价平均数是多少？简单算术股价平均数有哪些缺点？

2. 修正的股价平均数

修正的股价平均数有两种：一是除数修正法，又称道式修正法，这是美国道·琼斯在 1928 年创造的一种计算股价平均数的方法。该法的核心是求出一个常数除数，以修正因股票分割、增资、发放红股等因素造成股价平均数的变化，保持股份平均数的连续性和可比性。二是股价修正法。股价修正法就是将股票分割等变动后的股价还原为变动前的股价，使股价平均数不会因此变动。美国《纽约时报》编制的 500 种股价平均数就是采用股价修正法来计算股价平均数的。

3. 加权股价平均数

加权股价平均数是根据各种样本股票的相对重要性进行加权平均计算的股价平均数，其权数可以是成交股数、股票总市值、股票发行量等。

（二）股票价格指数

股票价格指数是将计算期的股价与某一基准日期的股价相比较的相对变化指数，可以反映市场股票价格的相对水平。平均股价虽然能在一定程度上反映股票市场的价格水平，但它不能反映市场股票价格的变化。因此，在计算平均股价的基础上，还要进一步编制股票价格指数。股票价格指数的编制分为以下四步：

第一步，选择样本股。选择一定数量有代表性的上市公司股票作为编制股票价格指数的样本股。样本股可以是全部上市股票，也可以是其中有代表性的一部分。样本股的选择主要考虑两条标准：一是样本股的市价总值要占在交易所上市的全部股票市价总值的相当部分；二是样本股的价格变动趋势必须能反映股票市场价格变动的总趋势。

第二步，选定某基期，并以一定方法计算基期平均股价或市值。通常选择某一有代表性或股价相对稳定的日期为基期，并按选定的某一种方法计算这一天的样本股平均价格或总市值。

第三步，计算计算期平均股价或市值，并作必要的修正。收集样本股在计算期的价格并按选定的方法计算平均价格。有代表性的价格是样本股收盘平均价。

第四步，指数化。即将以货币单位表示的平均股价转化成以“点”为单位的股票价格指数。其方法是以样本股计算基期股价平均值除以基期股价平均值再乘以一个固定乘数（通常为 100），即为计算期的股价指数。

三、我国的证券价格指数简介

（一）股票价格指数

（1）沪深 300 指数。由上海证券交易所和深圳证券交易所联合编制，以上海和深圳证券市场中选取的 300 只规模大、流动性好的 A 股为样本，其中沪市 179 只、深市 121 只。指数以样本股的调整股本为权重，按加权平均法计算股价指数，以 2004 年 12 月 31 日为基期，基期指数定为 1 000 点，于 2005 年 4 月 8 日正式发布。

（2）上证综合指数。由上海证券交易所编制，以上海证券交易所挂牌上市的全部股票为计算范围，包括 A 股和 B 股，以股票发行量为权重，按加权平均法计算股价指数，以 1990 年 12 月 19 日为基期，基期指数定为 100 点，于 1991 年 7 月 15 日正式发布，从总体上反映了上海证券交易所上市股票价格的变动情况。

（3）上证 180 指数。上证成分指数（简称上证 180 指数）是上海证券交易所对原上证 30 指数进行了调整并更名而成的，其样本股是在上海证券交易所挂牌上市的所有 A 股股票中抽取的最具市场代表性的 180 只样本股票，以样本股的调整股本数为权重，按加权平均法计算股价指数，基点为 2002 年 6 月 28 日上证 30 指数的收盘指数 3 299.05 点，于 2002 年 7 月 1 日正式发布。

（4）深证成指。深证成分股指数（简称深圳成指）是深圳证券交易所编制的一种成分股指数，从深圳证券交易所上市的所有股票中抽取具有市场代表性的 40 家上市公司的股票作为计算对象，以流通股为权重计算得出加权股价指数，以 1994 年 7 月 20 日为基期，基期指数定为 1 000 点，于 1995 年 1 月 23 日正式发布，综合反映了深交所上市 A、B 股的股价走势。

（5）深证 100 指数。深证 100 指数是深圳证券信息有限公司编制的，从深圳证券交易所上市的所有 A 股股票中抽取具有市场代表性的 100 家上市公司的股票作为计算对象，并以流通股为权重计算得出加权股价指数，以 2002 年 12 月 31 日为基期，基期指数定为 1 000 点，于 2003 年 1 月 2 日正式发布。

（二）债券指数

（1）上证国债指数。上海证券交易所自 2003 年 1 月 2 日起发布上证国债指数。上证国债指数以在上海证券交易所上市的、剩余期限在 1 年以上的固定利率国债和一次还本付息国债为样本，按照国债发行量加权，基日为 2002 年 12 月 31 日，基点为 100 点。

(2) 深市企业债指数。深圳证券信息有限公司于2003年2月17日起发布企业债指数。该指数以在交易所上市交易的利率固定且不附带转股、优先购买股票权利、剩余期限在1年以上（含1年）的企业债券为样本，以2002年12月31日为基准日，基日指数为100，采用派许加权法编制。需要对成分债券进行调整的情况是：新的企业债券发行上市且符合选取原则时，调入指数；成分债券剩余期限不足1年时，调出指数。

(3) 中国债券指数。2002年12月31日，中央国债登记结算有限责任公司开始发布中国债券指数系列。该指数体系包括国债指数、企业债指数、政策性银行金融债指数、银行间债券指数、交易所债券指数、中短期债券指数和长期国债指数等，覆盖了交易所市场和银行间市场所有发行额在50亿元人民币以上、待偿期限在1年以上的债券，指数样本债券每月月末调整一次。该指数系列以2001年12月31日为基日，基期指数为100，每工作日计算一次。样本债券价格选取日终全价。

（三）基金指数

基金指数由上证基金指数和深证基金指数组成。上证基金指数的选样范围为在上海证券交易所上市的所有证券投资基金，该指数的基期指数为1 000点，指数代码为000011，于2000年5月9日开始正式发布。深证基金指数的样本包括已在深圳证券交易所上市的所有证券投资基金。新上市的基金自上市后第2个交易日起纳入指数计算范围。深证基金指数的编制采用派许加权综合指数法计算，权数为各证券投资基金的总发行规模，以2000年6月30日为基日，基期指数为1 000点。基金指数的计算方法、修正方法与股票指数大致相同，只是基金指数不纳入上证综合指数等任何一个股价指数的编制范围。

四、世界主要股票价格指数简介

（一）道·琼斯股票价格指数

道·琼斯股票价格指数是国际上最有影响、使用最广泛的股票价格指数，它有一百多年的历史，从编制到今天从未间断。道·琼斯股票价格指数是道·琼斯公司的创始人之一查尔斯·道于1884年7月3日开始编制并刊登在《每日通讯》上的。现今的道·琼斯股票价格指数发表在《华尔街日报》上，共分四组：工业股票价格指数、运输业股票价格指数、公用事业股票价格指数、综合股票价格指数。其中，使用最多的是工业股票价格指数。道·琼斯股票价格指数以1928年10月1日为基期，基期股价平均数为100，以后各期的股票价格同基期相比计算出的百分数，即为各期的股票价格指数。道·琼斯股票价格指数在纽约证券交易所营业时，每隔半小时公布一次。道·琼斯股票价格指数被《华尔街日报》及多种报纸登载。

（二）标准·普尔股票价格综合指数

标准·普尔公司是美国最大的一家证券研究机构，它于1923年开始编制股票价格指数。1957年，标准·普尔公司选择500种股票，采用计算机将这些普通股票价格加权平均编制成股票价格综合指数，每小时计算和公布一次。标准·普尔股票价格综合指数的特点是信息资料全，能反映股市的长期变化。

（三）纽约证券交易所股票综合指数

纽约证券交易所从1960年开始编制和发布自己的股票价格综合指数，包括四组：工业股票价格指数、金融业股票价格指数、运输业股票价格指数和公用事业股票价格指数。

该股票综合指数采用加权平均法计算，以 1965 年 12 月 31 日为基期，每半小时计算和公布一次。

（四）伦敦金融时报股票价格指数

该指数由英国金融界著名报纸《金融财报》编制，包括三个股票指数：30 种股票的指数、100 种股票的指数和 500 种股票的指数，以 1935 年为基期，每小时计算一次，下午五时计算一次收盘指数。

（五）日本经济新闻道式股票指数

第二次世界大战后不久，日本东京证券交易所开始模仿美国道·琼斯股票价格指数编制自己的股票价格指数。1975 年，日本经济新闻社正式向道·琼斯公司买进商标，将其编制的股票价格指数定名为“日本道式平均股票价格”。

（六）香港恒生指数

恒生指数是香港恒生银行于 1969 年开始发表的。该指数以选定的 33 种有代表性的股票为计算对象，以 1964 年 7 月 31 日为基期，每天计算三次。它是人们观察香港股市变化的尺度。

活动四　理解证券投资收益与风险的关系

一、证券投资收益

收益和风险是并存的，通常收益越高，风险越大。投资者只能在收益和风险之间加以权衡，即在风险相同的证券中选择收益较高的，或在收益相同的证券中选择风险较小的进行投资。

（一）股票收益

股票投资的收益是指投资者从购入股票开始到出售股票为止整个持有期间的收入，它由股息、资本利得和公积金转增股本组成。

1. 股息

股份有限公司在会计年度结算后，会将一部分净利润作为股息分配给股东。其中，优先股股东按照规定的固定股息率优先取得固定股息，普通股股东则根据余下的利润分取股息。股东在取得固定的股息以后又从股份有限公司领取的收益，称为红利。股息的具体形式有现金股息，即以货币形式支付的股息，这是最普通、最基本的股息形式；股票股息即以股票的方式派发的股息，采用增发普通股并发放给普通股股东的形式。

2. 资本利得

股票买入价与卖出价之间的差额就是资本利得，或称资本损益。资本利得可正可负。

3. 公积金转增股本

公积金转增股本也采取送股的形式，但送股的资金不是来自于当年可分配盈利，而是公司提取的公积金。公司提取的公积金有法定公积金和任意公积金。法定公积金的来源有以下几项：一是股票溢价发行时，超过股票面值的溢价部分，要转入公司的法定公积金；二是依据《公司法》的规定，每年从税后净利润中按比例提存部分法定公积金；三是公司经过若干年经营以后资产重估增值部分；四是公司从外部取得的赠与资产，如从政府部门、国外部门及其他公司等得到的赠与资产。

我国《公司法》规定，公司分配当年税后利润时，应当提取利润的10%列入公司法定公积金。公司法定公积金累计额为公司注册资本的50%以上的，可以不再提取。股东大会决议将公积金转为资本时，按股东原有股份比例派送红股或增加每股面值。但法定公积金转为资本时，所留成的该项公积金不得少于注册资本的25%。

（二）债券收益

1. 债券收益的来源

债券的投资收益来自三个方面：一是债券的利息，二是资本利得，三是再投资收益。

（1）债券的利息。债券的利息取决于债券的票面利率和付息方式。债券的票面利率是指1年的利息占票面金额的比率。债券的付息方式是指发行人在债券的有效期间内，何时或分几次向债券持有者支付利息。一般把债券利息的支付分为一次性付息和分期付息两大类。

（2）资本利得。是指债券买入价与卖出价或买入价与到期偿还额之间的差额。

（3）再投资收益。是指投资债券所获现金流量再投资的利息收入。对于附息债券而言，投资期间的现金流是定期支付的利息，再投资收益是将定期所获得的利息进行再投资而得到的利息收入。

2. 债券收益率

债券收益率有票面收益率、直接收益率、持有期收益率、到期收益率和贴现债券收益率等，这些收益率分别反映了投资者在不同买卖价格和持有年限下的实际收益水平。

（1）票面收益率。票面收益率又称名义收益率或票息率，是债券票面上的固定利率，即年利息收入与债券面额之比率。票面收益率只适用于投资者按票面金额买入债券直至期满并按票面金额偿还本金这种情况。

（2）直接收益率。直接收益率又称本期收益率、当前收益率，指债券的年利息收入与买入债券的实际价格之比率。直接收益率反映了投资者的投资成本带来的收益。

例1—1：债券的面额为1 000元，一年期，票面利率为10%，现以950元的发行价公开发行，投资者在认购债券后到期满可获得的直接收益率为：

$$1\,000\times10\%/950=10.53\%$$

计算与讨论

假如例1—1中的发行价格为1 200元，试计算其直接收益率，并分析投资者购买债券的价格低于或高于债券面额时，其收益率与票面利率有何不同。

（3）持有期收益率。指买入债券后持有一段时间，又在债券到期前将其出售而得到的收益率。它包括持有债券期间的利息收入和资本损益。

1）息票债券在债券期满之前出售或转让，其持有期收益率的计算公式为：

$$\text{持有期收益率}=\frac{(\text{债券的年利息}+\text{持有期平均每年的资本利得})}{\text{债券买入价格}}\times100\%$$

例1—2：债券的面额为1 000元，期限5年，票面利率10%，买入价为950元，到第三年年末以995元的价格转让，则持有期收益率为：

[1 000×10%+(995−950)/3]/950=12.11%

2）一次还本付息债券中途转让时，因为转让价格中包含了持有期的利息收入，其持有期收益率计算公式为：

持有期收益率=平均每年资本利得/债券买入价格

例 1—3：债券的面额为 1 000 元，5 年期，票面利率 10%，买入价为 1 035 元，到第三年年末以1 295 元的价格转让，则持有期收益率为：

(1 295−1 035)/3/1 035=8.37%

（4）到期收益率。到期收益率又称最终收益率，一般的债券到期都按面值偿还本金，所以，随着到期日的临近，债券的市场价格会越来越接近面值。到期收益率同样包括了利息收入和资本损益。

（5）贴现债券收益率。贴现债券又称贴水债券，是指以低于面值发行、发行价与票面金额之差额相当于预先支付的利息、债券期满时按面值偿付的债券。贴现债券一般用于短期债券的发行，如美国政府国库券。

二、证券投资风险

一般而言，风险是指对投资者预期收益的背离，或者说是证券收益的不确定性。证券投资的风险是指证券预期收益变动的可能性及变动幅度。与证券投资相关的所有风险称为总风险，总风险可分为系统风险和非系统风险两大类。

（一）系统风险

系统风险是指由于某种全局性的共同因素引起的投资收益的可能变动，这些因素来自企业外部，是单一证券无法抗拒和回避的，因此又叫不可回避风险。这些共同因素会对所有企业产生不同程度的影响，不能通过多样化投资而分散，因此又称为不可分散风险。系统风险包括政策风险、经济周期性波动风险、利率风险和购买力风险等。

（1）政策风险。政策风险是指政府有关证券市场的政策发生重大变化或有重要的法规、举措出台时，引起证券市场的波动，从而给投资者带来的风险。

（2）经济周期性波动风险。经济周期性波动风险是指证券市场行情周期性变动而引起的风险。这种行情变动不是指证券价格的日常波动和中级波动，而是指证券行情长期趋势的改变。在整个看涨行市中，几乎所有的股票价格都会上涨；在整个看跌行市中，几乎所有的股票价格都不可避免地有所下跌，只是下跌的程度不同而已。

（3）利率风险。利率从两方面影响证券价格：一是改变资金流向。当市场利率提高时，会吸引一部分资金流向银行储蓄、商业票据等其他金融资产，减少对证券的需求，使证券价格下降；当市场利率下降时，一部分资金流回证券市场，增加对证券的需求，刺激证券价格上涨。二是影响公司的盈利。利率提高，公司融资成本提高，在其他条件不变的情况下，净盈利下降，派发股息减少，引起股票价格下降；利率下降，融资成本下降，净盈利和股息相应增加，股票价格上涨。

（4）购买力风险。购买力风险又称通货膨胀风险。一般来讲，可通过计算实际收益率来分析购买力风险：

实际收益率＝名义收益率－通货膨胀率

（二）非系统风险

非系统风险是指只对某个行业或个别公司的证券产生影响的风险，非系统风险是可以抵消回避的，因此又称为可分散风险或可回避风险。非系统风险包括信用风险、经营风险、财务风险等。

（1）信用风险。信用风险又称违约风险，指证券发行人在证券到期时无法还本付息而使投资者遭受损失的风险。信用风险是债券的主要风险，政府债券的信用风险最小。

（2）经营风险。经营风险是指公司的决策人员与管理人员在经营管理过程中出现失误而导致公司盈利水平变化，从而使投资者预期收益下降的风险。

（3）财务风险。财务风险是指公司财务结构不合理、融资不当而导致投资者预期收益下降的风险。

三、证券投资风险与收益的关系

收益以风险为代价，风险用收益来补偿。投资者投资是为了得到收益，与此同时，又不可避免地面临着风险。

收益与风险的基本关系是：收益与风险相对应。也就是说，风险较大的证券，其要求的收益率相对较高；反之，收益率较低的投资对象，风险相对较小。风险与收益共生共存，承担风险是获取收益的前提；收益是风险的成本和报酬。风险和收益的上述本质联系可以表述为：

预期收益率＝无风险利率＋风险补偿

即问即答

1. 什么是股票？股票的特征是什么？
2. 如何正确理解投资收益与投资风险的关系？

结论

金融市场是在经济系统中引导资金的流向，沟通资金由盈余部门向短缺部门转移的市场。金融资产是一切代表未来收益或资产合法要求权的、具有资金融通性质的凭证。金融市场投资是投资者在金融市场上，通过存放款、拆借资金和票据承兑贴现，以及买卖各种有价证券的形式进行的投资。金融市场的基本要素是金融市场主体、金融市场客体和金融市场价格。金融市场按照不同的标准可以进行分类，金融市场具有聚集、配置、调剂和反映等功能。证券市场是股票、债券、投资基金份额等有价证券发行和交易的场所，是金融市场最主要的组成部分。证券市场上的证券价格包括股票、债券、基金等有价证券的价格。证券市场的平均价格水平通常用证券价格指数表示。证券价格指数包括股票价格指数、债券价格指数、基金指数等。股票投资的收益由股息、资本利得和公积金转增股本组成。债券的投资收益来自利息收益和资本利得。

复习题

1. 金融投资与实物投资的区别是什么？
2. 金融市场有哪些构成要素？
3. 金融市场的功能是什么？
4. 什么是证券市场？证券市场的品种结构如何？
5. 什么是股票价格指数？我国有哪几种股票价格指数？
6. 股票和债券的投资收益是怎样构成的？

问题与应用

证券市场自诞生以来就是一个震荡不安的地带。作为经济发展的晴雨表，股票市场也是风云变幻、起伏不定的，随着供求关系的变化而上下波动。股票市场有着自身的特殊性。与一般的商品市场不同，股票市场是一种虚拟经济。在股票市场上买卖的不是普通的具有实际使用价值的商品，而是可以在未来获得收益的金融资产。股票价格不仅取决于公司的经营状况，同时也受利率、汇率、通货膨胀、国内外政治经济环境、市场买卖力量对比、重大自然灾害等的影响。股票市场的这种波动与实体经济的波动相比，往往更为剧烈、更为频繁。

从1929年的股市大萧条到20世纪70年代中期的“石油危机”，再到1987年美国的“金融地震”，以及1997年的亚洲金融危机，其规模和影响力不断加强。在每一次的危机周期中，股票市场上的股票指数都经历了一个先节节攀升，进而急剧下滑的曲线。从2008年到2014年美国标准·普尔500指数的涨跌幅变化图（见图1—2）中，我们可看到美国股市所经历的剧烈震荡。

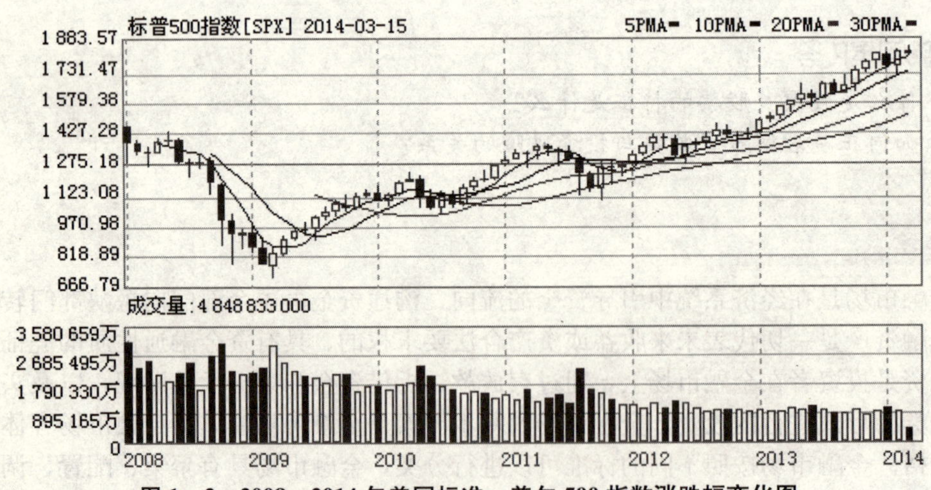

图1—2　2008—2014年美国标准·普尔500指数涨跌幅变化图

股票市场的剧烈波动在其他股市的发展历史上不乏其例。1985—1990年日本股市持续大涨，日经225指数由1985年年初的11 000点涨到38 000多点。但是，进入20世纪90年代，日本股市开始暴跌。到1990年10月，股指已跌破20 000点；1992年8月18日降至14 309点，基本上回到了1985年的水平，股指比最高峰时下降了63%。

我国股票市场也有这样一段疯狂的经历。以我国 2005 年 4 月股权分置改革政策的提出为导火线，在一系列利好政策的刺激下，我国股市迎来了又一轮大好牛市。在经历了数年的委靡不振之后，2006 年至 2007 年中国股市峰回路转，一路飙升。尤其是自 2007 年，上证综指从 2 700 多点节节攀升，一度突破 6 000 点大关。到 2007 年 11 月 22 日，沪、深两市账户已新增 5 600 万，达到 13 500 万户，与 2006 年相比，几乎增加了 72%。然而，2007 年 11 月以后，中国股市出现了调整性下跌。2008 年股指持续走低，甚至下探到 1 664点。至 2013 年，上证综指又重回“1”时代，曾下探至 1 849 点。从 2005 年到 2013 年，沪深 300 股指的涨跌幅变化图（见图 1—3）中，我们可以明显地看到以 2007 年 6 月为转折点前后巨大的反差。中国股市神话般的“跌宕起伏”成为国内外学术界尤其是金融界关注的焦点，中国的股市怎么了？2007 年股市一路飘红的背后是否隐藏着虚假的繁荣呢？而 2013 年沪市上证综合指数又重回“1”时代，是否又说明市场过度悲观了呢？

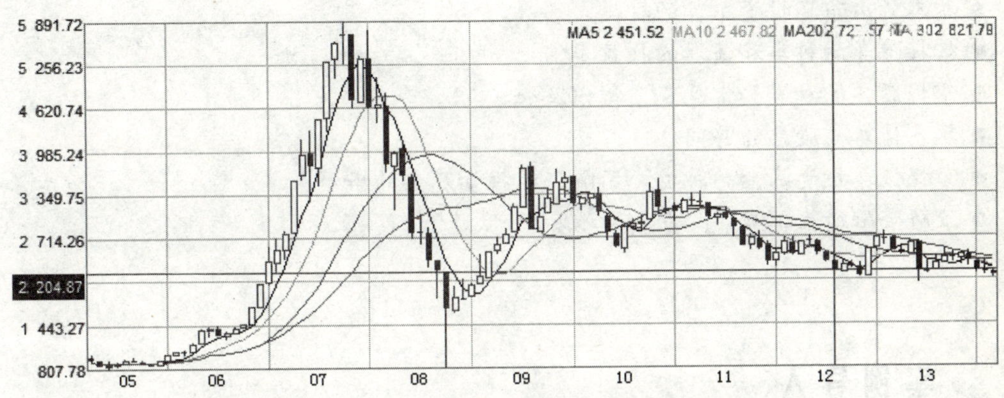

图 1—3　2005—2013 年沪深 300 指数涨跌幅 K 线图

思考：

1. 上述投资属于金融投资还是实物投资？
2. 什么是金融资产？2007 年到 2013 年中国投资者的金融资产是否缩水？
3. 上述资料中涉及哪几个股票价格指数？
4. 试分析 2008 年到 2013 年投资者是如何选择证券进行投资的。

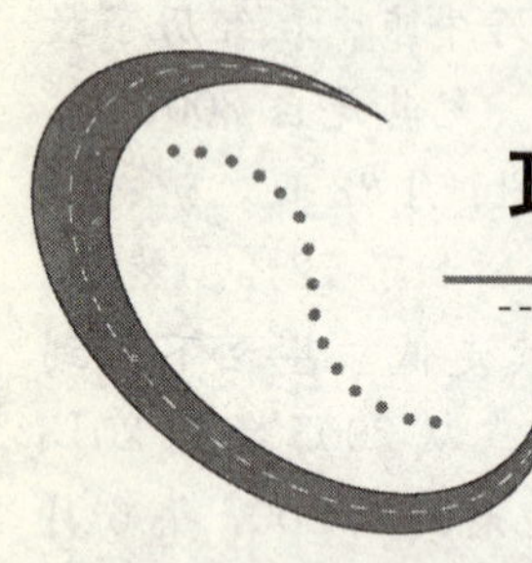

项目二 金融投资工具

学习要点

- 熟悉货币市场投资工具的种类
- 掌握债券的种类和债券的收益率
- 掌握股票的种类和常见股票称谓及含义
- 熟悉债券与股票的异同
- 掌握证券投资基金的种类，了解证券投资基金的当事人
- 了解金融衍生工具

案例导入

余额宝、活期宝倒逼银行创新

2013 年 6 月，支付宝推出余额宝。

2013 年是互联网金融的创新年，许多公司陆续推出了多种类似的产品：天天基金的“活期宝”、汇添富基金的“现金宝”，还有最新的同花顺“收益宝”等。光是这些看上去差不多的名字，就足以把投资者搞晕。

某银行资深理财师说：“说到底，这些‘宝’本质上都是货币基金，收益和风险都差不多。投资者究竟要选择哪个‘宝’，关键是看自己方便，收益还是要看挂钩基金的表现。”各种“宝”纷至沓来，给普通投资者带来了现实的好处，他们在保持短期资金流动性的同时，还能获取远高于银行活期存款的收益。

余额宝一推出，银行业虽然表面上平静，实际上是如坐针毡。面对马云“如果银行不改变，我们就改变银行”的豪言壮语，银行也悄然打起了反击战。

就在“余额宝”满月、规模突破百亿元之时，广发银行联手易方达基金推出“智能金账户”产品，整合了储蓄账户、货币基金及信用卡三种金融产品，其独特优势在业界引起极大反响。无独有偶，交通银行也推出了“快溢通”业务，持卡人可以先用每月还信用卡账单的钱做理财投资，到期自动向信用卡还款，最大限度地利用了信用卡免息期。

资料来源：http://www.cztv.com。

任务一　熟悉货币市场投资工具

活动一　了解货币市场

一、货币市场的含义

期限在一年以内的、以短期金融工具为媒介进行短期资金融通的场所称为货币市场。它主要包括同业拆借、商业票据、国库券、大额存款单、短期信贷、回购协议等。与资本市场相比，货币市场的投资门槛通常很高，在许多情况下是大宗交易，这在很大程度上限制了一般投资者的进入。

即问即答

举例说明我们经常听到的M0和M1分别是什么。

二、货币市场的作用

货币市场既从微观上为银行、企业提供灵活的短期资金管理手段，使它们在资金的安全性、流动性、盈利性相统一的管理上更方便灵活，又为中央银行实施货币政策调控宏观经济提供手段和场所。

（一）调节短期资金余缺

各种经济行为主体如个人、企业、银行客观上有资金盈余方和资金不足方之分，相对于长期投资性资金需求来说，短期性、临时性资金需求是微观经济行为主体最基本的也是最经常的资金需求。货币市场为季节性、临时性资金的融通提供了可行之径。

（二）促使资金余缺双方加强自身管理

货币市场通过其业务活动的开展，促使微观经济行为主体加强自身管理，提高经营水平和盈利能力。例如，同业拆借市场、证券回购市场等有利于商业银行业务经营水平的提高和利润最大化目标的实现；票据市场有利于以盈利为目的的企业加强经营管理，提高自身信用水平。

（三）为政府的宏观调控提供条件和场所

众所周知，市场经济国家的中央银行实施货币政策主要通过再贴现政策、法定存款准备金政策、公开市场业务等的运用来影响市场利率和调节货币供应量以实现宏观经济调控目标。在这个过程中，货币市场发挥了基础性作用。其中，同业拆借市场是传导中央银行货币政策的重要渠道；票据市场为中央银行提供了宏观调控的载体和渠道；国库券等短期债券是中央银行进行公开市场业务操作的主要工具。

（四）促进资本市场尤其是证券市场的发展

货币市场和资本市场作为金融市场的核心组成部分，前者是后者规范运作和发展的物质基础。首先，发达的货币市场为资本市场提供了稳定充裕的资金来源。从资金供给角度看，资金盈余方提供的资金层次是短期到长期、临时性到投资性的，因此货币市场在资金供给者和资本市场之间搭建了一个“资金池”，资本市场的参加者所需的短期资金可以从货币市场得到满足，从资本市场退出的资金也能在货币市场找到临时的安身场所。其次，货币市场的良性发展减少了由于资金供求变化对社会造成的冲击。从长期资本市场退下来的资金有了出路，短期游资对市场的冲击力大减，投机活动得到了最大可能的抑制。所以，只有货币市场发展健全了，金融市场上的资金才能得到合理的配置。

活动二　熟悉货币市场投资工具

所谓货币市场投资工具，是指期限小于或等于 1 年的债务工具，它们具有很高的流动性，属固定收入证券的一部分。主要的货币市场工具由短期国债、大额可转让存单、商业票据、银行承兑汇票、回购协议和其他货币市场工具构成。货币市场工具流动性好、安全性高，是短期闲置资金的理想投资工具，但其收益率与其他证券相比则非常低。

一、短期国债

短期国债是一国政府为满足先支后收所产生的临时性资金需要而发行的短期债券。英国、美国将短期国债称为国库券，英国是最早发行短期国债的国家。短期国债的特点如下：

（1）风险最低。短期国债是政府的直接负债，政府在一国有最高的信用地位，一般不存在到期无法偿还的风险，因此，投资者通常认为投资短期国债基本上没有风险。

（2）高度流动性。由于短期国债的风险低、信誉高，工商企业、金融机构、个人都乐于将短期资金投资到短期国债上，并以此来调节自己的流动资产结构，为短期国债创造了十分便利和发达的二级市场。

（3）期限短。基本上是 1 年以内，大部分为半年以内。

二、大额可转让定期存单

大额可转让定期存单亦称大额可转让存款证，是银行印发的一种定期存款凭证，凭证上印有一定的票面金额、存入和到期日及利率，到期后可按票面金额和规定利率提取全部本利，逾期存款不计息。大额可转让定期存单可流通转让，自由买卖。它有如下特点：

（1）通常不记名，不能提前支取，可以在二级市场上转让。

（2）大额可转让定期存单按标准单位发行，面额较大。

（3）发行者多是大银行。

（4）期限一般为 14 天到 1 年。

大额可转让定期存单样本见图 2—1。

图 2—1　大额可转让定期存单样本

阅读材料

大额可转让定期存单

美国的Q条例规定商业银行对活期存款不能支付利息，定期存款不能突破一定限额。20世纪60年代，美国市场利率上涨，而美国商业银行受Q条例存款利率上限的限制，不能支付较高的市场利率，大公司的财务主管为了增加临时闲置资金的利息收益，纷纷将资金投资于安全性较好又具有一定收益的货币市场工具，如国库券、商业票据等，银行的企业存款急剧下降。为了阻止存款外流，美国花旗银行于1961年率先设计了大额可转让定期存单。

大额可转让定期存单利率较高，又可在二级市场转让，对于吸收存款大有好处，于是，这种新的金融工具诞生了。此后，这一货币市场工具迅速在各大银行得到推广。

大额可转让定期存单除对银行起稳定存款的作用、变银行存款被动等待顾客上门为主动发行存单以吸收资金、更主动地进行负债管理和资产管理外，存单购买者还可以根据资金状况买进或卖出，能调节自己的资金组合。

大额可转让定期存单一般由较大的商业银行发行，主要是由于这些机构信誉较高，可以相对降低筹资成本，且发行规模大，容易在二级市场流通。

资料来源：http://baike.baidu.com/。

三、商业票据

(一) 商业票据的定义

商业票据（见图2—2）是金融公司或信誉较高的企业为满足流动性资金需求所发行的期限为2～270天、可流通转让的无担保短期票据。商业票据可以背书转让，可以承兑，也可以贴现。

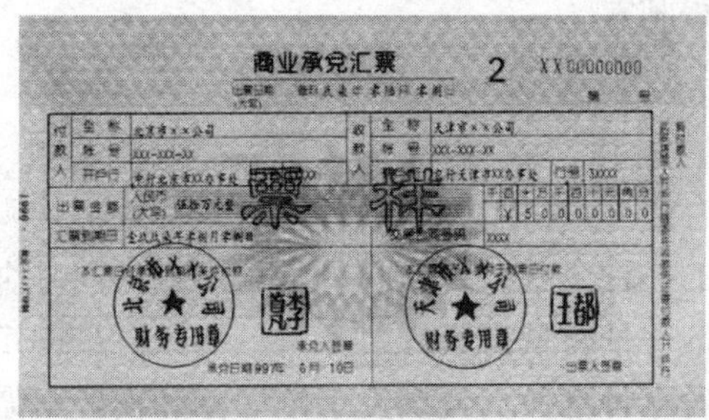

商业承兑汇票 2 XX00000000

财务专用章

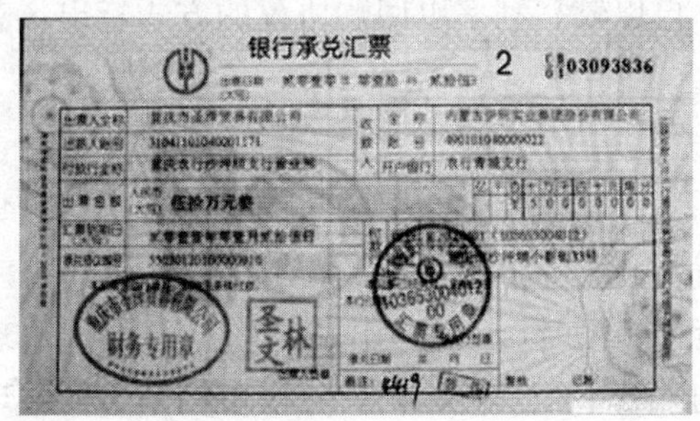

银行承兑汇票 2 03093836

财务专用章

图2—2　商业票据

(二) 商业票据的特点

(1) 票据是具有一定权利的凭证：付款请求权、追索权。

(2) 票据的权利与义务是不存在任何原因的，只要持票人拿到票据，就已经取得票据所赋予的全部权利。

（3）各国的票据法都要求对票据的形式和内容保持标准化和规范化。

（4）票据是可流通的证券。除了票据本身的限制外，票据可以凭背书和交付而转让。

（三）商业票据的分类

（1）按出票人不同，商业票据可以分为银行汇票、商业汇票。

（2）按承兑人不同，商业票据可以分为商业承兑汇票、银行承兑汇票。

（3）按付款时间不同，商业票据可以分为即期汇票、远期汇票。

（4）按有无附属单据，商业票据可以分为光票、跟单汇票。

课后实践

利用百度，了解票据的出票人、付款人、收款人、承兑人、背书人、持票人、保证人等相关关系人。

四、回购协议

回购就是赎回的意思，比如公司 A 把持有的有价证券以某一价格卖给公司 B，并承诺在未来某日再以另一价格购回该有价证券就是回购。回购协议是指以有价证券作抵押的短期资金融通，在形式上表现为附有条件的证券买卖。回购协议方式的特点如下：

（1）将资金的收益与流动性融为一体，增加了投资者的兴趣。投资者完全可以根据自己的资金安排，与借款者签订“隔日”或“连续合同”的回购协议，在保证资金可以随时收回移作他用的前提下，增加资金的收益。

（2）增强了长期债券的流动性，避免了证券持有者因持有长期资产难以变现而可能带来的损失。

（3）具有较强的安全性。回购协议一般期限较短，并且又有 100％的债券作抵押，所以投资者可以根据资金市场行情变化，及时抽回资金，避免投资的风险。

（4）较长期的回购协议可以用来套利。如银行以较低的利率用回购协议的方式取得资金，再以较高利率以回购协议的方式贷出，获得利差。

五、货币市场共同基金

共同基金是将众多的小额投资者的资金集合起来，由专门的经理人进行市场运作，赚取收益后按一定的期限及持有的份额进行分配的一种金融组织形式。货币市场共同基金简称货币市场基金，是美国 20 世纪 70 年代出现的一种新型投资理财工具。购买者按固定价格购入若干个基金股份，货币市场基金的管理者就将这些资金投资于国库券和商业汇票等短期货币市场工具。

我国货币市场基金起步较晚。2003 年 12 月，由华安、博时和招商三家基金公司分别发起管理的首批 3 只货币市场基金获准设立。其中，华安现金富利投资基金于 2003 年 12 月 14 日最先开始发行，也是最早设立的货币市场型基金。截至 2014 年 1 月 30 日，我国货币市场上共有 172 只货币市场基金。

案例阅读

货币市场基金与余额宝和活期宝

“一万块钱一天有多少收益？现金，0 元；活期，0.097 元；三个月定存，0.78 元；六个月定存，0.84 元；一年定存，0.89 元；五年定存，1.50 元。××货币市场基金，今日万份收益为 1.78 元，7 日年化收益率为 6.5%。短期闲置资金的好去处——××货币市场基金，安全，收益率高，流动性好！”这是××基金公司宣传××货币市场基金的广告。如今，越来越多的青年人开始使用货币市场基金进行理财，也有不少人开始使用活期宝、余额宝打理自己手里的资金。

目前市场上已经有多只货币市场基金，年收益率都远高于银行活期储蓄。通过网络或电话买卖，就可轻松地让“睡觉”的钱动起来。

比如，您的月收入为 3 000 元，除去必要的开销，您可以每月拿出 1 000 元购买货币市场基金，按目前货币市场基金平均收益率 4.5%计算，1 年后您的货币市场基金总额为 12 270 元，而活期储蓄总额仅为 12 021元。

2013 年，天天基金网推出了一款适合普通投资者的短期投资工具——活期宝。充值活期宝（即购买优选货币基金），收益最高可达活期存款10 余倍，远超过一年定存，并可享受 7×24 小时快速取现、实时到账服务。

活期宝具有随时取现、实时到账、收益远高于活期存款、跨行取款 0 费用的优势。

2013 年，淘宝推出了与货币市场基金类似的产品——余额宝。余额宝是由第三方支付平台支付宝为个人用户打造的一项余额增值服务，通过余额宝，用户不仅能够得到较高的收益，还能随时消费支付和转出，无任何手续费。转入余额宝的资金在第二个工作日由基金公司进行份额确认，对已确认的份额会开始计算收益。

课后实践

登录一家大型基金公司网站，查阅其所发行的货币型基金，列出它们的名称，并对比其与银行存款的收益。

任务二　掌握资本市场投资工具——债券

活动一　熟悉债券的概念、特征和类型

一、债券的概念和特征

（一）债券的概念及基本性质

债券是发行人依照法定程序发行，并约定在一定期限还本付息的有价证券。它反映了发行者和投资者之间的债权、债务关系，而且是这一关系的法律凭证。债券具有以下基本性质：

(1) 债券属于有价证券。一方面，债券反映和代表一定的价值。债券本身有一定的面值，通常它是债券投资者投入资金的量化表现。同时，持有债券可按期取得利息，利息也是债券投资者收益的价值表现。另一方面，债券与其代表的权利联系在一起，拥有债券也就拥有了债券所代表的权利，转让债券也就将债券代表的权利一并转移。

(2) 债券是一种虚拟资本。尽管债券有面值，代表了一定的财产价值，但它也只是一种虚拟资本，而非真实资本。因为债券的本质是证明债权、债务关系的证书，在债权、债务关系建立时所投入的资金已被债务人占用，因此，债券是实际运用的真实资本的证书。

(3) 债券是债权的表现。债券代表债券投资者的权利，这种权利不是直接支配财产，也不以资产所有权表现，而是一种债权。拥有债券的人是债权人，发行债券的人则是债务人。

即问即答

发行债券的目的何在？如何理解债券是一种虚拟资本？

（二）债券的基本要素

债券的基本要素有四个：票面价值、债券价格、偿还期限和票面利率。

(1) 票面价值。债券的票面价值简称面值，是指债券发行时设定的票面金额，我国发行的债券一般是每张面值100元人民币。

(2) 债券价格。债券的价格包括发行价格和交易价格。债券的发行价格可能不等同于债券面值。当债券发行价格高于面值时，称为溢价发行；当债券发行价格低于面值时，称为折价发行；当债券发行价格等于面值时，称为平价发行。

(3) 偿还期限。债券的偿还期限是个时间段，起点是债券的发行日期，终点是债券票面上标明的偿还日期。偿还日期也称为到期日，在到期日，债券的发行人偿还所有本息，债券代表的债权、债务关系终止。

(4) 票面利率。票面利率是指每年支付的利息与债券面值的比例。投资者获得的利息就等于债券面值乘以票面利率。

（三）债券的特征

(1) 偿还性。偿还性是指债券有规定的偿还期限，债务人必须按期向债权人支付利息和偿还本金。债券的偿还性使得资金筹措者不能无限期地占用债券购买者的资金，换言

之，他们之间的借贷经济关系将随偿还期结束、还本付息手续完毕而不复存在。这一特征与股票的永久性有很大的区别。

(2) 流动性。流动性是指债券持有人可按自己的需要和市场的实际状况，灵活地转让债券，以提前收回本金和实现投资收益。流动性首先取决于市场为转让所提供的便利程度；其次还表现为债券在迅速转变为货币时，是否在以货币计算的价值上蒙受损失。

(3) 安全性。安全性是指债券持有人的收益相对固定，不随发行者经营收益的变动而变动，并且可按期收回本金。一般来说，具有高度流动性的债券同时也是较安全的。

(4) 收益性。收益性是指债券能为投资者带来一定的收入，即债权投资的报酬。在实践中，债券收益可以表现为两种形式：一种是利息收入；另一种是资本损益。

二、债券的类型

(一) 按发行主体分类

按发行主体分类，债券可分为政府债券、金融债券和公司债券。

政府债券是指政府财政部门或其他代理机构为筹集资金，以政府名义发行的债券，主要包括国库券和公债两大类。其用途主要是弥补国家财政赤字和公共设施建设、重点项目建设等。

金融债券是银行等金融机构作为筹资主体为筹措资金而面向个人发行的一种有价证券，是表明债权、债务关系的一种凭证。发行的目的是用于特定用途以及改善银行的资产负债结构。它属于银行等金融机构的主动负债。目前，我国的金融债券主要有央行票据、证券公司债券、商业银行的次级债券、保险公司次级债券、证券公司短期融资债券和混合资本证券。

公司债券是指公司依照法定程序发行的，约定在一定期限还本付息的有价证券。它是公司向债券持有人出具的债务凭证，一般由上市公司发行，但有的国家也允许非上市企业发行债券。

即问即答

比较政府债券、金融债券和公司债券的风险大小，并说明原因。

(二) 按付息方式分类

按付息方式分类，债券可分为零息债券、附息债券、息票累积债券。

零息债券也称零息票债券，它不附息票，也没有票面利率，投资者以低于面值的价格购买，到期日投资者可以按面值兑付，投资收益是两者的差价。

附息债券也称息票债券，按照债券票面载明的利率及支付方式定期分次付息，计息方式分为固定利率和浮动利率两种。

息票累积债券与附息债券相似，这类债券也规定了票面利率，到期一次还本付息，中间不支付利息。

(三) 按债券形态分类

按债券形态分类，债券可分为实物债券、凭证式债券和记账式债券。

实物债券是指具有标准格式实物券面的债券。例如，无记名国债以实物债券的形式记录债权、面值等。实物债券具有不记名、不挂失、可上市流通的特点。

凭证式债券是指发行主体不印制实物债券，而用填写债券收款凭证的方式发行的债券。该债券以收款凭证作为债权证明。凭证式债券可记名、挂失，不能上市流通，类似于储蓄存单。

记账式债券没有实物形态的票券，其发行和交易均无纸化。记账式债券以记账形式记录债权，通过证券交易所的交易系统完成债券发行、交易及兑付的全过程。投资者若想投资记账式债券，就必须在证券交易所设立账户。由于记账式债券的发行和交易均实现了无纸化，所以具有交易手续简便、成本低、交易安全等特点。

活动二　知道政府债券的相关知识

一、政府债券的性质和特征

政府债券的举债主体是国家。依政府债券发行主体的不同，政府债券又可分为中央政府债券和地方政府债券。中央政府发行的债券也可以称为国债。

（一）政府债券的性质

政府债券具备了债券的一般特征。从功能上看，政府债券最初仅仅是政府弥补赤字的手段，但在现代商品经济条件下，政府债券已成为政府筹集资金、扩大公共事业开支的重要手段，并且随着金融市场的发展，逐渐具备了金融商品和信用工具的职能，成为国家实施宏观经济政策、进行宏观调控的工具。

（二）政府债券的特征

(1) 安全性高。在各类债券中，政府债券的信用等级是最高的，通常被称为“金边债券”。

(2) 流通性强。政府债券的发行量一般都非常大，许多国家政府债券的二级市场十分发达，一般不仅允许在证券交易所上市交易，还允许在场外市场进行买卖。

(3) 收益稳定。

(4) 免税待遇。我国的《个人所得税法》规定，个人的利息、股息、红利所得，应纳个人所得税，但国债和国家发行的金融债券利息，可免缴个人所得税。因此，在政府债券与其他证券名义收益率相等的情况下，如果考虑税收因素，投资者投资政府债券可以获得更多的实际投资收益。

即问即答

发行政府债券的用途是什么？

二、国家债券

国家债券简称为国债。国债是政府债券市场上最主要的投资工具。

（一）国债的分类

1. 按偿还期限分类

习惯上分为短期国债、中期国债和长期国债。

短期国债一般指偿还期限为1年或1年以内的国债。在国际上，短期国债的常见形式是国库券。

中期国债是指偿还期限在1年以上、10年以下的国债。

长期国债是指偿还期限在10年或10年以上的国债。

2. 按流通与否分类

国债可以分为流通国债和非流通国债。

流通国债的转让一般在证券市场上进行，如通过证券交易所或柜台市场交易。

非流通国债是指不允许在流通市场上交易的国债。以个人为发行对象的非流通国债，一般是吸收个人的小额储蓄资金，故有时称之为储蓄债券。

（二）我国的国债

1949年新中国成立以后，我国国债发行基本上分为两个阶段：20世纪50年代是第一阶段，80年代以后是第二阶段。

20世纪50年代，我国发行过两种国债：一种是1950年发行的人民胜利折实公债；另一种是1954—1958年发行的国家经济建设公债。

中央政府于1981年恢复发行国债。这一阶段我国发行的国债有如下品种：

（1）国库券。国库券起源于英国，属于一种弥补国库短期收支差额的政府债券。我国曾经把短期国债、长期国债都叫做国库券。从1995年开始，我国发行的国债就不再称为国库券，而改称"无记名国债"、"凭证式国债"和"记账式国债"。

我国发行国库券始于1981年，此后基本上每年都发行。

（2）国家债券。主要有：1）国家重点建设债券（只发行过一次）；2）国家建设债券；3）财政债券；4）特种债券等。

三、地方政府债券

地方政府债券是由地方政府发行并负责偿还的债券，简称地方债券，也可以称为地方公债或地方债。地方政府债券一般用于交通、通信、住宅、教育、医院和污水处理系统等地方性公共设施的建设。地方政府债券一般也是以当地政府的税收能力作为还本付息的担保。

（一）地方政府债券的分类

地方政府债券按资金用途和偿还资金来源分类，通常可以分为一般债券（普通债券）和专项债券（收益债券）。前者是指地方政府为缓解资金紧张或解决临时经费不足而发行的债券，后者是指为筹集资金建设某项具体工程而发行的债券。对于一般债券的偿还，地方政府通常以本地区的财政收入作担保；而对专项债券，地方政府往往以项目建成后取得的收入作保证。

（二）我国的地方政府债券

国债的基本作用是弥补财政赤字、筹集建设资金、调节经济，是财政调节经济的重要手段之一。地方政府债券也具有相似的功能。当然，地方政府举债更加注重考虑为本地区的公共事业服务，为本地区的教育、公路运输、社会福利、市政建设、工业援助等与人民生活有关的公共服务性设施和发展工业所需要的基础设施建设筹资。

地方政府根据本地区经济社会发展的需要，在了解地方需求和掌握相关信息的基础上，可通过举债筹集资金。由于地方政府债券具有筹措资金快速及时，针对性、灵活性强等特点，切实地解决地方急需解决的问题，可为地方经济发展创造良好的环境。

2012 年，财政部通过银行间债券市场发行了 2 500 亿元的地方政府债券；2013 年，地方政府债券的总体发行规模达到 3 500 亿元。

2013 年 12 月 30 日，审计署公布了 2013 年全国政府性债务审计结果：截至 2013 年 6 月月末，全国政府性债务为 30.27 万亿元，其中全口径中央政府性债务合计 12.38 万亿元，全口径地方政府性债务合计 17.89 万亿元。

即问即答

为什么要发行地方政府债券？其用途是什么？

课后实践

通过查阅资料，了解一下如何才能防止地方政府债务风险。

活动三　知道金融债券与公司债券的相关知识

一、金融债券

（一）金融债券的定义

金融债券是银行及非银行金融机构依照法定程序发行并约定在一定期限内还本付息的有价证券。金融机构的资金来源很大一部分靠吸收存款，但有时它们为了改变资产负债结构或者用于某种特定用途，也有可能发行债券以增加资金来源。

（二）金融债券的特征

（1）专用性。在资金运用方面，发行金融债券筹集的资金，一般情况下是专款专用，用于定向的专项贷款。而通过吸收存款所得的资金，通常用于一般性贷款。

（2）集中性。在筹资权利方面，发行金融债券是集中的，它具有间断性，而且有一定的规模限额。在某种意义上，金融债券操作的主动权完全在于金融机构；而吸收存款是金融机构经常的、连续的业务，而且无限额，不能拒绝存款者，规模由存款者决定，主动权掌握在存款者一方。

（3）利率较高。在筹资成本方面，金融债券的利率要高于相同期限的存款。

（4）流动性。在流通转让方面，金融债券不能提前兑取，但它可以抵押，可以在证券市场上流通转让。存款虽然可以随时兑取（尤其是活期存款），但不能在证券市场上流通。

二、公司债券

公司债券是公司依照法定程序发行的、约定在一定期限还本付息的有价证券。它反映的是发行债券的公司和债券投资者之间的债权、债务关系。

（一）公司债券的特征

（1）契约性。公司债券代表一种债权、债务的责任契约关系，它规定债券发行人在既定的时间内必须支付利息，在约定的日期内必须偿还本金，从而明确债务双方的权利、义务和责任。

（2）优先性。债券持有者是公司的债权人，不是股东。其无权参与公司的经营管理决策，但有权按期取得利息，且利息分配顺序优先于股东。如果公司因经营不善而破产，在清理资产时，债券持有者也可优先于股东收回本金。

（3）风险性。公司债券与政府债券或金融债券比较，风险较大，这是由于公司债券的发行主体是公司。公司经营的稳定性不能与政府信誉相比较；就是与金融机构相比，公司的风险相对来说也比较大。所以，相同期限的公司债券，其利率要高于金融债券。

案例阅读

＊ST超日债违约

＊ST超日在2011年发行了公司债，2014年3月7日已到了支付第二期共8 980万元利息的时间，但公司表态只能支付400万元。消息一出，市场顿时大哗，因为这是首例上市公司公开发行并上市债券的违约案，是沪、深证券市场的债券违约第一案，开了“打破债券的刚性兑付”的先河。

上市公司出现债券违约当然不是什么好事，给市场带来负面影响也是必然的。超日债违约的消息公布后，在交易所挂牌的上市公司债券价格普遍下跌，其中一些现金流比较差的公司债券跌幅还很大，股市也在一定程度上受到了冲击。

债券违约正常吗？事实上，虽然债券被认为是固定收益类投资产品，但这个固定收益并不是简单指保本保息，而只是约定了预期收益，这里不存在风险豁免。为了显示不同公司的债券的风险，评级机构要对债券进行评级，为债券分出不同的信用等级，以此提示其发生违约的概率。

从这个意义上说，每个债券的投资者在入市时都该明白自身可能要承担的风险。至于超日，由于公司在2012年就已出现经营困难，而行业背景则更早就已恶化，只要翻阅公司的相关报表，自不难了解其债券出现违约的可能性。

资料来源：http://finance.sina.com.cn/。

（二）公司债券的种类

（1）信用公司债。信用公司债是一种不以公司任何资产作担保而发行的债券，属于无担保证券范畴。一般来说，政府债券无需提供担保。金融债券大多数也可免除担保。少数大公司经营良好，信誉卓著，也发行信用公司债。信用公司债的发行人实际上是将公司信誉作为担保。信用公司债附有某些限制性条款，如公司债不得随意增加，债券未清偿之前股东的分红要有限制等。

（2）不动产抵押公司债。不动产抵押公司债是以公司的不动产（如房屋、土地等）作抵押而发行的债券。用作抵押的财产价值不一定与发生的债务额相等，当某抵押品价值很大时，可以分作若干次抵押，这样就有所谓第一抵押债券、第二抵押债券等之分。在处理抵押品偿债时，要按顺序依次偿还优先一级的抵押债券。

（3）收益公司债。收益公司债的利息只在公司有盈利时才支付，如果余额不足支付，未付利息可以累加，待公司收益改善后再补发。所有应付利息付清后，公司才可对股东分红。

（4）可转换公司债。可转换公司债是指发行人依照法定程序发行，在一定期限内依据约定的条件可以转换成股份的公司债券。

（5）附新股认股权公司债。附新股认股权公司债是公司发行的一种附有认购该公司股票权利的债券。这种债券的购买者可以按预先规定的条件在公司发行股票时享有优先购买权。预先规定的条件主要是指股票的购买价格、认购比例和认购期间。附新股认股权公司债与可转换公司债不同，前者在行使新股认购权之后，债券形态依然存在；而后者在行使转换权之后，债券形态随即消失。另外，若按照附新股认股权和债券本身能否分开来划分，这种债券有两种类型：一种是可分离型，即债券与认股权可以分开，可独立转让；另一种是非分离型，即不能把认股权从债券上分离，认股权不能成为独立买卖的对象。

（三）我国的企业债券

企业债券是指企业依照法定程序发行，约定在一定期限内还本付息的有价证券。我国《企业债券管理条例》规定，金融债券和外币债券不属于《企业债券管理条例》的管理范围。我国企业债券的发展大致经历了以下四个阶段：

（1）萌芽期。1984—1986 年是我国企业债券发行的萌芽期。我国企业债券出现于 1984 年，当时企业债券的发行并无全国统一的法规，主要是一些企业自发地向社会和企业内部集资。

（2）发展期。1987—1992 年是我国企业债券发行的第一个高潮期。1987 年 3 月，国务院颁布了《企业债券管理暂行条例》，并开始编制企业债券发行计划。这一阶段企业债券的发展表现为：一是规模迅速扩张，仅 1992 年一年，企业债券的发行规模就达 350 亿元；二是品种多样，在此期间发行的企业债券有国家投资债券、国家投资公司债券、中央企业债券、地方企业债券、地方投资公司债券、住宅建设债券和内部债券 7 个品种。

（3）整顿期。1993—1995 年是我国企业债券发行的整顿期。为规范企业债券的发行，1993 年 8 月，国务院颁布了《企业债券管理条例》，规定企业进行有偿筹集资金活动必须通过公开发行企业债券的形式进行，企业发行债券必须符合一定的条件，而且要按规定进行审批，未经审批不得擅自发行和变相发行。从使用方向上看，企业发行企业债券所筹资金应按审批机关批准的用途用于本企业的生产经营。企业发行债券都由证券经营机构承销。

（4）再度发展期。从 1996 年起，我国企业债券的发行进入再度发展期。其间有些年份，如 1999 年和 2000 年企业债券的发行情况虽然不理想，但从整体上看，基本摆脱了持续低迷状态。1996—1998 年，企业债券的发行规模分别达 250 亿元、300 亿元和 380 亿元，重点安排了一批国家重点建设项目，如铁路、电力、石化、石油、水利等；2007 年，我国企业债券市场中企业发行家数达到 106 家（2006 年为 59 家），企业债券发行总量达到 1 846.85 亿元（2006 年为 1 176 亿元）。截至 2014 年 3 月 6 日，根据同花顺 iFinD 数据统计，A 股上市公司发行的未到期的公司债还有 460 家，合计规模为 6 706 亿元。

课后实践

通过东方财富网（http://eastmoney.com），查找“平安转债”（113005），回答下列问题：

(1) 平安转债是哪一年发行的？剩余期限还有多少？

(2) 该可转债的票面利率为0.8%，这样低的票面利率，还有人投资吗？

(3) 投资可转债的吸引力在哪里？

任务三　掌握资本市场投资工具——股票

活动一　熟悉股票的特征与类型

一、股票及其特征

(一) 股票的定义

股票是指股份公司发行、证明股东的身份和权益、获取红利和股息的凭证。因此，股票是股本、股份、股权的具体体现。股票实质上代表了股东对股份公司的所有权，即获得股息和红利，参加股东大会并行使权利，同时承担相应的责任与风险。我国《公司法》规定，股票采用纸面形式或国务院证券管理部门规定的其他形式。股票应载明的事项主要有：公司名称、公司登记成立的日期、股票种类、票面金额及代表的股份数、股票的编号。

(二) 股票的性质

(1) 股票是有价证券。表明股票是财产价值和财产权利的统一表现形式，代表一定量的财产。

(2) 股票是要式证券。要求股票真实、全面载明法律（《公司法》）规定的内容，如果缺少规定的要件，股票就无法律效力。

(3) 股票是证权证券。证券可以分为设权证券和证权证券。设权证券是指证券所代表的权利本来不存在，而是随着证券的制作而产生，即权利的发生是以证券的制作和存在为条件的。证权证券是指证券是权利的一种物化的外在形式，它是权利的载体，权利是已经存在的。

(4) 股票是资本证券。表明股票是投入股份公司资本份额的证券化，独立于真实资本之外，是虚拟资本。

(5) 股票是综合权利证券。表明股票既不是物权证券，也不是债权证券，而是综合权利证券，因为，股东的权利是综合的。

(三) 股票的特征

(1) 收益性。收益性是股票最基本的特征。股票的收益来源可分成两类：一是来自于股份公司领取的股息和分享的公司红利。股息、红利的多少取决于股份公司的经营状况和盈利水平。二是来自于股票流通。出售股票时的差价收益，也称为资本利得。

（2）风险性。即持有股票可能产生的经济利益损失特性。股票投资具有较高的风险，比如中国远洋，2007 年上市时的发行价为 8.48 元，2007 年股价最高时为 68 元，2013 年其每股价格最低只有 2.68 元。

（3）流动性。股票可自由地交易，由于其流动性高的特点，故在会计上又称为流动资产。

（4）永久性。永久性是指股票所载有权利的有效性是始终不变的，因为它是一种无期限的法律凭证。股票的有效期与股份公司的存续期间是并存的关系。股票代表着股东的永久性投资，当然，股票持有者可以出售股票而转让其股东身份；而对于股份公司来说，通过发行股票筹集到的资金，在公司存续期间是一笔稳定的自有资本。

（5）参与性。即股东参与公司的重大决策的特征，股东通过出席股东大会、选举公司董事会来实现参与性。

即问即答

怎样理解股票是一种虚拟资本?

二、股票的类型

（一）按股东享有的权利不同分为普通股票和优先股票

普通股票是最常见的股票，持有者享有股东最基本的权利、义务，其权利大小随公司盈利水平的高低变化。股东一般享有经营决策参与权、盈利和剩余财产分配权及优先认股权。但参与盈利和剩余财产分配的顺序列在债权人和优先股票股东之后，相应的风险也较高。

优先股票意味着股东享有某些优先权。与普通股票相比，其具有股息率固定、股息分派优先、剩余财产的分配优先和一般无表决权等特点。

即问即答

债券与优先股有哪些相似之处?

课后实践

利用互联网查找国务院《关于开展优先股试点的指导意见》，讨论优先股试行后能给投资者带来哪些投资机会。

（二）按股票是否记载股东姓名分为记名股票和不记名股票

记名股票是在股票票面和公司股东名册上记名。名称一般规定为自然人姓名，以及由国家授权投资的机构和法人名称。更换姓名或名称，应履行变更手续。我国规定发起人、授权投资机构及法人持有的股票都为记名股票；而社会公众持有的股票，可以记名，也可以不记名。

不记名股票是指在股票票面和股份公司股东名册上均不记载股东姓名的股票。不记名股票与记名股票的区别在于股票的记载方式。不记名股票在发行时一般留有存根联，包括股票主体（即公司名称、股票代表的股份数）和股息票（用来进行股息结算及行使增资权利）。

（三）按股票是否有票面金额分为有面额股票和无面额股票

有面额股票是指票面记载金额（也称为票面金额、票面价值、股票面值）的股票。票面金额一般可以用资本总额除以股份数得到，而很多国家对此有直接规定，一般限定最低票面金额，要求同次发行的股票票面金额等同，票面金额以国家主币为单位。我国《公司法》规定，股票发行价格的最低界限为票面金额。目前，我国公开发行并上市交易的股票均为有面额股票。

无面额股票是指票面不登载金额，只记载股数及占总股本的比例的股票，又被称为比例股票或股份股票。无面额股票仍然有价值，价值的高低取决于股份公司资产的价值，但相当多的国家不允许发行这种股票。这种股票的特点：第一，发行或转让价格灵活，更加注重股票的实际价值；第二，便于股票分割。

课后实践

1. 上网查询中国石油、格力电器、伊利股份、紫金矿业的股票面额。
2. 思考：股票的面额与股票的市场价格有关吗？

三、我国现行的股票类型

按股东的权利和义务关系，国外一般将股票分为普通股和优先股，而我国则按投资主体的不同性质，将股票划分为国家股、法人股、社会公众股和外资股等不同类型。

（一）国家股

国家股是指有权代表国家投资的部门或机构以国有资产向公司投资形成的股份，包括公司现有国有资产折算成的股份。例如，全民所有制企业改制成为股份公司后，全民所有制企业的资产就折算成国家股。

（二）法人股

法人股是指企业法人、具有法人资格的事业单位和社会团体以其可支配的资产投入公司形成的非上市流通的股份。法人持股形成的是所有权关系，是法人经营自身财产的投资行为，但必须以法人登记。如果具有法人资格的国有企业、事业单位及其他单位以其依法占用的法人资产向独立于自己的股份公司投资形成或取得的股份，就属于国有法人股，它是国有股权的一部分（另一部分为国家股）。

（三）社会公众股

社会公众股是指社会公众依法用自己的财产投入公司形成的可上市流通的股份。

（四）外资股

外资股是指股份公司向外国和我国香港、澳门、台湾地区投资者发行的股票。它是我国股份公司吸收外资的一种方式，主要包括境内上市外资股和境外上市外资股两种。

四、常见股票称谓及含义

（一）蓝筹股、成长股和红筹股

蓝筹股指长期稳定增长的、大型的、传统工业股及金融股。此类上市公司的特点是有着优良的业绩、收益稳定、股本规模大、红利优厚、股价走势稳健、市场形象良好。蓝筹股并非一成不变。随着公司经营状况的改变及经济地位的升降，蓝筹股的排名也会变更。

成长股是指公司的销售额和利润额持续增长，而且其速度快于整个国家和本行业的增长。这些公司通常有宏图伟略，注重科研，留有大量利润作为再投资以促进其扩张。

红筹股是指在中国境外注册，在香港上市但主要业务在中国内地或大部分股东权益来自中国内地的股票。

（二）大盘股、中盘股、小盘股

大盘股、中盘股、小盘股没有统一的划分标准。一种划分大盘股的方法是，按照上市公司的市值大小排名，市值排名靠前，累计市值占市场总市值50%以上的公司，称为大盘股，比如中国石油、工商银行、中国人寿、中国平安、中国石化、宝钢股份等。这些上市公司发行的股份多、市值大，属于大盘股。市值较小，累计市值占总市值20%以下的公司归为小盘股，如兔宝宝、东光微电、步森股份等，每家公司的总市值不足30亿元，属于小盘股。介于大盘股和小盘股之间的股票，属于中盘股。

课后实践

上网查阅上市股票，试着找出几只大盘股、中盘股和小盘股。

（三）A股、B股、H股、N股、S股、L股

A股是人民币普通股票。它是由我同境内的公司发行，供境内机构、组织或个人（不含港、澳、台地区投资者）以人民币认购和交易的普通股股票。

B股的正式名称是人民币特种股票，它以人民币标明面值，以外币认购和买卖，在境内（上海、深圳）证券交易所上市交易。B股公司的注册地和上市地都在境内。

即问即答

中国公民如何投资B股？

H股，即注册地在内地、上市地在香港的股票。香港的英文是HongKong，取其首字母，在香港上市就叫做H股。以此类推，纽约的第一个英文字母是N，新加坡的第一个英文字母是S，伦敦的第一个英文字母是L，在纽约、新加坡和伦敦上市的国内企业的股票就分别叫做N股、S股和L股。

（四）ST、*ST

1998年4月22日，沪、深证券交易所宣布将对财务状况和其他状况异常的上市公司的股票交易进行特别处理（Special Treatment，ST）。异常主要指两种情况：一是上市公司经审计，两个会计年度的净利润均为负值；二是上市公司最近一个会计年度经审计的每股净资产低于股票面值。对存在异常状况的上市公司的股票，在其股票名称前冠以ST（股民将在股票名称前冠以ST称为“戴帽”），以提醒投资者注意投资风险。ST股票的日

涨跌幅限制为5%。截至2014年2月8日，沪、深两市共有ST狮头、ST澄海、ST宜纸、ST宏盛、ST明科、ST轻骑6只ST股票。

证券交易所对股票存在终止上市风险的公司股票，实行“警示存在终止上市风险的特别处理”。为提醒投资者特别注意，在原股票名称前冠以ST的基础上，再增加“*”（股民称之为“披星”）。截至2014年2月8日，沪、深两市共有*ST远洋、*ST联合等46家*ST股票。

课后实践

上网查阅几种ST、*ST股票，进一步理解其含义，并用一段时间关注该公司信息及其变化。

活动二　区别债券与股票的异同

一、债券与股票的相同点

（一）两者都属于有价证券

尽管债券和股票有各自的特点，但它们都属于有价证券。债券和股票作为有价证券体系中的一员，是虚拟资本，它们本身无价值，但又都是真实资本的代表。持有债券或股票，都有可能获取一定的收益，并能行使各自的权利和流通转让。债券和股票都在证券市场上交易，并构成了证券市场的两大支柱。

（二）两者都是筹措资金的手段

债券和股票都是有关经济主体为筹资而发行的有价证券。经济主体在社会经济活动中必然会产生对资金的需求，从资金融通角度看，债券和股票都是筹资手段。与向银行贷款等间接融资相比，发行债券和股票筹资的数额大、时间长、成本低，且不受贷款银行的条件限制。

（三）两者的收益率相互影响

从单个债券和股票看，它们的收益率经常会发生差异，而且有时差距还很大。但是总体而言，如果市场是有效的，则债券的平均利率和股票的平均收益率会大体保持相对稳定的关系，其差异反映了两者风险程度的差别。这是因为在市场规律的作用下，证券市场上一种融资手段收益率的变动，会使另一种融资手段收益率发生同向变动。

二、债券与股票的区别

（一）两者的权利不同

债券是债权凭证，债券持有者与债券发行人之间是债权、债务关系，债券持有者只可按期获取利息及到期收回本金，无权参与公司的经营决策。股票则不同，股票是所有权凭证，股票所有者是发行股票公司的股东，股东一般拥有投票权，可以通过选举董事行使其对公司的经营决策权和监督权。

（二）两者的目的不同

发行债券是公司追加资金的需要，它属于公司的负债，不是资本金。发行股票则是股份公司为创办企业和增加资本的需要，筹集的资金列入公司资本。

（三）两者的期限不同

债券一般有规定的偿还期，是一种有期投资。股票通常是不能偿还的，一旦投资入股，股东便不能从股份公司抽回本金，因此，股票是一种无期投资，或称永久投资。

（四）两者的收益不同

债券有规定的利率，可获得固定的利息；而股票的股息、红利不固定，一般视公司的经营情况而定。

（五）两者的风险不同

股票风险较大，债券风险相对较小。其原因是：第一，债券利息是公司的固定支出，属于费用范围。股票的股息、红利属于公司利润的一部分，公司有盈利才能支付，而且支付顺序列在债券利息支付和纳税之后。第二，倘若公司破产，清理资产有余额偿还时，债券偿付在前，股票偿付在后。第三，在二级市场上，债券因其利率固定、期限固定，市场价格也较稳定，而股票无固定期限和利率，受各种宏观因素和微观因素的影响，市场价格波动频繁，涨跌幅度也较大。

任务四　掌握资本市场投资工具——证券投资基金

活动一　熟悉证券投资基金

一、证券投资基金的特点

证券投资基金是指通过公开发售基金份额募集资金，由基金托管人托管，由基金管理人管理和运用资金，为基金份额持有人的利益，以资产组合方式进行证券投资活动的基金。美国称“共同基金”，英国和我国香港地区称“单位信托基金”，日本和我国台湾地区则称“证券投资信托基金”。《中华人民共和国证券投资基金法》（以下简称《证券投资基金法》）规定，我国的证券投资基金可投资于股票、债券和国务院证券监督管理机构规定的其他证券品种。与其他的投资工具相比，证券投资基金具有如下特点。

（一）集合理财，专业管理

基金将众多投资者的资金集中起来，委托基金管理人进行共同投资，表现出一种集合理财的特点。通过汇集众多投资者的资金，积少成多，有利于发挥资金的规模优势，降低投资成本。基金由基金管理人进行投资管理和运作。基金管理人一般拥有大量的专业投资研究人员和强大的信息网络，能够更好地对证券市场进行全方位的动态跟踪与分析。将资金交给基金管理人管理，使中小投资者也能享受到专业化的投资管理服务。

（二）组合投资，分散风险

为降低投资风险，《证券投资基金法》规定，基金必须以组合投资的方式进行基金的投资运作，从而使“组合投资、分散风险”成为基金的一大特色。基金通常会购买几十种甚至上百种股票，投资者购买基金就相当于用很少的资金购买了多只股票，某些股票下跌造成的损失可以用其他股票上涨的盈利来弥补。因此，投资者可以充分享受到组合投资、分散风险的好处。

（三）利益共享，风险共担

基金投资者是基金的所有者。基金投资收益在扣除由基金承担的费用后的盈余全部归基金投资者所有，并依据各投资者所持有的基金份额比例进行分配。为基金提供服务的基金托管人、基金管理人只能按规定收取一定的托管费、管理费，并不参与基金收益的分配。

（四）严格监管，信息透明

为切实保护投资者的利益，增强投资者对基金投资的信心，中国证监会对基金业实行比较严格的监管，对各种有损投资者利益的行为进行严厉的打击，并强制基金进行较为充分的信息披露。在这种情况下，严格监管与信息透明也就成为基金的一个显著特点。

（五）独立托管，保障安全

基金管理人负责基金的投资操作，本身并不经手基金财产的保管。基金财产的保管由独立于基金管理人的基金托管人负责。这种相互制约、相互监督的制衡机制为投资者的利益提供了重要的保护。

二、证券投资基金的作用

（一）为中小投资者拓宽了投资渠道

对于中小投资者来说，存款或购买债券具有较高的安全性，但收益率较低。投资于股票有可能获得较高收益，但风险较大。证券投资基金作为一种新型的投资工具，把众多投资者的小额资金汇集起来进行组合投资，由专家来管理和运作，分散投资风险、稳定投资收益，可以说是专门为中小投资者设计的间接投资工具，大大拓宽了中小投资者的投资渠道。基金已进入寻常百姓家，成为大众化的投资工具。

（二）促进了产业发展和经济增长

基金吸收社会上的闲散资金，为企业在证券市场上筹集资金创造了良好的融资环境，实际上起到了把储蓄资金转化为生产资金的作用。这种储蓄转化为产业发展和经济增长提供了重要的资金来源，而且，随着基金的发展壮大，这种作用将越来越大。

（三）有利于证券市场的稳定和发展

基金的发展有利于证券市场的稳定。证券市场的稳定与否同市场的投资者结构密切相关。基金由专业投资人士经营管理，其投资经验比较丰富，信息资料齐备，分析手段较为先进，投资行为相对理性，客观上能起到稳定市场的作用。同时，基金一般注重资本的长期增长，多采取长期的投资行为，较少在证券市场上频繁进出，能减少证券市场的波动。基金作为一种主要投资于证券的金融工具，它的出现和发展增加了证券市场的投资品种，扩大了证券市场的交易规模，起到了丰富、活跃证券市场的作用。随着基金的发展壮大，它已成为推动证券市场发展的重要动力。

（四）有利于证券市场的国际化

很多发展中国家对开放本国证券市场持谨慎态度，在这种情况下，与外国合作组建基金，逐步、有序地引进外国资本投资于本国证券市场，不失为一个明智的选择。与直接向投资者开放证券市场相比，这种方式使监管当局能控制好利用外资的规模和市场开放的程度。

三、证券投资基金与股票、债券的区别和联系

(一) 证券投资基金与股票、债券的区别

(1) 投资者地位不同。股票持有人是公司的股东，有权对公司的重大决策发表自己的意见；债券的持有人是债券发行人的债权人，享有到期收回本息的权利；基金单位的持有人是基金的受益人，体现的是信托关系。

(2) 风险程度不同。一般情况下，股票的风险大于基金，对中小投资者而言，由于受可支配资产总量的限制，只能直接投资于少数几只股票，当其所投资的股票因股市下跌或企业财务状况恶化时，资本金有可能化为乌有；而基金的基本原则是组合投资、分散风险，把资金按不同的比例分别投于不同期限、不同种类的有价证券，把风险降至最低。一般情况下，债券的本金可以得到保证，收益相对固定，风险比基金要小。

(3) 收益情况不同。基金和股票的收益是不确定的，而债券的收益是确定的。一般情况下，基金收益比债券高。

(4) 投资方式不同。与股票、债券的投资者不同，证券投资基金是一种间接的证券投资方式，基金的投资者不再直接参与有价证券的买卖活动，不再直接承担投资风险，而是由专家具体负责投资方向的确定、投资对象的选择。

(5) 价格形成方式不同。在宏观政治、经济环境一致的情况下，基金的价格主要取决于资产净值；而影响债券价格的主要因素是利率；股票的价格则受供求关系的影响巨大。

(6) 投资回收方式不同。债券投资是有一定期限的，期满后收回本金。股票投资是无限期的，除非公司破产、进入清算，投资者不得从公司收回投资；如要收回，只能在证券交易市场上按市场价格变现。投资基金则视所持有的基金形态不同而有所区别：封闭式基金有一定的期限，期满后，投资者可按持有的份额分得相应的剩余资产，在封闭期内还可以在交易市场上变现；开放式基金一般没有期限，投资者可随时向基金管理人要求赎回。

(二) 证券投资基金与股票、债券的联系

基金、股票、债券都是有价证券，对它们的投资均为证券投资。基金份额的划分类似于股票的按“股”划分，计算其总资产；基金资产则划分为若干个“基金单位”，投资者按持有基金单位的份额分享基金的增值收益，契约型封闭基金与债券情况相似，在契约期满后一次收回投资。另外，股票、债券是证券投资基金的投资对象，目前证券市场上有专门以股票、债券为投资对象的股票基金和债券基金。

活动二　掌握证券投资基金的类型

一、根据价格的决定方式不同划分

根据价格的决定方式不同划分，可分为封闭式基金和开放式基金。

(一) 封闭式基金

封闭式基金是基金发起人在设立基金时，限定了基金单位的发行总额，且基金份额总额在基金合同期限内固定不变，基金份额可以在依法设立的证券交易所交易，但基金份额

持有人不得申请赎回的基金。由于封闭式基金在封闭期内不能追加或赎回，投资者只能通过证券经纪商在二级市场上进行基金的买卖。封闭式基金在证券交易所的交易采取竞价的方式，交易价格受供求关系的影响。相对于基金的净资产值（单位净值），封闭式基金的交易价格有折价、溢价现象。

（二）开放式基金

开放式基金，是指基金发起人在设立基金时，基金单位或基金份额总规模不固定，基金份额可以在基金合同约定的时间和场所申购或赎回的基金。从基金的组合特点来说，它具有股权性、存款性和灵活性等重要特点。

我国证券市场上最初出现的都是封闭式基金，因为其可以保证资金总额的稳定，避免应对赎回的问题，适合初创期的证券市场。封闭式基金与开放式基金的主要区别见表2—1。

表2—1　　封闭式基金与开放式基金的主要区别

	封闭式基金	开放式基金
交易场所	深、沪证券交易所	基金管理公司或代销机构网点（主要指银行等网点）
基金存续期限	有固定的期限，通常在5年以上，一般为10年或15年	没有固定期限
基金规模	固定额度，一般不能再增加发行	没有规模限制（但有最低的规模限制）
赎回限制	在期限内不能直接赎回基金，需通过上市交易套现	可以随时提出购买或赎回申请
交易方式	上市交易	基金管理公司或代销机构网点（主要指银行等网点）
价格决定因素	交易价格主要由市场供求关系决定	价格依据基金的资产净值而定
分红方式	现金分红	现金分红、再投资分红
费用	交易手续费：成交金额的2.5‰	申购费：不超过申购金额的5%；赎回费：不超过赎回金额的3%
投资策略	封闭式基金不可赎回，无须提取准备金，能够充分运用资金进行长期投资，取得长期经营绩效	必须保留一部分现金或流动性强的资产，以便应对投资者随时赎回，进行长期投资会受到一定限制。随时面临赎回压力，须更注重流动性等风险管理，要求基金管理人具有更高的投资管理水平
信息披露	基金单位资产净值每周至少公告一次	单位资产净值每个开放日进行公告

课后实践

登录华安、融通两家公司的网站，查阅这两家公司发行的基金中哪些属于封闭式基金，哪些属于开放式基金，哪些属于货币型基金。

二、根据组织形式不同划分

根据组织形式不同划分，可分为契约型证券投资基金和公司型证券投资基金。

（一）契约型证券投资基金

契约型证券投资基金简称契约型基金。在组织上是指按照信托契约原则，通过发行带有受益凭证性质的基金证券而形成的证券投资基金组织；在证券上是指由证券投资基金管理公司作为基金发起人所发行的证券投资基金证券。

（二）公司型证券投资基金

公司型证券投资基金简称公司型基金，在组织上是指按照《公司法》（或商法）规定设立的、具有法人资格并以营利为目的的证券投资基金公司（或类似法人机构）；在证券上是指由证券投资基金公司发行的证券投资基金证券。与契约型基金相比较，公司型基金具有的特点是：基金的设立程序类似于一般股份公司；基金的组织结构与一般股份公司类似，设有董事会和持有人大会；基金资产归基金所有。

契约型基金与公司型基金的区别如表 2—2 所示。

表 2—2　　契约型基金与公司型基金的区别

	契约型基金	公司型基金
法律依据不同	依照基金契约组建的，《信托法》是契约型基金设立的依据	依照《公司法》组建
基金财产的法人资格不同	不具有法人资格	具有法人资格
投资者的地位不同	作为信托契约中规定的受益人，对基金如何运用所做的重要投资决策通常不具有发言权	作为公司的股东，有权对公司的重大决策进行审批、发表自己的意见
融资渠道不同	因不具有法人资格，一般不向银行借款	在资金运用状况良好、业务开展顺利又需要扩大公司规模、增加资产时，可以向银行借款
经营财产的依据不同	凭借基金契约	依据公司章程
基金运营不同	依据基金契约建立、运作，契约期满，基金运营相应终止	除非依据《公司法》规定到了破产、清算阶段，否则公司一般都具有永久性
发行的凭证不同	受益凭证（基金单位）	股票

三、根据基金募集资金方式不同划分

根据募集资金方式的不同，证券投资基金可分为公募基金和私募基金。

（一）公募基金

公募基金是指受政府主管部门监管的，向不特定投资者公开发行受益凭证的证券投资基金。这些基金在法律的严格监管下，有着信息披露、利润分配、运行限制等行业规范。由于公募基金面向公众公开发行，监管严格，其满足不了少数投资者的投资需求。

（二）私募基金

私募基金是指通过非公开方式，面向少数投资者募集资金而设立的基金。私募即为私下募集或私人配售。由于私募基金面向少数特定的投资者，投资灵活，无需公开披露，可以满足投资者个性化的投资需求。

公募基金和私募基金的区别如表 2—3 所示。

表 2—3　公募基金和私募基金的区别

	私募基金	公募基金
募集方式	非公开方式	公开方式
募集对象	少数特定投资者，多为有一定风险承受能力、资产规模较大的个人或机构投资者	不确定的社会公众投资者
信息披露要求	相关信息公开披露较少，一般只需半年或一年私下公布投资组合及收益，投资更具隐蔽性	要求定期披露详细的投资目标、投资组合等
服务方式	“量体裁衣”，投资决策主要体现投资者的意图和要求	“批发”式，投资决策主要基于基金管理公司的风格和策略
监管标准	监管相对宽松，基金运作上有相当高的自由度，较少受监管部门的限制或约束，投资更灵活	对基金管理人有严格的要求；对基金投资活动有严格的限制
对投资者的要求	具有一定的投资资金规模及理性的投资理念	相对较低
风险	相对较大	相对较小

四、根据投资目标不同划分

根据投资目标的不同划分，证券投资基金可分为成长型基金、收入型基金和平衡型基金。

（一）成长型基金

成长型基金是指以追求资产的长期增值和盈利为基本目标，投资于具有良好增长潜力的上市股票或其他证券的证券投资基金。

（二）收入型基金

收入型基金是指以追求当期高收入为基本目标，以能带来稳定收入的证券为主要投资对象的证券投资基金。

（三）平衡型基金

平衡型基金是指以保障资本安全、当期收益分配、资本和收益的长期成长等为基本目标，在投资组合中比较注重长短期收益—风险搭配的证券投资基金。

课后实践

登录融通基金公司网站，试着找出该公司发行的基金中属于平衡型基金的是哪几种。

五、根据投资对象不同划分

根据投资对象的不同，证券投资基金可分为股票基金、债券基金等。

股票基金是指以股票为投资对象的投资基金（股票投资比重占60%以上）；债券基金是指以债券为投资对象的投资基金（债券投资比重占80%以上）；混合基金是指股票和债券投资比率介于以上两类基金之间、可以灵活调控的投资基金；货币市场基金是指以国库券、大额银行可转让存单、商业票据、公司债券等货币市场短期有价证券为投资对象的投资基金；期货基金是指以各类期货品种为主要投资对象的投资基金；期权基金是指以能分配股利的股票期权为投资对象的投资基金；认股权证基金是指以认股权证为投资对象的投资基金。

QDII（Qualified Domestic Institutional Investors，合格境内机构投资者）基金是在一国境内设立，经该国有关部门批准，从事境外资本市场的股票、债券等有价证券投资业务的证券投资基金。

另外，根据不同的投资风格，也可以把股票基金分为成长型、价值型和混合型股票基金。成长型股票基金是指主要投资于收益增长速度快、未来发展潜力大的成长型股票的基金；价值型股票基金是指主要投资于价值被低估、安全性较高的股票的基金。价值型股票基金的风险要低于成长型股票基金，混合型股票基金则介于两者之间。

课后实践

上网查阅目前我国证券市场上有哪几家公司发行了QDII基金，分别是什么名称。

六、根据投资样本不同划分

根据投资样本的不同划分，可分为ETF基金和LOF基金。

（一）ETF基金

ETF（Exchange Traded Funds）基金，常被译为“交易所交易基金”，上证所则译为“交易型开放式指数基金”。ETF是一种在交易所上市交易的、基金份额可变的开放式指数基金。ETF结合了封闭式基金和开放式基金的运作特点，投资者一方面可以像封闭式基金一样在二级市场进行ETF的买卖，另一方面又可以像开放式基金一样申购、赎回。与一般开放式基金不同的是，ETF基金的申购是用“一揽子”股票换取ETF份额，赎回时也是换回“一揽子”股票而不是现金。这种交易制度使该类基金存在一、二级市场之间的套利机制，可有效防止类似封闭式基金的大幅折价。

（二）LOF基金

LOF基金是指通过深交所交易系统发行并上市交易的开放式基金。在上市开放式基金募集期内，投资者除了可以通过基金管理人及其代销机构（如银行营业网点）申购之外，还可以在具有基金代销资格的各证券公司营业部通过深交所交易系统认购。

LOF基金发行结束后，投资者既可以在指定网点申购与赎回基金份额，也可以在交易所买卖LOF基金。如果投资者是在指定网点申购的基金份额，想要在交易所抛出，需办理转登记手续；同样，如果是在交易所买进的基金份额，想要在指定网点赎回，也要办理转登记手续。因此，LOF 基金本身就是开放式基金，只是和此前的开放式基金相比，增加了可上市交易这一特性，是一种交易方式的创新。

（三）LOF 基金和 ETF 基金的相同点和区别

1. LOF 基金和 ETF 基金的相同点

（1）同跨两级市场。ETF 基金和 LOF 基金都同时存在一级市场和二级市场，都可以像开放式基金一样通过基金发起人、管理人、银行及其他代销机构网点进行申购和赎回；同时，也可以像封闭式基金那样通过交易所的系统买卖。

（2）理论上都存在套利机会。由于上述两种交易方式并存，申购和赎回价格取决于基金单位资产净值，而市场交易价格由系统撮合形成，主要由市场供需决定，两者之间会存在一定程度的偏离，当这种偏离足以抵消交易成本的时候，就存在套利机会。

（3）折溢价幅度小。虽然基金单位的交易价格受到供求关系的影响，但它始终是围绕基金单位净值上下波动的。由于上述套利机制的存在，当两者的偏离超过一定的程度，就会引发套利行为，从而使交易价格向净值回归，所以其折溢价水平远低于单纯的封闭式基金。

（4）费用低，流动性强。ETF 和 LOF 基金在交易过程中不需要申购和赎回费用，只需支付最多 0.5%的双边费用。由于同时存在一级市场和二级市场，流动性明显强于一般的开放式基金。

2. LOF 基金和 ETF 基金的差异点

（1）适用的基金类型不同。ETF 基金主要是基于某一指数的被动性投资基金，而 LOF 基金虽然也采取了封闭式基金在交易所上市的方式，但它不仅可以是被动投资的基金，也可以是主动投资的基金。

（2）申购和赎回的标的不同。在申购和赎回时，ETF 基金与投资者交换的是基金份额和“一揽子”股票，而 LOF 基金则是用基金份额与投资者交换现金。

（3）参与的门槛不同。按照国外的经验和华夏基金上证 50ETF 基金的设计方案，其申购赎回的基本单位是 100 万份基金单位，起点较高，适合机构客户和有实力的个人投资者；而 LOF 基金产品的申购和赎回与其他开放式基金一样，申购起点为 1 000 基金单位，更适合中小投资者参与。

（4）套利操作方式和成本不同。ETF 基金在套利交易过程中必须通过“一揽子”股票的买卖，同时涉及基金和股票两个市场，而对 LOF 基金进行套利交易只涉及基金的交易。更突出的区别是，根据上交所关于 ETF 基金的设计，为投资者提供了实时套利的机会，可以实现 T+0 交易，其交易成本除交易费用外主要是冲击成本；而深交所目前对 LOF 基金的交易设计是申购和赎回的基金单位和市场买卖的基金单位分别由中国注册登记系统和中国结算深圳分公司系统托管，跨越申购、赎回市场与交易所市场进行交易必须经过系统之间的转托管，需要两个交易日的时间，所以 LOF 基金套利还要承担时间上的等待成本，进而增加了套利成本。

活动三　知道证券投资基金的当事人

一、证券投资基金管理人

基金管理人由依法设立的基金管理公司担任。基金管理公司通常由证券公司、信托投资公司或其他机构等发起成立，具有独立法人地位。基金管理人作为受托人，必须履行“诚信义务”。基金管理人的目标是受益人利益的最大化，因而，基金管理人不得出于自身利益的考虑损害基金持有人的利益。

基金管理人的主要业务是发起设立基金和管理基金。由于基金份额持有人通常是众多的中小投资者，为了保护这些投资者的利益，《证券投资基金法》对基金管理人的资格做出严格的规定，使基金管理人更好地负起管理基金的责任。我国《证券投资基金法》第二章具体规定了设立基金管理公司的条件，基金管理人的职责，基金管理人不得有的行为，以及基金管理人的更换条件。

二、证券投资基金托管人

基金托管人又称基金保管人，是依据基金运行中“管理与保管分开”的原则对基金管理人进行监督和保管基金资产的机构，是基金持有人权益的代表，通常由有实力的商业银行或信托投资公司担任。基金托管人与基金管理人签订托管协议，在托管协议规定的范围内履行自己的职责并收取一定的报酬。

我国《证券投资基金法》第三章具体规定了基金托管人的资格、基金托管人的职责以及基金托管人的更换条件。

三、证券投资基金持有人

基金持有人是指持有基金份额或基金股份的自然人和法人，也就是基金的投资人。他们是基金资产的实际所有者，享有基金信息的知情权、表决权和收益权。基金的一切投资活动都是为了增加投资者的收益，一切风险管理都是围绕保护投资者利益来考虑的。

基金持有人的基本权利包括对基金收益的享有权、基金份额的转让权和在一定程度上对基金经营决策的参与权。我国《证券投资基金法》第九章具体规定了基金份额持有人享有的权利和必须承担的义务。

四、证券投资基金当事人之间的关系

（一）持有人与管理人之间的关系

基金持有人与基金管理人之间的关系是委托人与受托人的关系，也是所有者和经营者的关系。

（二）管理人与托管人之间的关系

基金管理人与基金托管人的关系是相互制衡的关系。基金托管人与基金管理人必须严格分开，由不具有任何关联的不同机构或公司担任，两者在财务、人事、法律地位上应该完全独立。

（三）持有人与托管人之间的关系

基金持有人与基金托管人的关系是委托与受托的关系。也就是说，基金份额持有人将基金资产委托给基金托管人保管。

活动四　知道证券投资基金的费用、收益和风险

一、证券投资基金的费用

（一）基金管理费

基金管理费是指从基金资产中提取的、支付给为基金提供专业化服务的基金管理人的费用。基金管理费通常按照每个估值日基金净资产的一定比率（年率）逐日计提，累计至每月月底，按月支付。管理费费率的大小通常与基金规模成反比，与风险成正比。在各种基金中，货币市场基金的年管理费费率最低，为基金资产净值的0.25%～1%；其次是债券基金，为0.5%～1.5%；股票基金居中，为1%～1.5%；认股权证基金为1.5%～2.5%。我国基金的年管理费费率最初为2.5%，现大部分基金的年管理费费率为0.33%～1.5%。

（二）基金托管费

托管费通常按照基金资产净值的一定比率提取，逐日计算并累计，按月支付给托管人。我国证券投资基金的年托管费费率最初为基金资产净值的0.25%，托管费也出现下调的趋势。基金托管人可磋商酌情调低基金托管费，经中国证监会核准后公告，无须召开基金持有人大会。

（三）其他费用

其他费用包括：封闭式基金上市费用；证券交易费用；基金信息披露费用；基金持有人大会费用；与基金相关的会计师、律师等中介机构费用；基金分红手续费；清算费用；法律、法规及基金契约规定可以列入的其他费用。

二、证券投资基金的收益

（一）股息、红利收入

即基金投资股票后，每年从发行股票的公司中领到的股息、红利。

（二）利息收入

基金购买债券、票据等债权、债务性证券，在一定时期后就能产生一定的利息收入，此外基金也会保留一定比例的现金资产，这些现金资产存放在银行或其他金融机构中也会产生利息收入。

（三）差价收入

这是基金投资各类有价证券后，基金经理通过低买高卖的操作方法赚取的差价，也称为资本损益。

（四）其他收益

这部分是不经常发生的，也是较少的。比如基金发行过程中的成本费用节约、基金交易时券商的佣金返还。

三、证券投资基金的风险

（一）流动性风险

任何一种投资工具都存在流动性风险，即投资者在需要卖出时面临的变现困难和不能

在适当的价格上变现的风险。基金管理人在正常情况下必须以基金资产净值为基准承担赎回义务，投资人不存在由于适当价位找不到买家的流动性风险，但是当开放式基金面临巨额赎回或暂停赎回的极端情况时，基金投资人有可能不能以当日基金单位净值全额赎回。如投资人选择延迟赎回，则要承担后续赎回日基金单位资产净值下跌的风险，这就是开放式基金的流动性风险。

（二）申购、赎回价格未知的风险

这主要是针对开放式基金而言的。开放式基金的申购价格、赎回价格以基金交易日的单位基金净值加减有关费用计算。投资人在当日进行申购、赎回基金单位时，所参考的单位资产净值是上一个基金交易日的数据，而对于基金单位资产净值在自上一个交易日至交易当日所发生的变化，投资人无法预知，因此投资人在申购、赎回时无法知道会以什么价格成交，这种风险就是开放式基金的申购、赎回价格未知的风险。

（三）投资风险

基金的投资风险包括股票投资风险和债券投资风险。其中，股票投资风险主要取决于上市公司的经营风险、证券市场风险和经济周期波动风险等。债券投资风险主要指利率变动影响债券投资收益的风险和债券投资的信用风险。基金的投资目标不同，其投资风险通常也不同，收益型基金投资风险最低，成长型基金投资风险最高，平衡型基金投资风险居中。投资人可根据自己的风险承受能力，选择适合自己财务状况和投资目标的基金品种。

（四）运作风险

开放式基金有多个机构提供各种服务，这些机构的运作存在诸多风险，主要包括：系统运作风险——基金管理人、基金托管人、注册登记机构或代销机构等当事人的运作系统出现问题时给投资者带来损失的风险；管理风险——基金运作各当事人的管理水平给投资人带来的风险；经营风险——基金运作各当事人因不履行义务，如经营不善、亏损或破产等给投资人带来的资产损失风险。

（五）不可抗力风险

不可抗力风险是指战争、自然灾害等发生时给投资人带来的风险。

课后实践

登录南方基金官网（www. nffund. com），查找并记录南方现金 A、南方高增、南方 500ETF、南方 50 债基金的管理费率、托管费率、认购费率及申购、赎回费率。

任务五 了解资本市场投资工具——金融衍生工具

活动一 熟悉金融衍生工具的基本特征及作用

金融衍生工具又称金融衍生产品，是与基础金融产品相对应的一个概念。金融衍生产品是建立在基础产品之上，其价格取决于基础产品价格变动的派生的、以杠杆和信用交易为特征的金融产品。这里所说的基础产品是一个相对的概念，不仅包括现货金融产品（如债券、股票、银行定期存款单等），也包括金融衍生产品。

一、金融衍生工具的基本特征

（一）跨期交易

金融衍生工具是交易双方通过对利率、汇率、股价等因素的变动趋势的预测，约定在未来某一时间按照一定条件进行交易或选择是否交易的合约。无论是哪一种金融衍生工具，都会影响交易者在未来一段时间内或未来某时点上的现金流，跨期交易的特点十分突出。

（二）杠杆性

金融衍生工具交易一般只需要支付少量的保证金或权利金就可以签订远期大额合约或互换不同的金融工具。例如，若期货交易保证金为合约金额的5%，则期货交易者可以控制20倍于所投资金额的合约资产，实现以小搏大的效果。在收益可能成倍放大的同时，投资者所承担的风险与损失也会成倍放大，基础工具价格的轻微变动也许就会带来投资者的大盈大亏。金融衍生工具的杠杆效应在一定程度上也决定了它的高投机性和高风险性。

（三）联动性

这是指金融衍生工具的价值与基础产品或基础变量紧密联系、规则变动。金融衍生工具与基础变量相联系的支付特征由衍生工具合约规定。

（四）不确定性和高风险

金融衍生工具的交易后果取决于交易者对基础工具未来价格的预测和判断的准确程度。基础工具价格的变幻莫测决定了金融衍生工具交易盈亏的不确定性，这是金融衍生工具风险性的重要诱因。

二、金融衍生工具的种类

（一）按照基础工具种类分类

（1）股权式衍生工具，是以股票或股票指数为基础工具的衍生工具。主要包括股票期货、股票期权、股票指数期货、股票指数期权以及上述合约的混合交易合约。

（2）货币衍生工具，是以货币或汇率为基础工具的衍生工具。主要包括远期外汇合约、货币期货、货币期权、货币互换以及上述合约的混合交易合约。

（3）利率衍生工具，是以利率为基础工具的衍生工具。主要包括远期利率协议、利率期货、利率期权、利率互换以及上述合约的混合交易合约。

（二）按照金融衍生工具自身交易的方法及特点分类

（1）金融远期合约，指合约双方同意在未来日期按照固定价格买卖基础金融资产的合约。金融远期合约规定了将来交割的资产、交割的日期、交割的价格和数量，合约条款根据双方需求协商确定。金融远期合约主要包括远期利率协议、远期外汇合约和远期股票合约。

(2) 金融期货，指买卖双方在有组织的交易所内以公开竞价的形式达成的，在将来某一特定时间交收标准数量特定金融工具的协议。主要包括货币期货、利率期货、股票指数期货和股票期货四种。

(3) 金融期权，指合约买方向卖方支付一定费用（称为期权费或期权价格），在约定日期内（或约定日期）享有按事先确定的价格向合约卖方买卖某种金融工具的权利的契约。包括现货期权和期货期权两大类。

(4) 金融互换，指两个或两个以上的当事人按共同商定的条件，在约定的时间内定期交换现金流的金融交易。主要有货币互换和利率互换两类。

三、金融衍生工具的作用

（一）避险保值

金融衍生工具具有避险保值的作用，这也是大部分金融投资者使用金融衍生工具的目的。衍生市场的风险转移机制主要通过套期保值交易发挥作用，通过风险承担者在两个市场的反向交易来锁定自己的利润。

（二）投机获利

与避险保值相反的是，投资者使用金融衍生工具的另一个目的在于投机获利。投资者利用金融衍生工具市场中保值者的头寸并不恰好互相匹配对冲的机会，通过承担保值者转嫁出去的风险，博取高额投机利润。

（三）套利

套利也叫价差交易，是在买入或卖出某种金融工具的同时，卖出或买入相关的金融衍生工具，利用相关市场或相关金融工具之间的价差变化，在相关市场或相关金融工具上进行交易方向相反的交易，以期望价差发生变化而获利的交易行为。此类金融衍生工具的投资者，使用金融衍生工具的目的是进行无风险套利。

（四）放大风险

金融衍生工具虽然是有效的风险管理工具，但也有可能成为巨大的风险源。金融衍生工具具有较高的杠杆比率，投资者利用较少的资金就可以撬动十几倍、几十倍的资金量，基础金融工具价格的微小变动便会导致金融衍生工具交易账户的巨额盈亏，放大了金融交易的风险。

活动二　了解金融期货与金融期权

一、金融期货及其基本功能

金融期货是指以金融工具作为标的物的期货合约。金融期货交易是指交易者在特定的交易所通过公开竞价方式成交，承诺在未来特定日期或期间内，以事先约定的价格买入或卖出特定数量的某种金融商品的交易方式。主要包括货币期货、利率期货、股票指数期货和股票期货四种。金融期货的基本功能是套期保值和价格发现，另外还有投机和套利功能。

（一）套期保值功能

套期保值的基本做法是：在现货市场买进或卖出某种金融工具的同时，做一笔与现货交易品种、数量、期限相当但方向相反的期货交易，以期在未来某一时间通过期货合约的对冲，以一个市场的盈利来弥补另一个市场的亏损。套期保值的基本类型有两种：一是多头套期保值，是指持有现货空头（如应付外汇账款）的交易者担心将来现货价格上涨（如外币升值）而给自己造成经济损失，于是买入期货合约（建立期货多头）；二是空头套期保值，是指持有现货多头（如应收外汇账款）的交易者担心未来现货价格下跌，在期货市场卖出期货合约（建立期货空头），当现货价格下跌时以期货市场的盈利来弥补现货市场的损失。

（二）价格发现功能

价格发现功能是指在一个公开、公平、高效、竞争的期货市场中，通过集中竞价形成期货价格的功能。期货价格具有预期性、连续性和权威性的特点。

案例阅读

光大证券的8·16“乌龙指事件”

2013年8月16日11点6分，上证指数出现大幅拉升，瞬间飙升逾100点，大盘一分钟内暴涨超5%，最高涨幅5.62%，指数最高报2 198.85点，盘中逼近2 200点。总共有71只股票瞬间触及涨停，且全部集中在上海交易所市场。其中，沪深300权重比例位居前两位的民生银行、招商银行均瞬间触及涨停。11点44分，上交所称系统运行正常。下午2点，光大证券公告称，策略投资部门自营业务在使用其独立的套利系统时出现问题。有媒体将此次事件称为“光大证券乌龙指事件”。

2013年8月16日上午的“乌龙指事件”中共下单230亿元，成交72亿元，涉及150多只股票。按照8月16日的收盘价，上述交易的当日盯市损失约为1.94亿元。此次事件对光大证券8月的业绩产生巨大影响。公开资料显示，光大证券7月实现营业收入2.15亿元，净利润0.45亿元。8月16日，中金所盘后持仓数据显示，光大期货席位大幅增空7 023手，减多50手，涉及金额达48亿元。

“乌龙指事件”直接造成光大证券前3季度自营业务累计净收入由正转负，后续影响来自监管处罚对公司创新业务发展的打击。

光大证券因“乌龙指事件”受到监管严厉处罚，包括罚没款5.23亿元、停止公司证券自营业务、暂停批准公司新业务的申请等。“乌龙指事件”除了直接造成自营业务的经济损失外，对公司业务的监管处罚也显著削弱了公司创新业务的优势。光大证券2013年度累计净利润大幅下挫至2.84亿元（2012年净利润为10.33亿元），净利润率仅为7.06%。

资料来源：http://finance.sina.com.cn/。

即问即答

金融期货的基本功能是什么？

二、金融期权

金融期权是指以金融商品或金融期货合约为标的物的期权交易。具体地说，其购买者在向出售者支付一定费用后，就获得了能在规定期限内以某一特定价格向出售者买进或卖出一定数量的某种金融商品或金融期货合约的权利。从某种意义上说，金融期权是金融期货的发展和延伸，具有与金融期货同样的套期保值和价格发现功能，是一种有效的风险控制工具，也是一种投机工具。其主要特征在于它仅仅是买卖权利的交换。

三、金融期权与金融期货的区别

（1）基础资产不同。可作期货交易的金融工具都可作期权交易。然而，可作期权交易的金融工具却未必可作期货交易。实践中，只有金融期货期权，而没有金融期权期货。

（2）交易者权利与义务的对称性不同。金融期权的持有者只享有交易的权利，不必承担相应的义务。

（3）履约保证不同。金融期货交易双方均需开立保证金账户，并按规定缴纳履约保证金。在金融期权交易中，只有期权出售者才需开立保证金账户。

（4）现金流转不同。金融期货交易双方在成交时不发生现金收付关系，但在成交后，由于实行逐日结算制度，交易双方将因价格的变动而发生现金流转。金融期权交易中，在成交时，期权购买者为取得期权合约所赋予的权利，必须向期权出售者支付一定的期权费，但在成交后，除了到期履约外，交易双方将不发生任何现金流转。

（5）盈亏特点不同。金融期货交易双方无权违约，也无权要求提前交割或推迟交割，只能于到期前的任一时间通过反向交易实现对冲或到期进行实物交割。从理论上说，金融期货交易中双方潜在的盈利和亏损都是无限的。

金融期权交易中的盈利和亏损具有不对称性。理论上说，期权购买者在交易中的潜在亏损是有限的，仅限于他所支付的期权费，而他可能取得的盈利却是无限的；相反，期权出售者在交易中所取得的盈利是有限的，仅限于他所收取的期权费，而他可能遭受的损失却是无限的。

（6）套期保值的作用与效果不同。金融期货进行套期保值，在避免价格不利变动造成损失的同时也必须放弃若价格有利变动可能获得的利益。金融期权进行套期保值，若价格发生不利变动，套期保值者可通过执行期权来避免损失；若价格发生有利变动，套期保值者又可通过放弃期权来保护利益。

活动三　熟悉可转换债券

一、可转换债券及其特征

可转换债券简称可转债，是一种附有股票期权的公司债券，它赋予债券持有人可以在规定的时间内（转换期）按照规定的价格（转换价格）将债券转换成公司股票的权利，并且在转股前一直享有债券持有人的权益。可转换债券是介于普通债券和普通股票之间的一种混合型衍生金融工具，是一种复合证券。可转债具有如下特征。

（一）它是一种公司债券

可转债是一种公司债券，可以是付息票债券，也可以是零息票债券，所以它具有和普通债券相似的面值、票面利率，但可转债包括了一些特殊条款，如标的股票、转换价格或转股比例、转换期等。

（二）它是一种附有转股权的债券

可转债在转换前是一种公司债券，具备债券的一切特征，在转换后变成了股票，具备股票的一般特征，体现所有权关系，持有人由债权人变成了股权所有者。

（三）它具有双重选择权

一方面，持有可转债的投资者可自行选择是否转股，并为此承担转债利率较低的机会成本；另一方面，转债发行人拥有是否实施赎回条款的选择权，并为此支付比没有赎回条款的转债更高的利率。双重选择权是可转债最主要的金融特征，它的存在将投资者和发行人的风险、收益限定在一定范围内，并可以利用这一特点对股票进行套期保值，获得更加确定的收益。

二、可转换债券的要素

可转换债券具有若干要素，这些要素决定了可转换债券的转股条件、转换价格、市场价格等总体特征。

（一）有效期限和转换期限

可转换债券的有效期限与一般债券相同。

转换期限是指投资者可以将可转换债券转换成普通股股票的期限。在大多数情况下，发行公司都规定某一具体期限，在这个有效期限内，允许持有者按规定的价格或比例转换。在很多情况下，公司还规定在有限期限内转换比例逐渐递减条款。

（二）票面利率或股息率

票面利率（或股息率）是指可转换债券作为债券所具有的票面年利率或作为优先股所具有的票面股息率。

（三）转换比例和转换价格

转换比例是指一定面额可转换债券可换成普通股的股数。转换价格是可转换债券转换为每股股份时所支付的价格。转换比例与转换价格的关系如下式所示：

$$\text{转换比例}=\frac{\text{可转换债券面值}}{\text{转换价格}}$$

可转换债券发行后，若因发行新股、配股、拆股、送股或因其他原因引起股份公司发生变动的，发行人应及时调整转换比例和转换价格并公之于众。

（四）赎回条款与回售条款

赎回条款是指当公司普通股价格在一段时间内连续高于转换价格达到一定幅度时，公司有权按照事先约定的价格买回尚未转换的可转换债券。这一方面是为了避免市场利率下调时公司承担较高的利率风险；另一方面是为了在股价大幅上扬时迫使投资者行使转换权。

回售条款是指当公司股票在一段时间内连续低于转换价格达到一定幅度时，可转换债券持有人有权按事先约定的价格将所持有债券卖给发行人。这一条款使投资者有机会在股价低迷时要求发行人以一定的回报率将债券买回，从而为投资者提供了一种额外的保护。

（五）强制性回购条款

强制性回购条款是指发行人约定在一定条件下，要求投资者将持有的可转债转换为公司股份的条款。

三、我国的可转换债券

我国最早的可转换债券试点始于 1992 年的宝安转债，此后，中纺机也发行了可转换债券。从 1994 年起，开始境外可转换债券的发行试点工作。1997 年，国务院证券委发布《可转换公司债券管理暂行办法》，明确指出上市公司及非上市重点国有企业均可发行可转换公司债券。首批试点对象确定为除上市公司外的 500 家重点国有企业中的未上市企业。在这一政策的引导之下，南化转债、丝绸转债、机场转债、鞍钢转债、茂炼转债等相继发行上市，共筹集资金 47 亿元。2001 年 4 月颁布的《上市公司发行可转换公司债券实施办法》，对可转换债券的性质、发行条件等事项做了进一步的详细规定。目前，已有越来越多的上市公司发行可转换债券。

结论

金融市场投资工具主要有货币市场投资工具和资本市场投资工具，其中货币市场投资工具包括短期国债、大额可转让定期存单、商业票据、银行承兑汇票、回购协议和货币市场共同基金；资本市场投资工具包括债券、股票、证券投资基金和金融衍生工具等。债券是发行人以法定程序发行，并约定在一定期限还本付息的有价证券。股票是股份公司为筹集资金发行的用以证明投资者的股东身份和权益，并据以获取股息和红利的凭证。投资基金是一种集专家理财、组合投资和风险分散等优点于一身的机会投资方式。金融衍生工具作为重要的金融创新的产物，不仅是规避风险的工具，也成为投机者牟取暴利的手段。

复习题

1. 简述货币市场工具。
2. 试述债券的种类和划分标准。
3. 股票和债券有哪些联系与区别？
4. 试述常见股票的称谓及含义。
5. 证券投资基金有哪些特点和分类？

6. 试比较股票、债券、证券投资基金三者作为投资工具的异同。

问题与应用

财政部2002年4月18日发布的2002年记账式国债公告显示，本次记账式国债期限为10年，票面年利率2.54%，利息按年支付。如果投资者要求的预期收益率为3%，则债券发行时100元面值的债券内在价值是多少？若上市时该债券开盘市价为98元，则该投资者应抛出还是应增购该券种？

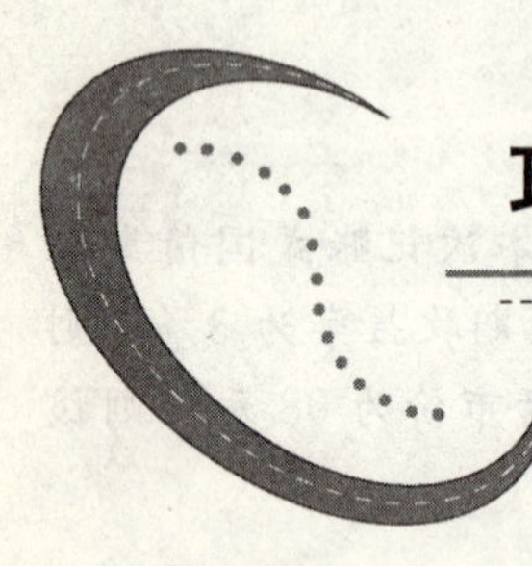

项目三 证券的发行与交易

学习要点

- 了解股票的发行与承销，掌握股票的交易流程
- 知道债券的发行与承销，熟悉债券上市的程序和交易流程
- 知道封闭式基金的募集与交易，熟悉开放式基金的募集与认购
- 掌握开放式基金的募集与认购
- 了解开放式基金份额的转换、非交易过户、转托管与冻结
- 知道交易型开放式指数基金（ETF）的募集与交易
- 了解开放式基金的登记

案例导入

网上证券交易的优势

（1）便捷。网上证券交易对投资者来说方便、迅速，可获得券商多种多样的网上服务。

（2）不受地域限制。只要能够连上 Internet，在任何一个地方都可以看到股市行情，并可以下单交易。

（3）行情数据免维护。网上交易的行情数据是由券商和电信局共同维护的，不需要投资者维护。所以你在任何时候打开计算机都可以看到完整的行情走势，既不需要整天联系，也不需要做收盘作业。

（4）行情分析、下单委托、查询资料方便、直观。网上交易可为你提供直观的图形走势，下单委托也十分方便，而且可以查询个人的股票、资金、成交等资料。

（5）互联网上资源丰富。提供给投资者的信息比比皆是，许多上市公司也在网上开辟了自己的站点，这些信息要比任何一家券商提供的都多，也更为客观准确。

（6）安全性有保障。许多券商网上交易使用强加密算法，利用网关和并口隔离技术等安全保障措施，确保网上交易的安全。

资料来源：http://www.wineast.com。

任务一　掌握股票的发行与交易

活动一　了解股票的发行与承销

一、股份公司公开发行股票的条件

（一）首次公开发行股票的条件

所谓首次公开发行股票，是指以募集方式设立股份有限公司并公开募集股份或已设立公司首次公开发行股票。

根据中国证监会2006年5月17日发布的《首次公开发行股票并上市管理办法》的规定，首次公开发行股票的公司除在主体资格、独立性、规范运作和财务会计方面符合要求外，还应符合如下条件：

（1）最近3个会计年度净利润均为正数且累计超过人民币3 000万元，净利润以扣除非经常性损益前后较低者为计算依据。

（2）最近3个会计年度经营活动产生的现金流量净额累计超过人民币5 000万元；或者最近3个会计年度营业收入累计超过人民币3亿元。

（3）发行前股本总额不少于人民币3 000万元。

（4）最近一期末无形资产（扣除土地、所有权、水面养殖权和采矿权等后）占净资产的比例不高于20%。

（5）最近一期末不存在未弥补亏损。

（二）增发新股的条件

根据《公司法》的有关规定，上市公司申请增发新股，应符合以下条件：

（1）前一次发行的股份已募足，并间隔1年以上。

（2）公司在最近3年内连续盈利，并可向股东支付股利。

（3）公司在最近3年内财务会计文件无虚假记载。

（4）公司预期利润率可达到同期银行存款利率。

（三）配股的条件

配股是增资发行的一种，是指上市公司在获得有关部门批准后，向其现有股东提出配股建议，使现有股东可按其所持股份的比例认购配售股份的行为，它是上市公司发行新股的一种方式。

根据证监会2001年出台的《关于做好上市公司新股发行工作的通知》，配股的条件除符合增发新股的条件外，还应该符合以下要求：

（1）经注册会计师核验，公司在最近3个会计年度加权平均净资产收益率平均不低于6%；扣除非经常性损益后的净利润与扣除前的净利润相比，以低者作为加权平均净资产收益率的计算依据；设立不满3个会计年度的，按设立后的会计年度计算。

（2）公司一次配股发行股份总数，原则上不超过前次发行并募足股份后股本总额的30%；如公司具有实际控制权的股东全额认购所配售的股份，可不受上述比例的限制。

（3）本次配股距前次发行的时间间隔不少于1个会计年度。

（四）首次公开发行股票在创业板上市的条件

发行人申请首次公开发行股票并在创业板上市，除符合《证券法》、《公司法》的相关规定外，还要符合下列规定的发行条件：

（1）发行人是依法设立且持续经营 3 年以上的股份有限公司。有限责任公司按原账面净资产值折股整体变更为股份有限公司的，持续经营时间可以从有限责任公司成立之日起计算。

（2）最近 2 年连续盈利，最近 2 年净利润累计不少于 1 000 万元，且持续增长；或者最近 1 年盈利，且净利润不少于 500 万元，最近 1 年营业收入不少于 5 000 万元，最近 2 年营业收入增长率均不低于 30%。净利润以扣除非经常性损益前后较低者为计算依据。

（3）最近一期末净资产不少于 2 000 万元，且不存在未弥补亏损。

（4）发行后股本总额不少于 3 000 万元。

二、股票发行与承销的实施

（一）发行方式与承销方式

1. 发行方式

我国股票的发行选择了比较受欢迎并相对符合投资者利益的发行方式：上网定价发行方式；上网询价发行方式；网下法人配售和上网定价结合发行方式；向二级市场投资者配售和上网定价结合发行方式；向二级市场投资者配售发行方式；网上、网下累计投标询价发行方式。其中，以下四种发行方式为上证所交易系统经常提供的发行方式：

（1）上网定价发行方式。是指主承销商利用证券交易所的交易系统，并作为股票的唯一“卖方”，将核准发行的股票输入其在证券交易所的股票发行专户，投资者在指定的时间内以确定的发行价格通过与证券交易所联网的各证券营业网点进行委托申购的一种发行方式。

上网定价发行方式是一种价定、量定的发行方式。申购结束后，由证券交易所交易系统主机统计有效申购总量和有效申购户数，并根据发行数量、有效申购总量和有效申购户数确定申购者的认购股数。

上网定价发行方式的具体程序（也是投资者打新股的申购程序）如下：

1）投资者申购。申购当日（T 日），投资者在申购时间内通过与上海证券交易所联网的证券营业部，根据发行人发行公告规定的发行价格和申购数量缴足申购款，进行申购委托。上网申购期内，投资者按委托买入股票的方式，以发行价格填写委托单，一经申报，不得撤单。投资者多次申购的，除第一次申购外均视作无效申购。

每一账户申购委托不少于 1 000 股，超过 1 000 股的必须是 1 000 股的整数倍（深交所是 500 股或者 500 股的倍数）。每一股票账户申购股票数量上限为当次社会公众股发行数量的 1‰。

2）资金冻结。申购后的第一天（T+1 日），由中国结算上海分公司将申购资金冻结。

3）验资及配号。申购日后的第二天（T+2 日），中国结算上海分公司配合上海证券交易所指定的具备资格的会计师事务所对申购资金进行验资，并由会计师事务所出具验资报告，以实际到位资金作为有效申购。

上海证券交易所根据最终的有效申购总量，按以下办法配售新股：当有效申购总量小于或等于该次股票上网发行量时，投资者按其有效申购量认购股票，余额部分按承销协议办理；当有效申购总量大于该次股票发行量时，则按照每 1 000 股配一个号的规则，由交易主机自动对有效申购进行统一连续配号，并通过卫星网络公布中签率。

4）摇号抽签。主承销商于申购日后的第三天（T＋3 日）公布中签率，并根据总配号量和中签率组织摇号抽签，于次日公布中签结果。每一个中签号可认购 1 000 股新股。证券营业部应于抽签次日在显著位置公布摇号中签结果。

5）中签处理。中国结算上海分公司于 T＋3 日根据中签结果进行新股认购中签清算，并于当日收市后向各参与申购的证券公司发送中签数据。

6）资金解冻。申购日后的第四天（T＋4 日），对未中签部分的申购款予以解冻。

7）发行结束。申购日的第四天后（T＋4 日后），主承销商在收到中国结算上海分公司划转的认购资金，依据承销协议将该款项扣除承销费用后，划转到发行人指定的银行账户。

计算与讨论

假设发行办法规定，每持有上市流通证券市值 1 万元可申购 1 000 股，投资者持有上市流通证券市值不足 1 万元的部分，不按四舍五入原则予以进位处理，即市值不足 1 万元的没有申购权。这样的话，投资者的申购数量应如何确定？若市值为 19 900 元，申购数量是 1 000 股还是 2 000 股？

（2）上网询价发行方式。这是一种量定、价不定的发行方式，类似于股票上网定价发行。区别在于发行当日（申购日），主承销商只给出股票的发行价格区间，而非一固定的发行价格。投资者在申购价格区间进行申购委托（区间之外的申购为无效申购），申购结束后，主承销商根据申购结果按照一定的超额认购倍数（如 5 倍）确定发行价格，高于或等于该发行价格的申购为有效申购，再由证券交易所交易系统主机统计有效申购总量和有效申购户数，并根据发行数量、有效申购总量和有效申购户数确定申购者的认购股数。

（3）向二级市场投资者配售发行方式。这是指在公开发行新股时，将一定比例或全部新股向二级市场投资者配售，投资者根据其持有的上市流通股票的市值和折算的申购限量自愿申购新股的发行方式。由于有可能仅将一定比例的新股向二级市场投资者配售，因此可采取向二级市场投资者配售与上网定价发行相结合或将向二级市场投资者配售与向机构投资者配售相结合的方式。

（4）网上、网下累计投标询价发行方式。这是一种将网上累计投标询价和网下累计投标询价结合起来的方式，是一种价不定、量不定的发行方式。股票发行日，主承销商给出申购价格区间，以及网上、网下的预计发行数量，最终的发行数量和发行价格需根据网上、网下申购结果而定。

发行价格的确定方式：网上、网下申购结束后，主承销商根据网上、网下的申购数据，按照报价由高至低的顺序计算每个价位及该价位以上的累计申购总量，并协商按照一定的认购倍数确定发行价格。

发行数量的确定方式：网上、网下申购结束后，视实际申购情况，主承销商在网上、网下进行回拨。若网上有效申购不足，网下超额认购，则网上剩余部分向网下回拨；若网下有效申购不足，网上超额认购，则网下剩余部分向网上回拨；若网上、网下均超额认购，则通过回拨机制，使网上其他公众投资者和网下机构投资者的配售比例相等。

2. 承销方式

承销方式包括包销方式和代销方式。

(1) 证券包销是指在证券发行时，承销商以自己的资金购买计划发行的全部或部分证券，然后再向公众出售，承销期满时未销出部分仍由承销商自己持有的一种承销方式。

(2) 证券代销是指承销商代理发售证券，在发售期结束后，将未出售证券全部退还给发行人的承销方式。

证券的包销和代销期限最长不得超过 90 天。

(二) 股票的发行价格

1. 股票发行价格

股票发行价格指股份有限公司将股票公开发售给特定或非特定投资者所采用的价格。根据我国《公司法》的规定，股票不得以低于股票票面金额的价格发行，所以股票发行价格可以分为面值发行与溢价发行。股票发行采取溢价发行的，其发行价格由发行人与承销的证券公司协商确定，报国务院证券监督管理机构核准。

2. 影响股票发行价格的因素

影响股票发行价格的因素有两个，第一个因素来源于发行股票的公司，称之为本体因素；第二个因素来源于发行环境，称之为环境因素。

本体因素就是发行人内部经营管理对发行价格决定的影响因素。这些因素包括公司现在的利润水平、未来的盈利前景、财务状况、生产技术水平、成本控制、员工素质、管理水平等，其中最为关键的是利润水平。

除了利润这一至关重要的决定因素外，发行人本身的知名度、产品的品牌、发行规模等也对股票的发行价格有重要影响。

环境因素是影响股票发行价格的外部因素，主要包括以下几个：

(1) 股票流通市场的状况及变化趋势。比如，当股市处于通常所说的牛市阶段时，发行价格可以适当偏高；当股市处于通常所说的熊市时，价格宜偏低。

(2) 发行人所处行业的发展状况、经济区位状况。

(3) 政策因素，如税负水平和利息率。税负水平直接影响发行人的盈利水平，因而是直接影响发行价格的因素；当利率水平降低时，每股的利润水平提高，股票的发行价格就可以相应提高。

(4) 国家有关的扶持与抑制政策。在现代市场经济发展过程中，国家一般会对经济活动进行干预。特别是在经济政策方面，国家往往采取对某些行业与企业进行扶持、对某些行业与企业进行抑制的政策。

3. 发行费用

发行费用指发行公司在筹备和发行股票过程中发生的费用，该费用可在股票发行溢价收入中扣除，主要包括中介机构费、上网发行费和其他费用。

案例阅读

海天味业上市定价

海天调味食品股份有限公司（以下简称海天公司）的产品涵盖酱油、调味酱、蚝油、鸡精、味精、调味汁等多个系列。“海天”品牌先后获得国家工商行政管理局“驰名商标”、中国商务部“中华老字号”和“最具市场竞争力品牌”、国家质检总局“中国名牌产品”等荣誉称号。2010 年，中国品牌研究院将“海天”品牌认定为中国酱油行业的标志性品牌。海天公司承担了包括国家 863 计划项目、国家“十一五”科技支撑计划项目、广东省火炬计划项目在内的多项国家和省市科技计划项目，部分项目已经实现了产业转化，还参与了国家和调味品行业多项产品标准的制定。

海天味业（603288）上市发行 7 485 万股，发行价为 51.25 元。齐鲁证券预计公司 2013—2015 年归属母公司股东净利润分别为 15.95 亿元、18.79 亿元和 23.51 亿元（按 7.49 亿总股本计算，对应摊薄后 EPS 为 2.13 元、2.51 元和 3.14 元）。目前，调味品上市公司 2014—2015 年平均估值水平分别为 34XPE、21XPE，该股合理估值区间为 77.77 元～85.34 元；海通证券给予的合理估价为 53.25 元～63.9 元；方正证券给予的合理估价为 56.6 元；宏源证券给出的合理估价范围为 53.8 元～64.6 元。

资料来源：东方财富网。

即问即答

1. 影响股票发行价格的因素有哪些？
2. 股票的承销方式有哪些？

活动二　掌握股票的交易流程——开户与委托买卖

一、开户

投资者要在证券市场进行投资，买卖股票、债券、基金等金融产品，首先要建立自己的投资账户，简称开户。而开户又分开立证券账户和资金账户两种，只有两种账户均开齐了，投资者才能进行证券的买卖。

（一）证券账户和资金账户

证券账户由证券登记结算公司开立，用于托管证券和交易报盘。通俗地说，证券账户用于记载在证券交易所上市交易的证券，以及交易所认可的其他证券。上海、深圳两交易所证券账户主要分为自然人证券账户和法人证券账户。自然人账户有上海证券账户、深圳证券账户、基金账户、股份转让账户等。其中，上海证券账户和深圳证券账户又有A股股票账户和B股股票账户。A股股票账户可以买卖A股股票及其权证、基金、债券、回购等；B股股票账户可以买卖B股股票等；基金账户可以买卖证券交易所挂牌上市的基金、国债、可转债等；股份转让账户可以买卖三板A股股票和B股股票等。

上海A股证券账户可以买卖在上海证券交易所挂牌交易的股票、基金、债券；深圳A股证券账户可以买卖在深圳证券交易所挂牌交易的股票、基金、债券；基金账户可以买卖基金和债券，但不能买卖股票；B股证券账户只能买卖上市交易的B股股票。

资金账户由证券营业部开立，用于对客户资金进行管理。通俗地说，资金账户是投资者交易结算资金第三方存管协议中的资金台账，投资者入市必须亲临证券公司营业部柜台开立资金账户。

（二）开立证券账户和资金账户

《中国证券登记结算有限公司证券账户管理规则》第3.6条规定：一个自然人、法人可以开立不同类别和用途的账户。但是，对于同一类别和用途的证券账户，一个自然人、法人只能开立一个。

基金账户和A股股票账户属于不同类别的账户，因此投资者可以同时开立基金账户和A股股票账户。但是两类账户在用途上有重复，通过A股账户也可以买卖基金，所以投资者在开立A股股票账户后不必再开基金账户。

如果投资者持有港币要进行证券投资，需要开立深圳B股账户；如果投资者持有美元要进行证券投资，则需开立上海B股账户。

境内自然人开户应携带本人的有效身份证明文件及复印件。境内机构开户人应提供以下资料：

（1）营业执照或注册登记证书原件及复印件，或加盖发证机关确认章的复印件；

（2）法定代表人证明书；

（3）法定代表人授权委托书；

（4）法定代表人身份证复印件；

（5）经办人身份证原件及复印件。

开户人在交易时间（9:00～11:30，13:00～15:00）到证券营业网点业务柜台办理包括上海、深圳的股东账户及资金账户的开户手续。上海股东账户开户费个人40元，机构400元；深圳股东账户开户费个人50元，机构500元。

个人投资者开立资金账户的具体步骤如下：

（1）个人投资者提供本人同名证券账户卡原件及复印件、本人有效身份证件及复印件（如投资者提供的证券账户卡为以前开立的，柜员应查询该证券账户是否为休眠账户，如为不规范账户或休眠账户，应规范或激活后再开立资金账户）；

（2）填写开户文本（一式两份），投资者在柜员指导下，阅读《证券交易风险提示书》并填写《经纪业务客户风险评估调查问卷》，以了解自己的风险评级，签署《证券交易委托代理协议书》，办理开立资金账户相关手续；

（3）可任选一家证券公司营业部认可的资金托管银行，用本人同名的借记卡开通三方存管业务；

（4）开通网上交易委托书、权证风险揭示书等。

（三）开户流程

投资者本人带齐有效身份证件和复印件，亲自到证券公司营业部办理有关申请，办理开立证券账户的相关手续。开户流程如下：

（1）个人开户应提供身份证原件及复印件；

（2）提供银行同名储蓄存折（卡）（如无，可当场开立）；

（3）填写开户资料并与证券营业部签订《证券买卖委托合同》（或《证券交易委托协议书》），同时签订有关沪市的《指定交易协议书》；

（4）证券营业部为投资者开设资金账户，填写《证券交易委托协议书》和《银券委托协议书》；

（5）表格经校验无误后，当场输入交易密码，并领取协议书客户联。

如果投资者要投资创业板，则需要开通创业板市场交易资格。具体的流程为：

（1）携带身份证、股东卡到证券公司营业部，提出开通创业板市场交易资格的申请；

（2）证券公司核查投资者的交易经验年限，并详细了解投资者的身份、财产与收入状况、风险偏好等基本信息；

（3）投资者仔细阅读并现场书面签署《创业板市场投资风险揭示书》，抄录一段投资风险声明。

根据相关规定，具备两年以上交易经验的投资者申请开通创业板市场交易资格后，T+2日正式开通；尚未具备两年交易经验但仍要求开通创业板市场交易资格的投资者，则需 T+5 日才能开通。

二、委托买卖

（一）证券交易委托方式

证券交易的委托方式有当面委托、电话委托、电报信函委托、自助委托、网上自助委托等。

1. 当面委托

当面委托又称柜台委托、柜台递单委托，是指投资者到证券公司营业柜台填写书面买卖委托单，委托证券商代理买卖股票的方式。目前，该种委托方式已经非常少见。

2. 电话、电报、传真、信函等非柜台委托

委托人以电话、电报、传真、信函等形式下达指令的委托形式。

3. 自助委托

自助委托是指通过证券营业部配备的专用委托计算机终端，凭证券交易磁卡和交易密码进入计算机交易系统，自行将委托内容输入计算机交易系统，以完成证券交易的一种委托形式。

4. 网上自助委托

网上自助委托是委托人利用联网的计算机、手机等，通过互联网终端下达指令的委托形式。这是近 10 年来随着计算机的普及而运用到股票交易中的新的委托形式。

（二）委托指令

1. 委托指令的基本要素

投资者买卖证券时，必须向证券经纪商下达委托指令。一个完整的委托指令包括有效

期间、买卖品种、买卖价格、买卖数量等。下面以互联网终端自助委托指令为例，说明委托指令的基本要素。

互联网终端自助委托指令包含的基本要素有：

(1) 委托有效期间。互联网终端自助委托指令上不显示委托日期和时间，当天的委托当天有效。

(2) 交易市场。投资者可以选择上海 A 股、深圳 A 股、上海 B 股、深圳 B 股（开立 B 股账户）。

(3) 股东账号。一般在互联网终端自助委托时，股东账号会自动显示。

(4) 买卖证券的代码。需要投资者填入欲买卖证券的代码。

(5) 证券名称。当投资者输入欲买卖证券的代码后，证券的名称会自动显示。

(6) 委托的策略。在买卖双向委托时，委托策略有限价委托、最优五档即时成交剩余撤销申报、最优五档即时成交剩余转限价申报三种。

(7) 买入、卖出价格。投资者可以输入证券的买入、卖出价格。

(8) 买入、卖出数量。投资者要填入欲买入、卖出股票的数量。需要注意的是，输入买入、卖出股票的最少数量必须是一手（100 股）的整数倍，最大买入、卖出数量为 100 万股，不足一手的，必须一次卖完。

2. 委托价格指令

目前，投资者可以选择的委托价格指令有市价委托、限价委托、最优五档即时成交剩余撤销委托、最优五档即时成交剩余转限价委托四种。

(1) 市价委托。这是最普遍、最容易执行的一种委托指令，即投资者向证券经纪商发出按当时市场价买卖某种证券的指令。证券经纪商在接到投资者指令后，立即以最有利价格买入或卖出投资者指定数量的某种证券。

采用市价委托买卖证券有两个好处：一是成交迅速，因为这种委托没有规定买卖的具体价格，有时在委托单交给证券经纪商几分钟后，即可成交。二是成交的把握性大，只要没有意外情况发生，该种委托一般都能得到执行。市价委托一般在客户急于买进或急于卖出股票时采用，通常更为那些急于在跌势中出售股票的客户所欢迎。其缺陷是：投资者只能确定买卖何种证券，而不能确定以什么价格来买卖，当市场价格波动较大且所报的买价较高或卖价较低时，容易出现高价买进或低价卖出的情况。因此，投资者在选用此种委托价格指令时，需权衡利弊，以避免造成不必要的损失。

(2) 限价委托。即投资者向证券经纪商发出买卖某种证券并对买卖价格有所限制的指令。

限价委托的优点在于：价格由投资者自己规定，可以满足自己的要求；主要缺点在于成交相对困难，甚至长时间无法成交。

即问即答

1. 一份委托单要求购买某公司股票一手，每股委托购买价格为 100 元，若当时市价为 100 元或 99 元，证券经纪商应如何执行？若当时市价是 101 元或更高，证券经纪商应如何执行？

2. 一份出售某公司股票一手的委托单，委托人委托的卖出价为每股 80 元，若当时市价为 80 元或 80.50 元，证券经纪商应如何执行？若当时市价是 78 元或 77 元，证券经纪商应如何执行？

（3）最优五档即时成交剩余撤销委托。该种委托无需指定委托价格，委托进入交易主机时能与“最优五档”范围内的对手方队列成交或部分成交即予以撮合，未成交部分立即自动撤销。在该委托方式下，一笔委托可以与对手方数笔不同价格的委托撮合成交。若“最优五档即时成交剩余撤销委托”成交后有剩余的委托（包括部分成交、未成交的情形），交易主机立即对剩余部分作撤单处理。

（4）最优五档即时成交剩余转限价委托。该种委托与最优五档即时成交剩余撤销委托的成交情况相同，只是对未成交部分的处理不同。在该种委托方式下，未成交的委托转为限价委托，需要投资者重新填写委托价格。

即问即答

如图 3—1 所示，某投资者欲买入中国平安股票 500 股，选择最优五档即时成交剩余撤销委托，则该投资者能成交多少股？成交价格分别是多少？剩余未成交的委托如何处理？如果该投资者欲卖出中国平安股票 2 000 股，选择最优五档即时成交剩余转限价委托，则该投资者能成交多少股？成交价格分别是多少？

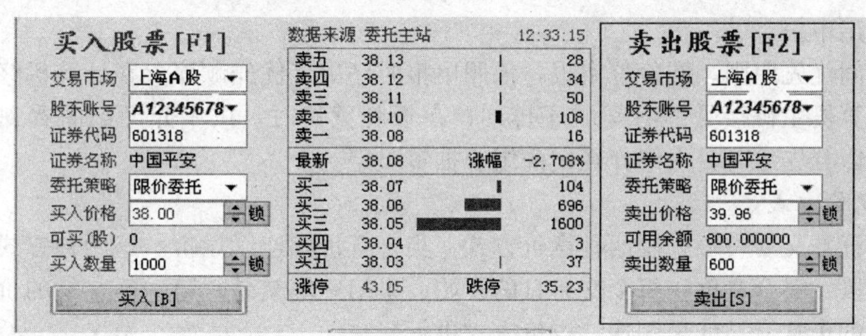

图 3—1　委托指令

（三）委托的受理

证券经纪商在收到投资者的委托后，应对委托人的身份、委托内容、委托卖出的实际证券数量及委托买入的实际资金余额进行审查，经审查符合要求后，才能接受委托。

对于互联网终端自助委托，委托单就是自助委托系统的指令，委托审查由系统自动完成。

（四）委托执行

委托执行是指证券经纪商接受投资者的委托后，按照其接受委托的时间顺序向交易所申报竞价。

1. 申报原则

证券经纪商接受投资者委托后，应按时间优先的原则进行申报竞价，不得自行撮合成交。若证券经纪商在接受两个以上委托人买进或卖出同种证券，且价格、数量相同时，仍须向交易所申报竞价。在涨停幅度限制下，委托价格超过限制幅度，则委托无效，证券经纪商不应申报。

2. 申报方式

申报方式有有形席位申报和无形席位申报。目前，证券经纪商的计算机系统与交易所计算机主机实现了联网，投资者只要在证券经纪商的自助委托终端前将委托指令键入系统，证券经纪商的计算机就会自动处理申报，整个过程不需要交易所交易员做任何操作，从而大大提高了申报效率，节省了费用。

活动三　掌握股票的交易流程——竞价成交与结算过户

一、竞价成交

我国的证券市场是竞价市场。交易的中心环节是竞价成交，特别是在高度组织化的证券交易所，会员经纪商代表众多的买方和卖方，按照一定规则和程序公开竞价，达成交易。

（一）竞价原则

证券交易按价格优先、时间优先原则竞价成交。

（1）价格优先原则。指较高买进申报优先满足于较低买进申报，较低卖出申报优先满足于较高卖出申报。

（2）时间优先原则。同价位申报，依照申报时序决定优先顺序。在计算机终端申报竞价时，按计算机主机接受的时间顺序排列；在板牌竞价时，按中介经纪商看到的顺序排列。在无法区分先后时，由中介经纪商组织抽签决定。

（二）竞价方式

目前，证券交易一般采用两种竞价方式：集合竞价和连续竞价。这两种方式存在于不同的交易时段。集合竞价在每个交易日的开始产生第一笔交易，第一笔交易的价格称为开盘价，之后的正常交易就采用连续竞价方式进行。

1. 集合竞价

交易所主机在每一营业日的9:15～9:25期间进行，在此期间计算机自动撮合系统只储存申报而不撮合成交。在9:25一瞬间，系统根据输入的所有买卖盘而产生一个开盘参考价，继而将能够成交的委托申报以此参考价为成交价全部撮合成交。

集合竞价有效委托申报的确定：

（1）有涨跌幅限制时，自动撮合系统会根据该证券上一交易日收盘价及确定的涨跌幅度来计算当日的最高和最低有效报价。目前，股票、基金的涨跌幅度为10%，ST股票的涨跌幅度为5%。最高限价＝1.1×上一交易日收盘价；最低限价＝0.9×上一交易日收盘价（计算结果四舍五入）。有效申报的价格范围就是该证券最高限价、最低限价之间的所有价位。超出此限价范围的委托为无效委托，系统作自动撤单处理。

（2）新股上市首日无涨跌幅限制时，深交所为了抑制对新股的炒作，对新股上市首日的有效申报从四个方面做了相应的限制。一是开盘价的有效竞价范围限制。新股上市首日开盘集合竞价的有效竞价范围调整为发行价的上下20%。若开盘价不能通过集合竞价产生，则以连续竞价的第一笔成交价作为开盘价。二是收盘价的形成机制调整。新股上市首日 14:57～15:00 实行收盘集合定价，即以 14:57 前最近成交价为定价，按照“时间优先”原则对买卖申报进行一次性集中撮合。如果盘中临时停牌至 14:57 的，停牌价就是最近成交价。三是盘中临时停牌的指标阀值。新股上市首日继续实施 10%、20%两档盘中临时停牌机制。盘中成交价较当日开盘价首次上涨或下跌达到或超过 10%的，临时停牌时间为 1 小时；盘中成交价较开盘价首次上涨或下跌达到或超过 20%的，临时停牌至 14:57。临时停牌期间，投资者可以申报，也可以撤销申报。四是临时停牌复牌后的处理机制。复牌时，对已接受的申报进行复牌集合定价，若临时停牌时间跨越 14:57 的，于 14:57 复牌并进行复牌集合定价，再进行收盘集合定价。

2. 连续竞价

集合竞价结束后，随即进入连续竞价，直至收市。连续竞价阶段的特点是，每一笔买卖委托输入计算机自动撮合系统后，当即判断并进行不同的处理，能成交者予以成交；不能成交者等待机会成交；部分成交者则让剩余部分继续等待。

(1) 连续竞价时的申报方法。无论买入或卖出，按现行规定，股票（含 A、B 股）、基金类证券在一个交易日内的交易价格相对上一交易日收市价格的涨跌幅度不得超过 10%，ST 股票的涨跌幅度不得超过 5%。国债连续竞价的价位为在前一笔成交价的基础上涨跌幅度不超过 10%。

(2) 连续竞价阶段成交价格的决定。最高买进申报与最低卖出申报价位相同时，该价格为成交价格。买入申报价格高于市场即时的最低卖出申报价格时，成本价格为当时最低的卖方申报价格；卖出申报价格低于市场即时的最高买入申报价格时，成交价格为最高买入申报价格。

（三）竞价结果

竞价的结果有三种：全部成交、部分成交、不成交。

(1) 委托买卖全部成交，证券经营机构须及时通知委托人，并按规定的交割时间向委托人办理交割手续。

(2) 委托人的委托如果未能全部成交，证券经营机构在委托有效期内可继续执行，直到有效期结束。

(3) 委托人的委托如果未能成交，证券经营机构在委托有效期内可继续执行，等待机会成交，直到有效期结束。

（四）撤单的条件和程序

(1) 撤单的条件。在委托未成交之前，委托人有权变更和撤销委托。证券经营机构申报竞价成交后，买卖即告成立，成交部分不得撤销。

(2) 撤单的程序。在委托未成交之前，委托人可变更或撤销委托。而在交易所采用无形席位交易的情况下，证券经营机构的业务员或委托人可直接将撤单信息通过计算机终端告知交易所主机，办理撤单。对委托人撤销的委托，证券经营机构须根据委托人的要求，及时退还其交保的资金或证券。

二、结算与过户

（一）清算、交割和交收

证券清算主要是指在每一营业日中将每个证券经营机构成交的证券数量与价款分别予

以轧抵，对证券和资金的应收或应付净额进行计算的处理过程。在证券交易过程中，买卖双方达成交易后应在事先约定的时间内履行合约，买方需交付一定款项以获得所购证券，卖方需交付一定证券以获得相应价款，这一钱货两清的过程称为交割。资金的收付称为交收。股票的清算、交割和交收统称为证券结算。

（二）证券结算

证券结算的方式一般分为逐笔交收和净额交收两种。

1. 逐笔交收

即对每一笔成交的证券及相应价款进行结算，主要是为了防止在证券风险特别大的情况下净额结算风险积累情况发生。这种结算方式适用于交易稀少、每笔成交额却很大的市场。

2. 净额交收

即买卖双方在约定的交收期限内，以买卖双方进行证券交易后计算出的证券和资金的净额进行交收。净额交收必须通过结算机构进行，比较适合于投资者较为分散、成交笔数较多、每笔成交的数量较小的证券市场。净额交收通常需要经过两级结算完成，即首先由交易所与证券商之间进行结算（一级结算），然后由证券商与投资者之间进行结算（二级结算）。我国的上海、深圳证券结算采用净额交收方式，但又有着各自不同的特点。在上海，两级结算实际上是由上海证券中央登记结算公司集中一次性进行的，结算公司直接完成证券在投资者之间的转移；而在深圳，在由深圳证券结算公司集中进行证券结算的同时，证券商进行投资者之间的结算，完成证券在投资者之间的转移。

关于清算交割日，各国的规定不同。我国A股、基金、债券都是在交易日的次日（T+1）交割，我国的B股是在交易日起第4天（T+3）交割。

（三）过户

证券过户是指股权（债券）在投资者之间的转移。记名式证券在交易后，必须办理过户手续。不记名证券不存在过户问题。目前，在我国利用计算机的无纸交易中，股票成交后，证券公司要通过计算机在交易双方的证券账户上增加或减少股票数，并把有关所有权转移事项记入证券发行公司的账簿中。只有这样，买方才能正式成为公司股东，享有股东权利，领取公司派送的股息或红利等。

三、交易费用

投资者在委托买卖证券时应支付各种费用，通常包括委托手续费、印花税、佣金、过户费等。证券交易的相关费用如表3—1所示。

表3—1　证券交易的相关费用

股票交易费用				
收费项目	深圳A股	上海A股	深圳B股	上海B股
印花税	1‰，向卖方单边征收	1‰，向卖方单边征收	1‰，向卖方单边征收	1‰，向卖方单边征收
佣金	不高于成交金额的3‰，起点：5元	不高于成交金额的3‰，起点：5元	3‰，起点：5港元	3‰，起点：1美元
过户费	无	无	无	无

续前表

股票交易费用				
收费项目	深圳A股	上海A股	深圳B股	上海B股
委托费	无	无	无	无
结算费	无	无	无	无
基金、债券和权证交易费用				
收费项目	封闭式基金、权证	可转换债券	国债	企业债券
印花税	无	无	无	无
佣金	不高于成交金额的3‰，也不得低于代收的证券交易监管费和证券交易经手费	1‰	1‰	1‰
过户费	无	无	无	无
委托费	无	无	无	无
交易所其他费用				
收费项目	深圳A股（人民币元）	上海A股（人民币元）	深圳B股（港元）	上海B股（美元）
开户费	个人：50	个人：40	个人：120	个人：19
	机构：500	机构：400	机构：580	机构：85
转托管费	30	无	100	无

（一）委托手续费

投资者在办理委托买卖时，需向证券经营机构缴纳手续费。这笔费用主要用于通信、设备、单证制作等方面的开支，一般按委托的笔数计算。目前，证券经营机构免收此项费用。

（二）印花税

印花税是根据国家税法规定，在人民币股票（A股）和人民币特种股票（B股）成交后，对买卖双方按照规定的税率分别征收的税金。目前，我国证券交易印花税向卖方单边征收，印花税数额为股票（A股、B股）成交金额的1‰，此税收由证券经营机构代扣后由证券交易所统一代缴。债券和基金交易均免交此项税收。

（三）佣金

佣金是指投资者在委托买卖证券成交后按成交金额的一定比例支付的费用。佣金的收费标准因交易品种、交易场所的不同而有所差异。一般不超过成交金额的3‰，最低5元。

（四）过户费

过户费是委托买卖的股票、基金成交后买卖双方为变更股权登记所支付的费用。目前，沪、深证券交易所均免收过户费。

（五）市场监管费

市场监管费由证券经营机构按成交金额的一定比例支付。一般为成交金额的0.2‰，双向征收。

四、其他交易事项

(一) 交易信息

股票交易信息包括股票交易即时行情、股价指数、涨跌幅排名等，由证券交易所在每个交易日发布，各会员经纪商在营业场所予以公布。

即时行情的内容包括股票代码、股票名称、前收盘价、最新成交价、当日最高价、当日最低价、当日累计成交量、当日累计成交额、实时最高5个价位买入卖出申报价和数量等。证券经纪商必须将即时行情在营业场所予以公布。根据市场需要，经中国证监会批准，证券交易所可以调整即时行情发布的方法和内容。

证券交易所还要编制反映股市总体价格或某类证券价格的变动和走势的综合指数、成分指数和分类指数等，随即时行情发布；编制反映市场成交情况的各类报表（日报、周报、月报及年报），及时向社会公布。

此外，证券交易所对A股每日涨跌幅比例超过7%（含）的前5只股票，要公布其成交金额最大的5家会员营业部或席位的名称及成交金额。证券经纪商应当将这些规定的交易信息在营业场所公布。

(二) 开盘价与收盘价

根据我国现行的交易规则，证券交易所证券交易的开盘价为当日该证券的第一笔成交价。证券的开盘价通过集合竞价方式产生。不能产生开盘价的，以连续竞价方式产生。按集合竞价产生开盘价后，未成交的买卖申报仍然有效，并按原申报顺序自动进入连续竞价。

在收盘价的确定方面，上海证券交易所和深圳证券交易所有所不同。

上海证券交易所证券交易的收盘价为当日该证券最后一笔交易前一分钟所有交易的成交量加权平均价（含最后一笔交易）。当日无成交的，以前日收盘价为当日收盘价。

深圳证券交易所证券的收盘价通过集合竞价的方式产生。收盘集合竞价不能产生收盘价的，以当日该证券最后一笔交易前一分钟所有交易的成交量加权平均价（含最后一笔交易）为收盘价。当日无成交的，也以前日收盘价为当日收盘价。

即问即答

股票的开盘价是怎样产生的？收盘价呢？

(三) 挂牌、摘牌、停牌和复牌

1. 挂牌

挂牌指股票上市，即已经发行的股票经过国务院或者国务院授权的证券管理部门批准在证券交易所公开交易的法律行为。挂牌是连接股票发行与交易的“桥梁”，在我国，股票公开发行后即获得挂牌上市的资格。

2. 摘牌

摘牌也称退市或终止上市，指证券上市期届满或依法不再具备上市条件，证券交易所要终止其上市交易，以后就不能再在证券公司买卖该股票了。

3. 停牌

停牌是指某一种上市证券临时停止交易的行为。对上市公司的股票进行停牌，是证券交易所为了维护广大投资者的利益和市场信息披露的公平、公正以及对上市公司行为进行监管约束而采取的必要措施。

《证券法》第一百一十四条规定：因突发性事件而影响证券交易的正常进行时，证券交易所可以采取技术性停牌的措施；因不可抗力的突发性事件或者为维护证券交易的正常秩序，证券交易所可以决定临时停市。

4. 复牌

复牌是指某种被停牌的证券恢复交易。股改或者对价后，复牌第一天没有涨跌幅限制。而对于非股改情况下的复牌，是有涨跌幅限制的。

沪、深股市有关复牌的规则不同：上证所开市期间停牌的股票，停牌前的申报参加当日该证券复牌后的交易；停牌期间，不接受申报，但停牌前的申报可以撤销；在深交所停牌的股票，停牌期间，可以申报，申报也可以撤销，复牌时对已接受的申报实行集合竞价。

（四）除权与除息

1. 除权（XR）

除权是由于公司股本增加，每股股票所代表的企业实际价值（每股净资产）有所减少，需要在发生该事实之后从股票市场价格中剔除这部分因素而形成的剔除行为。上市公司以股票股利分配给股东，也就是公司的盈余转为增资时，或进行配股时，就要对股价进行除权。除权报价是由上市公司送配股行为引起，由证券交易所在该种股票的除权交易日开盘公布的参考价格，用以提示交易市场该股票因发行股本增加，其内在价值已被摊薄。某股票除权与复权走势如图 3—2 所示。

图 3—2　某股票除权与复权走势图

计算与讨论

某股票每10股送3股，股权登记日当天股民甲以收市价10元/股买进1 000股，共花本金10 000元（不含手续费、印花税），第二天该股除权，除权价为7.69元，此时股民甲的股票由原来的1 000股变为多少股？以除权价计算，其本金有没有损失？

2. 除息（XD）

股票发行企业在发放股息或红利时，需要事先进行核对股东名册、召开股东会议等多种准备工作，于是规定以某日在册股东名单为准，在此日以后一段时期为停止股东过户期。停止过户期内，股息、红利仍发给登记在册的旧股东，新买进股票的持有者因没有过户就不能享有领取股息、红利的权利。

课后实践

通过交易软件上网查阅近期有除权、除息的股票，仔细阅读其公告，观察该只股票价格的变动。

（五）分红派息

分红派息是指上市公司向其股东派发红利和股息的过程，也是股东实现自己权益的过程。分红派息的形式主要有现金股利和股票股利两种。

任务二　熟悉债券的发行、评级与交易

活动一　知道债券的发行与评级

一、债券的发行

债券是政府、金融机构、工商企业等机构直接向社会借债筹措资金时，准备向投资者发行，并且承诺按一定利率支付利息、按约定条件偿还本金的债权、债务凭证。债券的本质是债的证明书，具有法律效力。债券购买者与发行者之间是一种债权、债务关系，债券发行人即债务人，投资者（或债券持有人）即债权人。债券发行是证券发行的重要形式之一。

（一）债券的发行条件

根据《证券法》、《公司法》和《公司债券发行试点办法》的有关规定，发行公司债券应当符合下列条件：

（1）股份有限公司的净资产不低于人民币3 000万元，有限责任公司的净资产不低于人民币6 000万元；

（2）本次发行后累计公司债券余额不超过最近一期期末净资产额的40%，金融类公司的累计公司债券余额按金融企业的有关规定计算；

（3）公司的生产经营符合法律、行政法规和公司章程的规定，募集的资金投向符合国家产业政策；

（4）最近3个会计年度实现的年均可分配利润不少于公司债券1年的利息；

（5）债券的利率不超过国务院规定的利率水平；

（6）公司内部控制制度健全，内部控制制度的完整性、合理性、有效性不存在重大缺陷；

（7）经资信评估机构评级，债券信用级别良好。

（二）债券的发行方式

债券的发行指债券售出或被投资者认购的过程，它是债券投资、交易的起点和基础环节。债券的发行方式主要有私募发行和公募发行两种。

私募发行又称定向发行、私下发行，这种发行不公开面向所有的投资者，只面向特定的少数投资者，如人寿保险公司、养老基金、退休基金、个人投资者等。私募发行一般多采取直接销售的方式，可以节省承销费用和注册费用，手续也相对较为简便。但是私募发行的债券不能公开上市，其流动性差，利率比公募债券高。

债券公募发行是指承销商接受发行的债券，向社会上不指定的投资者进行资金募集的方式。公募有直接公募与间接公募之分。发行人不通过中介机构，直接向众多投资者公开发行债券即为直接公募，而由中介机构代为向不特定投资者发行债券的方式，即为间接公募。

二、债券信用评级

债券信用评级是信用评级机构按照债券的安全性、收益性、流动性等指标，对企业或经济主体发行的有价债券进行的信用评级。债券评级的目的是将发行人的信誉和偿债的可靠程度公诸投资者，以保护投资者的利益，使之免于因情报不足或判断不准而造成的损失。债券信用评级的另一个重要原因，是减少信誉高的发行人的筹资成本。一般来说，资信等级越高的债券，越容易得到投资者的信任，能够以较低的利率出售；而资信等级低的债券，风险较大，只能以较高的利率发行。

评级机构对债券的信用评级分为A级、B级、C级、D级。其中，A级债券的信用级别最高，是注重利息收入的投资者或保值者较好的选择。B级债券的安全性、稳定性及利息收益会受到经济中不稳定因素的影响，但其收益水平较高，筹资成本与费用也较高。对愿意承担一定风险，又想取得较高收益的投资者来说，B级债券是较好的选择。C级、D级债券也称投机级债券、垃圾债券，是投机性或赌博性的债券。

阅读材料

债券评级与评级机构

对于广大投资者尤其是中小投资者来说，由于受到时间、知识和信息的限制，无法对众多债券进行分析和选择，因此需要专业机构对债券还本付息的可靠程度进行客观、公正和权威的评定，也就是进行债券信用评级，以方便投资者决策。

目前国际上公认的最权威的三大信用评级机构是美国标准·普尔公司、美国穆迪投资服务公司和惠誉国际信用评级有限公司（欧洲）。我国的三大评级机构为大公国际资信评估有限公司、中诚信国际信用评级有限公司和联合资信评估有限公司。

三、国债的发行与承销

（一）国债的发行方式

目前，我国国债包括记账式国债、凭证式国债和储蓄国债3类。我国的凭证式国债发行完全采用承购包销方式，记账式国债发行完全采用公开招标方式。

（1）承购包销方式。即由发行人和承销商签订承购包销合同，合同中的有关条款是通过双方协商确定的。对于事先已确定发行条款的国债，我国仍采取承购包销方式，目前主要用于不可上市流通的凭证式国债的发行。

（2）公开招标方式。即通过投标人的直接竞价来确定发行价格（或利率）水平，发行人将投标人的标价自高价向低价排列，或自低利率排到高利率，发行人从高价（或低利率）选起，直到达到需要发行的数额为止。

（二）国债的承销程序

1. 记账式国债的承销程序

（1）招标。记账式国债是一种无纸化国债，通过银行间债券市场向具备国债承购包销团资格的商业银行、证券公司、保险公司、信托投资公司等机构，以及通过证券交易所向具备交易所国债承购包销团资格的证券公司、保险公司、信托投资公司和其他投资者发行。

（2）分销。分销包括银行间债券市场发行国债的分销和交易所市场发行国债的分销。为规范银行间债券市场发行国债的分销工作，中央国债登记结算有限责任公司于2002年5月发布了《关于银行间债券市场市场化发行债券分销过户有关事宜的通知》，对银行间债券市场发行国债的分销做了具体的规定。而交易所市场发行国债的分销在实际运作中，承销商可以选择场内挂牌分销或场外分销两种方法。

场内挂牌分销的程序：1）承销商在分得包销的国债后，向证券交易所提供一个自营账户作为托管账户，将在证券交易所注册的记账式国债全部托管于该账户中。2）证券交易所为每一个承销商确定当期国债各自的承销代码，以便于场内挂牌。3）在此后发行期中的任何交易时间内，承销商按自己的意愿确定挂牌卖出国债的数量和价格，进行分销。4）投资者在买入国债时，可免缴佣金，证券交易所也不向承销商收取买卖国债的经手费用。买卖成交后，投资者认购的国债自动过户至其账户内，并完成国债的认购登记手续。投资者的认购款通过证券交易所锁定，于当日划入承销商在证券交易所的清算账户中，资金回收安全、迅速。5）发行结束后，承销商在规定的缴款日前如期将发行款一次性划入财政部在中国人民银行的指定账户内，托管账户中分销的国债余额转为承销商持有。6）财政部在收到承销商缴纳的发行款后，将国债发行手续费拨付至各承销商的指定银行账户。

场外分销的程序：1）在发行期内，承销商也可以在场外确定分销商或投资者，并在当期国债的上市交易日前向证券交易所申请办理非交易过户。2）证券交易所根据承销商的要求，将原先注册在承销商托管账户中的国债依据承销商指定的数量过户至分销商或投资者的账户内，完成债券的认购登记手续。3）国债认购款的支付时间和方式由买卖双方在场外协商确定。

2. 凭证式国债的承销程序

凭证式国债是一种不可上市流通的储蓄型债券，主要由银行承销，各地财政部门和国债一级自营商也可参与发行。承销商在分得所承销的国债后，通过各自的代理网点发售。发售采取向投资者开具凭证式国债收款凭证的方式，发售数量不能突破所承销的国债量。由于凭证式国债采用“随买随卖”、利率按实际持有天数分档计付的交易方式，因而在收款凭证中除了注明投资者身份外，还需注明购买日期、期限、到期利率等内容。凭证式国债的发行期限一般比较长，国债发行手续费也由财政部分次拨付。各经办单位对在发行期内已缴款但未售完及投资者提前兑取的凭证式国债，仍可在原额度内继续发售，继续发售的凭证式国债仍按面值出售。

活动二　熟悉债券的上市与交易

债券上市，就是指证券交易所承认并接纳某种债券在交易所市场上挂牌交易的过程。

一、债券上市的一般程序

《证券法》规定，申请公司债券上市交易必须向证券交易所报送下列资料：上市报告书；申请公司债券上市的董事会决议；公司章程；公司营业执照；公司债券募集办法；公司债券的发行数额；证券交易所规定的其他文件。

债券上市程序大致为：发行公司提出上市申请；证券交易所初审；证券管理委员会核定；订立上市契约；发行公司缴纳上市费用；确定上市日期；挂牌买卖。

二、债券上市的审批条件

我国国债只要在发行时规定准许上市，无须审批；公司债券或金融债券若要上市，则必须达到证券交易所规定的上市标准。根据沪、深两市证券交易所交易市场业务规则，企业债券在证券交易所上市交易必须符合下列条件：

(1) 债券期限为1年以上。

(2) 债券实际发行额不低于5 000万元人民币。

(3) 公司申请其债券上市时仍符合法定的公司债券发行条件。

公司债券上市交易申请经证券交易所审核同意后，签订上市协议的公司应当在规定的期限内公告公司债券上市文件，并将其申请文件置备于指定场所供公众查阅。

三、上市债券交易规则

(一) 交易时间、原则

上市债券的交易时间、原则与A股相同。

(二) 报价单位

以“张”(面值100元) 为报价单位，即“每百元面值的价格”。

(三) 委托买卖

(1) 单位：以“张”为单位（以人民币100元面额为1张)，债券卖出最小申报数量单位为1张，债券买入最小申报数量单位、债券回购买卖最小申报数量单位均为10张。

(2) 价格最小变化档位：债券的申报价格最小变动单位为0.01元人民币。

(3) 涨跌幅限制：不设涨跌幅限制。

(4) 申报撮合方式：实行净价申报和净价撮合成交的方式，并以成交价格和应计利息额之和作为结算价格。

(5) 行情报价：报价系统同时显示国债全价、净价及应计利息额。

(6) 申报上限：单笔申报最大数量应当低于1万手（含1万手）。

(7) 交易方式：T+0，即当天买进的债券当天可以卖出，当天卖出的债券当天可以买进。

(8) 竞价方式：与A股相同。

(9) 上市首日申报竞价规定：深交所上市国债上市首日集合竞价申报价格的有效范围为前收盘价（发行价）上下各150元（即15 000个价格升降单位），进入连续竞价后申报价格的有效范围为最后成交价上下各15元（即1 500个价格升降单位）。

(10) 申报价格限制：上市首日后，每次买卖竞价申报价格的有效范围为最近成交价上下各5元（即500个价格升降单位）。

(四) 注意事项

(1) 记账式国债的交易方式与股票交易相同，成交后债权的增减均相应记录在其“证券账户”或“基金账户”内；无记名国债在卖出交易前，投资者必须将无记名国债拿到指定的证券商处办理托管手续，然后在其所指定的证券商处进行交易。买入无记名国债后，投资者可通过在指定的证券商处办理提取实物券手续。

(2) 国债现货计价单位为每百元面额。

(3) 国债现货交易实行“T+1”资金清算，投资者与所指定的证券商在成交后的第2个营业日办理交割手续。

四、债券的交易程序

(一) 债券场内交易程序

场内交易也叫交易所交易，证券交易所是市场的核心，在证券交易所内部，其交易程序都要经证券交易所立法规定，具体步骤明确而严格。

场内的债券交易程序有以下五个步骤。

1. 开户

债券投资者要进入证券交易所进行债券交易，首先必须选择一家证券公司，并在该公司办理开户手续。

投资者与证券公司订立开户合同后，就可以开立账户，为自己从事债券交易做准备。在我国上海证券交易所允许开设的账户有现金账户和证券账户。现金账户只能用来买进债券并通过该账户支付买进债券的价款，证券账户只能用来交割债券。

2. 委托

投资者在证券公司开立账户以后，还必须与证券公司签订证券交易委托协议，才能进行债券的交易。投资者向证券公司发出买卖证券的“委托”，证券公司把投资者委托买卖的证券种类、数量、价格等信息发送给交易所的交易主机。投资者办理委托可以采取当面委托、电话委托、互联网自助委托等多种方式。

3. 成交

在证券交易所内，债券成交就是要使买卖双方在价格和数量上达成一致。在成交过程中，按照价格优先、时间优先的原则成交。

4. 清算和交割

债券成交后，交易所对同一证券公司在同一交割日对同一种债券的买和卖相互抵消，确定出应当交割的债券数量和应当交割的价款数额，然后按照“净额交收”原则办理债券和价款的交割，这就是债券的清算。债券的交割就是将债券由卖方交给买方，将价款由买方交给卖方。

5. 过户

债券成交并办理了交割手续后，最后一道程序是完成债券的过户。过户是指将债券的所有权从一个所有者名下转移到另一个所有者名下。

（二）债券柜台交易市场的交易

柜台交易市场的交易分为自营买卖和代理买卖两种业务。

（1）自营买卖。指证券公司作为交易商为自己买卖债券，赚取价差。基本程序是：证券公司以批发价格从其他证券公司买进债券，然后再以零售价格将债券出售给客户；或者证券公司以零售价格向客户买进债券，然后再以较高的价格批发给其他证券公司。

（2）代理买卖。指证券公司作为经纪人，根据客户的委托，代理客户买卖债券，赚取佣金。其程序与交易所交易委托类似。

任务三　熟悉证券投资基金的募集、交易与登记

活动一　知道封闭式基金的募集与交易

一、封闭式基金的募集

（一）募集程序

封闭式基金的募集，又称“封闭式基金的发售”，是指基金管理公司根据有关规定向国务院证券监督治理机构提交募集文件、发售基金份额、募集基金的行为。其过程一般要经过申请、核准、发售、备案和公告五个步骤。

（二）募集申请文件

我国基金管理人进行封闭式基金的募集，必须依据《证券投资基金法》的有关规定，向中国证监会提交相关文件。申请募集封闭式基金应提交的主要文件包括：基金申请报告、基金合同草案、基金托管协议草案、招募说明书草案等。其中，基金合同草案、基金托管协议草案、招募说明书草案等文件是基金管理人向中国证监会提交的申请核准文本，还未正式生效，因此被称为“草案”。

（三）募集申请的核准

根据《证券投资基金法》的要求，中国证监会应当自受理封闭式基金募集申请之日起6个月内做出核准或者不予核准的决定。封闭式基金募集申请经中国证监会核准后方可发售基金份额。

（四）封闭式基金份额的发售

基金管理人应当自收到核准文件之日起 6 个月内进行封闭式基金份额的发售。封闭式基金的募集不得超过中国证监会核准的基金募集期限。封闭式基金的募集期限自基金份额发售之日起计算。目前，我国封闭式基金的募集期限一般为 3 个月。

封闭式基金份额的发售，由基金管理人负责办理。基金管理人一般会选择证券公司组成承销团代理基金份额的发售。基金管理人应当在基金份额发售的 3 日前公布招募说明书、基金合同及其他有关文件。

我国封闭式基金的发售价格一般采用 1 元基金份额面值加计 0.01 元发售费用的方式加以确定。在发售方式上，主要有网上发售与网下发售两种。网上发售方式是指通过与证券交易所的交易系统联网的全国各地的证券营业部，向公众发售基金份额的发行方式。网下发售方式是指通过基金管理人指定的营业网点和承销商的指定账户，向机构或个人投资者发售基金份额的方式。

封闭式基金在基金募集期间募集的资金应当存入专门账户，在基金募集行为结束前，任何人不得动用。

（五）封闭式基金的合同生效

当募集期限届满，基金份额总额达到核准规模的 80%以上，并且基金份额持有人人数达到 200 人以上时，基金管理人应自募集期限届满之日起 10 日内聘请法定验资机构验资。管理人自收到验资报告之日起 10 日内，向中国证监会提交备案申请和验资报告，办理基金备案手续，刊登基金合同生效公告。若基金募集期限届满，基金不满足有关募集要求的，基金不能成立。基金募集失败，基金管理人应承担一定责任，包括：以固有财产承担因募集行为而产生的债务和费用；在基金募集期限届满后 30 日内返还投资者已缴纳的款项，并加计银行同期存款利息。

二、封闭式基金的交易

（一）上市交易核准与上市交易条件

封闭式基金的基金份额，经基金管理人申请，国务院证券监督管理机构核准，可以在证券交易所上市交易。国务院证券监督管理机构可以授权证券交易所依照法定条件和程序核准基金份额上市交易。基金份额上市交易，应符合下列条件：

（1）基金份额总额达到核准规模的 80%以上；

（2）基金合同期限为 5 年以上；

（3）基金募集金额不低于 2 亿元人民币；

（4）基金份额持有人不少于1 000人；

（5）基金份额上市交易规则规定的其他条件。

（二）开立交易账户

投资者买卖封闭式基金，必须开立深、沪证券账户或深、沪基金账户及资金账户。如果已经有股票账户，就不需要另外再开立基金账户，因为股票账户可以进行基金交易，但基金账户却不能交易股票。

（三）交易规则

封闭式基金的交易时间、交易原则、竞价方式、涨跌幅限制等与股票交易基本相同。

封闭式基金的报价单位为每份基金价格。基金的申报价格最小变动单位为0.001元人民币。买入与卖出封闭式基金份额，申报数量应当为100份或其整数倍。基金单笔最大申报数量应当低于100万份。

我国封闭式基金的交收同样实行T+1交割、交收。图3—3显示了封闭式基金的交易过程。

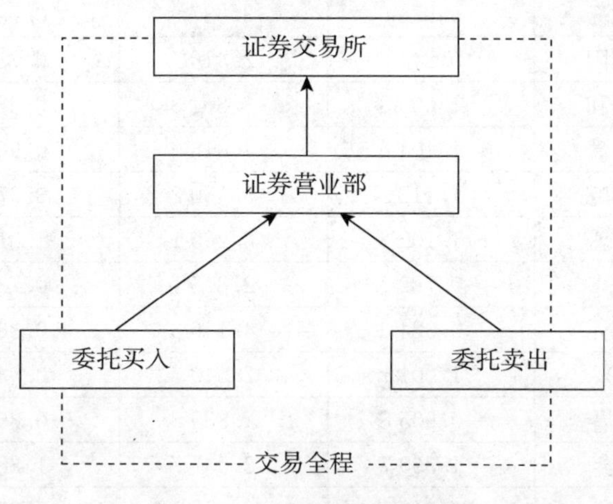

图3—3 封闭式基金交易图

（四）交易费用

我国基金交易佣金不超过成交金额的0.25%，不足5元的按5元收取。在深、沪证券交易所上市的封闭式基金不收取交易印花税。

（五）基金指数

为反映封闭式基金二级市场价格的综合变动情况，上海证券交易所和深圳证券交易所分别编制了各自的基金指数。

上证基金指数选样范围为在上海证券交易所上市的封闭式基金。上证基金指数以2000年5月8日为基日，以该日所有证券投资基金市价总值为基值，基日指数为1 000点，自2000年6月9日起正式发布。

深证基金指数选样范围为在深圳证券交易所上市的封闭式基金。深证基金指数以2000年6月30日为基日，以该日所有证券投资基金市价总值为基值，基日指数为1 000点，自2000年7月3日起正式发布。

（六）折（溢）价率

投资者常常使用折（溢）价率反映封闭式基金份额净值与其二级市场价格之间的关系。折（溢）价率的计算公式为：

$$\text{折（溢）价率}=\frac{\text{市场价格}-\text{基金份额净值}}{\text{基金份额净值}}\times 100\%$$

当基金二级市场价格高于基金份额净值时，为溢价交易，对应的是溢价率；当二级市场价格低于基金份额净值时，为折价交易，对应的是折价率。

当折价率较高时常常被认为是购买封闭式基金的好时机，但实际上并不尽然。有时折价率会继续攀升，在弱市时更有可能出现价格与净值同步下降的情形。封闭式基金的折价率排名见表 3—2。

表 3—2 封闭式基金的折价率排名

序号	基金名称	单位净值	累计净值	市场价格	折价率
1	基金银丰	0.945	3.303	0.794	15.98%
2	基金久嘉	0.874 6	3.637 6	0.738	15.62%
3	基金鸿阳	0.844 5	2.416	0.73	13.56%
4	基金丰和	1.009 8	3.801 8	0.88	12.85%
5	基金科瑞	1.104 6	4.016 6	0.963	12.82%
6	基金通乾	1.112 2	3.450 2	0.973	12.52%
7	基金同盛	1.102 6	3.265 1	1.016	7.85%
8	基金普丰	0.788 7	2.875 1	0.733	7.06%
9	基金天元	0.924 3	4.146 3	0.866	6.31%
10	基金汉兴	1.001 7	2.540 3	0.939	6.26%
11	基金景福	0.905 8	2.889 8	0.856	5.50%
12	基金金鑫	1.360 7	3.337 7	1.287	5.42%
13	基金兴和	0.942 1	3.375 1	0.892	5.32%
14	基金安顺	1.186 2	4.934 2	1.124	5.24%
15	基金同益	1.025 2	4.339 2	0.974	4.99%
16	基金裕隆	0.864	4.18	0.822	4.86%
17	基金汉盛	1.258 3	4.458 9	1.226	2.57%
18	基金泰和	1.312 9	4.961 9	1.285	2.13%
19	基金景宏	0.900 4	3.705 4	0.907	−0.73%

举例：王女士在国内一家著名通信公司工作，每月薪水丰厚。2012 年 3 月 16 日，她本打算购买净值为 2.371 9 元的一只开放式基金，忽略交易成本的话，投资成本为 2.371 9 元/份；后来她听了一位朋友的建议，最终决定购买当日折价率最大的封闭式基金——基金普惠，忽略交易成本，她可以从二级市场上以 1.544 元的收盘价买入，而当日该基金的净值也是 2.371 9 元，也就是说，其资产与成本相比的溢价程度高达：（2.371 9−1.544）÷2.371 9×100%=34.90%。

就以上两种投资方案比较而言，王女士如果将这两只基金都持到基金到期日，由于封闭式基金在到期时普遍会转为开放式基金，届时两只基金均会按净值赎回。假设期间两只基金的净值都没有任何增长，开放式基金依旧按 2.371 9 元赎回，忽略交易成本，王女士的收益为 0；而基金普惠按 2.371 9 元赎回，王女士的收益率则为（2.371 9−1.544）÷1.544×100%=53.62%。封闭式基金最诱人的地方就是它的净值与交易价格之间存在着差价。

即问即答

什么是封闭式基金的折（溢）价率？如何计算？

活动二　熟悉开放式基金的募集与认购

一、开放式基金的募集

（一）募集程序

开放式基金的募集是指基金管理公司根据有关规定，向中国证监会提交募集文件，首次发售基金份额，募集基金的行为。开放式基金的募集程序与封闭式基金的募集程序相似，也要经过申请、核准、发售、备案和公告五个步骤。

（二）申请募集文件

基金管理人募集开放式基金应当按照《证券投资基金法》和中国证监会的规定提交申请材料。开放式基金应提交的申请募集文件项目与封闭式基金基本相同，但开放式基金在一些文件的具体内容上与封闭式基金有所不同。如在开放式基金的基金合同草案中应包含最低募集份额总额，基金份额的申购、赎回程序、时间、地点、费用计算方式以及给付赎回款项的时间和方式等内容。

（三）募集申请的核准

与封闭式基金一样，根据《证券投资基金法》及其配套法规的要求，中国证监会应当自受理开放式基金募集申请之日起 6 个月内做出核准或者不予核准的决定。开放式基金募集申请经中国证监会核准后方可发售基金份额。

（四）开放式基金的募集期

与封闭式基金一样，基金管理人应当自收到核准文件之日起 6 个月内进行开放式基金的募集。开放式基金的募集不得超过中国证监会核准的基金募集期限。开放式基金的募集期限自基金份额发售之日起计算，不得超过 3 个月。

（五）开放式基金份额的发售

开放式基金份额的发售，由基金管理人负责办理。基金管理人可以委托商业银行、证券公司等经认定的其他机构代理基金份额的发售。基金管理人应当在基金份额发售的 3 日前公布招募说明书、基金合同及其他有关文件。开放式基金在基金募集期间募集的资金应当存入专门账户，在基金募集行为结束前，任何人不得动用。

（六）开放式基金的基金合同生效

（1）基金募集期限届满，募集的基金份额总额符合《证券投资基金法》的规定，并具备下列条件的，基金管理人应当按照规定办理验资和基金备案手续：基金募集份额总额不少于 2 亿份，基金募集金额不少于 2 亿元人民币；基金份额持有人的人数不少于 200 人。

中国证监会自收到基金管理人的验资报告和基金备案材料之日起 3 个工作日内予以书面确认；自中国证监会书面确认之日起，基金备案手续办理完毕，基金合同生效。基金管理人应当在收到中国证监会确认文件的次日予以公告。

（2）基金募集期限届满，基金不满足有关募集要求的，基金募集失败，基金管理人应承担下列责任：以固有财产承担因募集行为而产生的债务和费用；在基金募集期限届满后 30 日内返还投资者已缴纳的款项，并加计银行同期存款利息。

二、开放式基金的认购

认购是指在开放式基金募集期间投资者申请购买基金的行为。基金的认购以书面委托或其他经过认可的方式进行。在基金募集期间，投资者可进行多次认购，但已申请的认购不能撤单。募集期间，投资者在 T 日认购申请，T+2 日投资者可在销售商处查询初步确认结果；待基金合同生效后，投资者可以查询到最终确认结果。

（一）认购渠道

基金管理人可以委托取得基金代销业务资格的机构代为办理。目前，我国可以办理开放式基金认购业务的机构主要包括管理人直销中心、商业银行、证券公司、证券投资咨询机构、专业基金销售机构以及中国证监会规定的其他具备基金代销业务资格的机构。

（二）认购步骤

投资者参与认购开放式基金，分开户、认购和确认三个步骤。不同的开放式基金，在开户、认购、确认的具体要求上有所不同，具体要求以基金份额发售公告为准。

1. 基金账户的开立

基金账户是基金登记人为基金投资者开立的、用于记录其持有的基金份额余额和变动情况的账户。基金账户的开户手续会因投资者身份以及认购地点的不同而有所不同。个人投资者申请开立基金账户，一般需提供下列资料：

（1）本人法定身份证件（身份证、军官证、武警证、护照等）。

（2）委托他人代为开户的，代办人要携带授权委托书、委托人和代办人有效身份证件。

（3）在基金代销银行或证券公司开设的资金账户。

（4）开户申请表。

机构投资者申请开立开放式基金账户需指定经办人办理，并需提供法人营业执照副本或民政部门、其他主管部门颁发的注册登记证书原件、授权委托书等资料。

2. 资金账户的开立

资金账户是投资者在基金代销银行、证券公司开立的用于基金业务的结算账户。投资者认购、申购、赎回基金份额以及分红、无效认（申）购的资金退款等资金结算均通过该账户进行。

3. 认购确认

个人投资者办理开放式基金认购申请时，需在资金账户中存入足够的现金，填写基金认购申请表进行基金的认购。个人投资者除可亲自到基金销售网点认购基金外，还可以通过电话、网上交易、传真等方式提交认购申请。机构投资者办理开放式基金认购申请时，也需先在资金账户中存入足够的现金，填写加盖机构公章和法定代表人章的认购申请表进行基金的认购。一般情况下，基金认购申请一经提交，不得撤销。

投资者 T 日提交认购申请后，一般可于 T+2 日后到办理认购的网点查询认购申请的受理情况。销售网点（包括代销网点和直销网点）对认购申请的受理并不表示对认购申请的成功确认，而仅代表销售网点确实接受了认购申请。申请的成功确认应以基金登记人的确认登记为准。基金合同生效后，基金登记人将向基金投资者发送基金认购确认信息。认购申请被确认无效的，认购资金将会退还给投资者。

（三）认购方式与认购费率

1. 认购方式

开放式基金的认购采取金额认购的方式，即投资者在办理认购申请时，不是直接以认购数量提出申请，而是以金额提出申请。在扣除相应费用后，再以基金面值为基准换算成认购数量。

2. 前端收费模式与后端收费模式

在基金份额认购上存在两种收费模式：前端收费模式和后端收费模式。前端收费模式是指在认购基金份额时就支付认购费用的付费模式；后端收费模式是指在认购基金份额时不收费，在赎回基金时才支付认购费用的收费模式。后端收费模式设计是为了鼓励投资者能够长期持有基金，因为后端收费的认购费率一般会随着投资时间的延长而递减，甚至不再收取认购费用。目前，绝大多数基金管理人对持有超过三年以上投资期限的投资者，免收基金的赎回费用。

3. 认购费用与认购份额

为统一规范基金认（申）购费用及认（申）购份额的计算方法，更好地保护基金投资人的合法权益，中国证监会于 2007 年 3 月对认（申）购费用及认（申）购份额计算方法进行了统一规定。根据规定，基金认购费率将统一按净认购金额为基础收取，相应的基金认购费用与认购份额的计算公式为：

认购费用＝净认购金额×认购费率

净认购金额＝认购金额÷(1＋认购费率)

认购份额＝(净认购金额＋认购利息)÷基金份额面值

（四）不同基金类型的认购费率

《证券投资基金销售管理办法》规定，开放式基金的认购费率不得超过认购金额的5%。在具体实践中，基金管理人会针对不同类型的开放式基金、不同的认购金额设置不同的认购费率。目前，我国股票型基金的认购费率大多为1%～1.5%，债券型基金的认购费率通常在1%以下，货币型基金的认购费率一般为0。

（五）最低认购金额与追加认购金额

一些开放式基金在认购时会设定最低认购金额。目前，我国开放式基金的最低认购金额一般为 1 000 元人民币。一些基金对追加认购金额有最低金额要求，而另一些基金则没有此类要求。

活动三　掌握开放式基金的申购、赎回

一、基金的申购与赎回的概念

基金申购是指在基金存续期间，投资者向基金管理人提出申请购买基金份额的行为。基金的申购以书面方式或经认可的其他方式进行。当日的申购申请可以在 15:00 以前撤销。投资者一般自 T＋2 日起可查询申购确认结果。特殊类型的基金除外。

基金赎回是指投资者通过基金销售机构申请将手中持有的基金份额变现的行为。基金的赎回以书面方式或经认可的其他方式进行。当日的赎回申请可以在 15:00 以前撤销。投资者的赎回申请成功以后，基金管理人通常将在 T＋7 日内支付赎回款项，巨额赎回支付办法参照基金合同。

二、申购、赎回的原则与程序

（一）股票、债券基金的申购、赎回原则

(1)“未知价”原则。投资者在申购、赎回时并不能即时获知成交价格。申购、赎回价格只能以申购、赎回日交易时间结束后，基金管理人公布的基金份额净值为基准进行计算。这与股票、封闭式基金等大多数金融产品按“已知价”原则进行买卖不同。

(2)“金额申购、份额赎回”原则。申购以金额申请，赎回以份额申请。

（二）货币市场基金的申购、赎回原则

(1)“确定价”原则。申购、赎回基金份额价格以1元人民币为基准进行计算。

(2)“金额申购、份额赎回”原则。申购以金额申请，赎回以份额申请。

（三）开放式基金日常申购与赎回的程序

(1) 提出申购或赎回的申请。投资者必须根据基金销售网点规定的手续，在工作日的交易时间段内向基金销售网点提出申购或赎回的申请，如图3—4所示。

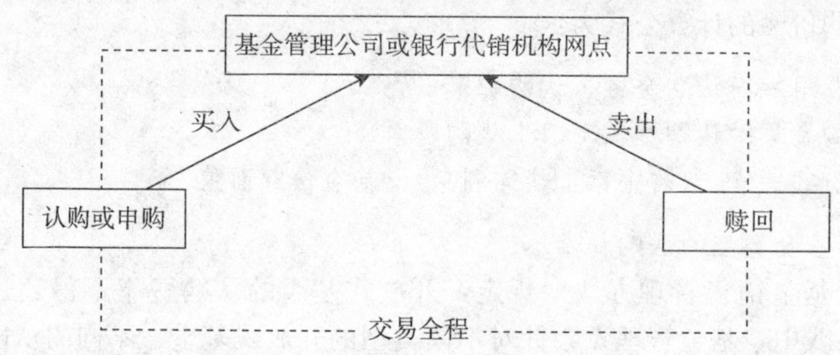

图3—4 开放式基金申购与赎回程序图

(2) 日常申购和赎回申请的确认。基金管理人以收到申购和赎回申请的当天作为申购或赎回申请日（T日），并在T+2个工作日前（包括该日）对该交易的有效性进行确认。投资者可在T+2个工作日（包括该日）之后向基金销售网点进行成交查询。

三、收费模式与申购份额、赎回金额的确定

（一）收费模式与申购费率

基金管理人办理开放式基金份额的申购，可以收取申购费，但申购费率不得超过申购金额的5%。认购费和申购费可以在基金份额发售或者申购时收取，也可以在赎回时从赎回金额中扣除。

基金管理人办理开放式基金份额的赎回，应当收取赎回费，但中国证监会另有规定的除外。赎回费率不得超过基金份额赎回金额的5%。赎回费在扣除手续费后，余额不得低于赎回费总额的25%，并应当归入基金财产。基金管理人可以根据投资者的认购金额、申购金额的数量适用不同的认购、申购费率标准；可以对选择在赎回时缴纳认购费或者申购费的基金份额持有人，根据其持有基金份额的期限适用不同的认购、申购费率标准；可以根据基金份额持有人持有基金份额的期限适用不同的赎回费率标准。

与认购基金类似，申购基金同样可分为前端收费模式与后端收费模式。申购费率以净申购金额为基础计算，申购费用与申购份额的计算公式为：

净申购金额＝申购金额÷(1＋申购费率)

申购费用＝申购金额－净申购金额

申购份额＝净申购金额÷申购日基金单位净值

基金份额份数以四舍五入的方法保留小数点后两位，由此产生误差的损失由基金资产承担，产生的收益归基金资产所有。

例 3—1：某投资人投资10 000元申购招商安泰股票基金，对应的申购费率为 1.5%，假设申购日基金份额净值为1.200 0元，则其可得到的申购份额计算如下：

净申购金额＝10 000/(1＋1.5%)＝9 852.22（元）

申购费用＝10 000－9 852.22＝147.78（元）

申购份额＝9 852.22/1.200 0＝8 210.18（份）

（二）赎回金额的确定

赎回金额的计算公式为：

赎回金额＝赎回总额－赎回费用

其中

赎回总额＝赎回数量×赎回日基金份额净值

赎回费用＝赎回总额×赎回费率

赎回费率一般按持有时间的长短分级设置。持有时间越长，适用的赎回费率越低。

实行后端收取认购/申购费的基金，还应扣除后端认购/申购费，这才是投资者最终得到的赎回金额。即

赎回金额＝赎回总额－后端收费金额－赎回费用

（三）货币市场基金的手续费

货币市场基金费用较低，通常申购、赎回费率为 0。一般情况下，货币型基金从基金财产中计提比例不高于 2.5‰的销售服务费，用于基金的持续销售和给基金份额持有人提供服务。

四、申购、赎回款项的支付

申购采用全额交款方式。若资金在规定时间内未全额到账，则申购不成功；申购不成功或无效，款项将退回投资者账户。

投资者赎回申请提交后，基金管理人应通过注册登记机构按规定向投资者支付赎回款项。赎回款项在自受理基金投资者有效赎回申请之日起不超过 7 个工作日的时间内划至赎回人资金账户。在发生巨额赎回时，款项的支付办法按基金合同有关规定处理。

五、申购、赎回的注册登记

基金投资者提出的申购和赎回申请，在当日交易时间结束前可以撤销，交易时间结束后不得撤销。

投资者申购基金成功后，基金注册与过户登记人在 T＋1 个工作日为投资者增加权益并办理注册登记手续，投资者自 T＋2 个工作日起有权赎回该部分基金单位。

投资者赎回基金成功后，基金注册与过户登记人在 T+1 个工作日为投资者扣除权益并办理相应的注册登记手续。

基金管理人可在法律法规允许的范围内，对上述注册登记办理时间进行调整，并最迟于开始实施前 3 个工作日予以公告。

活动四　了解开放式基金份额的转换、非交易过户、转托管与冻结

一、开放式基金份额的转换

开放式基金份额的转换是指投资者不需要先赎回已持有的基金份额，就可以将其持有的基金份额转换为同一基金管理人管理的另一基金份额的一种业务模式。基金份额的转换采取未知价法，按照转换申请日的基金份额净值为基础计算转换基金份额数量。

由于基金的认购费率、赎回费率不同，当发生转换的转入基金的申购费率高于转出基金的申购费率而存在费用差额时，应在转换时补齐。此外，基金份额的转换常常还会收取一定的转换费用。尽管如此，由于基金份额的转换不需要先赎回已持有的基金再购买另一基金，因此综合费用仍较低。

二、开放式基金份额的非交易过户

非交易过户是指不采用申购、赎回等基金交易方式，将一定数量的基金份额按照一定规则从某一投资者基金账户转移到另一投资者基金账户的行为，包括继承、捐赠、遗赠、自愿离婚、分家析产、国有资产无偿划转、机构合并或分立、资产售卖、机构清算、企业破产清算、强制执行，以及基金注册登记机构认可的其他行为。无论在上述何种情况下，接受划转的主体必须是合格的个人投资者或机构投资者。

三、开放式基金份额的转托管

基金持有人可以办理其基金份额在不同销售机构的转托管手续。转托管在转出方进行申报，基金份额转托管一次完成。一般情况下，投资者于 T 日转托管基金份额成功后，转托管份额于 T+1 日到达转入方网点，投资者可于 T+2 日起赎回该部分基金份额。

四、开放式基金份额的冻结

基金注册与过户登记人只受理国家有权机关依法要求的基金账户或基金份额的冻结与解冻。基金账户或基金份额被冻结的，被冻结部分产生的权益（包括现金分红和红利再投资）一并冻结。

活动五　知道交易型开放式指数基金（ETF）的募集与交易

一、ETF 份额的发售

（一）认购方式

在 ETF 募集期内，根据投资者认购渠道的不同，ETF 份额的认购可分为场内认购和

场外认购。

根据投资者认购 ETF 份额所支付的对价种类，ETF 份额的认购又可分为现金认购和证券认购。

目前，我国可以采取场内现金、场外现金、证券认购三种方式。

（二）认购费用（佣金）及认购份额的计算

基金管理人及基金发售代理机构在 ETF 份额发售时，一般会收取一定的认购费用或认购佣金。认购费用或认购佣金由投资者承担。我国 ETF 在发售时一般按 1 元/份计价。

（1）通过基金管理人进行现金认购的投资者，认购以 ETF 份额申请。

认购费用和认购金额的计算公式为：

认购费用＝认购价格×认购份额×认购费率

认购金额＝认购价格×认购份额×(1＋认购费率)

认购费用由基金管理人在投资者认购确认时收取，投资者需以现金方式交纳认购费用。

例 3—2：某投资者认购 100 000 份 ETF 份额，认购价格为 1 元/份，认购费率为 1%，则需准备的资金金额计算如下：

认购金额＝1×100 000×(1＋1%)＝101 000（元）

认购费用＝1×100 000×1%＝1 000（元）

即投资者需准备 101 000 元，方可认购到 100 000 份基金份额。

（2）通过发售代理机构进行现金认购的投资者，认购以 ETF 份额申请。

认购佣金和认购金额的计算公式为：

认购佣金＝认购价格×认购份额×佣金比率

认购金额＝认购价格×认购份额×(1＋佣金比率)

认购佣金由发售代理机构在投资者认购确认时收取，投资者需以现金方式交纳认购佣金。

例 3—3：某投资者到某发售代理机构网点认购 1 000 份 ETF 份额，认购价格为 1 元/份，假设该发售代理机构确认的佣金比率为 1%，则需准备的资金金额计算如下：

认购佣金＝1×1 000×1%＝10（元）

认购金额＝1×1 000×(1＋1%) ＝1 010（元）

即投资者需准备 1 010 元，方可认购到 1 000 份 ETF 份额。

二、ETF 份额的折算与变更登记

（一）ETF 份额的折算时间

基金合同生效后，基金管理人应逐步调整实际组合直至达到跟踪指数要求，此过程为 ETF 建仓阶段。ETF 建仓期不超过 3 个月。

基金建仓期结束后，为方便投资者跟踪基金份额净值变化，基金管理人通常会以某一选定日期作为基金份额折算日，以标的指数的 1‰（或 1%）作为份额净值，对原来的基金份额进行折算。

（二）ETF 份额折算的原则

ETF 基金份额折算由基金管理人办理，并由登记结算机构进行基金份额的变更登记。

基金份额折算后，基金份额总额与基金份额持有人持有的基金份额将发生调整，但调整后的基金份额持有人持有的基金份额占基金份额总额的比例不发生变化。基金份额折算对基金份额持有人的收益无实质性影响。基金份额折算后，基金份额持有人将按照折算后的基金份额享有权利并承担义务。

（三）ETF 基金份额折算的方法

假设基金管理人确定基金份额折算日（T 日）。T 日收市后，基金管理人计算当日的基金资产净值 X、基金份额总额 Y。

T 日标的指数收盘值为 I，若以标的指数的 1‰作为基金份额净值进行基金份额的折算，则 T 日的目标基金份额净值为 $I/1\ 000$，基金份额折算比例的计算公式为：

$$折算比例=\frac{X/Y}{I/1\ 000}$$

折算后的份额＝原持有份额×折算比例

以四舍五入的方法保留小数点后 8 位。

例 3—4：假设某投资者在基金募集期内认购了 5 000 份 ETF 份额，基金份额折算日的基金资产净值为 3 127 000 230.95 元，折算前的基金份额总额为 3 013 057 000 份，当日标的指数收盘值为 966.45 元。

$$\begin{aligned}折算比例&=(3\ 127\ 000\ 230.95\div 3\ 013\ 057\ 000)\div(966.45\div 1\ 000)\\&=1.073\ 843\ 95\end{aligned}$$

该投资者折算后的基金份额＝5 000×1.073 843 95＝5 369（份）

三、ETF 份额的交易

基金合同生效后，基金管理人可向证券交易所申请上市。ETF 上市后二级市场的交易与封闭式基金类似，要遵循下列交易规则：

（1）基金上市首日的开盘参考价为前一工作日基金份额净值。

（2）基金实行价格涨跌幅限制，涨跌幅比例为 10%，自上市首日起实行。

（3）基金买入申报数量为 100 份或其整数倍，不足 100 份的部分必须一次委托。

（4）基金申报价格最小变动单位为 0.001 元。

基金管理人在每一交易日开市前需向证券交易所提供当日的申购、赎回清单。证券交易所在开市后根据申购、赎回清单和组合证券内各只证券的实时成交数据，计算并每 15 秒发布一次基金份额参考净值，供投资者交易、申购、赎回基金份额时参考。

四、ETF 份额的申购与赎回

（一）申购与赎回的场所

投资者应当在 ETF 基金管理人指定的销售商处办理 ETF 基金的申购与赎回业务。

基金管理人将在开始申购、赎回业务前公告申购、赎回代理券商的名单，并可依据实际情况增加或减少申购、赎回代理券商。

（二）申购与赎回的开放日及时间

ETF 基金自基金合同生效日后不超过 3 个月的时间起开始办理申购与赎回。申购与赎回的开放日为上海证券交易所交易日（基金管理人公告暂停申购或赎回时除外），投资者应当在开放日办理申购与赎回申请。开放日的具体业务办理时间为证券交易所开放交易的时间，即上午 9:30～11:30，下午 1:00～3:00。在此时间之外不办理基金份额的申购、赎回。

（三）申购与赎回的数额限制

（1）投资者申购、赎回的基金份额需为最小申购、赎回单位的整数倍。最小申购赎回单位一般是 100 万份，个别 ETF 是 50 万份。

（2）基金管理人可根据市场情况，在法律法规允许的情况下，调整申购与赎回的数额限制，基金管理人必须在调整生效前依照《信息披露办法》的有关规定在指定媒体公告并报中国证监会备案。

（四）申购与赎回的原则

ETF 份额的申购与赎回应遵循以下原则：

（1）申购、赎回 ETF 采用份额申购、份额赎回的方式，即申购与赎回均以份额申请。

（2）申购、赎回 ETF 的申购对价、赎回对价包括组合证券、现金替代、现金差额及其他对价。

（3）申购、赎回申请提交后不得撤销。

（五）申购、赎回的对价、费用及价格

申购对价是指投资者申购基金份额时应交付的组合证券、现金替代、现金差额及其他对价。赎回对价是指投资者赎回基金份额时，基金管理人应交付给赎回人的组合证券、现金替代、现金差额及其他对价。申购对价、赎回对价根据申购、赎回清单和投资者申购、赎回的基金份额确定。

投资者在申购或赎回基金份额时，申购赎回代理证券公司可按照 0.5％的标准收取佣金，其中包含证券交易所、登记结算机构等收取的相关费用。T 日的基金份额净值在当天收市后计算，并在 T＋1 日公告，计算公式为计算日基金资产净值除以计算日发售在外的基金份额总数。T 日的申购、赎回清单在当日上海证券交易所开市前公告。如遇特殊情况，可以适当延迟计算或公告，并报中国证监会备案。

活动六　了解开放式基金的登记

一、开放式基金登记的概念

开放式基金份额的登记，是指投资者认购基金份额后，由登记机构为投资者建立基金账户，在投资者的基金账户中进行登记，表明投资者所持有的基金份额。以后，投资者申购基金，也由登记机构在投资者的基金账户中登记，表明投资者所持有的基金份额的增加；投资者赎回基金份额后，取得款项，由登记机构在投资者的基金账户中注销，表明投资者所持基金份额的减少。

基金登记机构不但负责基金份额的登记工作，而且还承担着与基金份额登记有关的份额存管、资金清算和资金交收等业务。登记机构对确保开放式基金的健康运作有着重要的作用。从国外的情况看，登记机构承担的工作包括：

第一，对基金份额的申购、赎回、转换进行确认与登记；

第二，负责红利的发放或红利的再投资；

第三，根据基金申购与赎回的情况，完成与销售机构和托管银行之间的资金划拨；

第四，向投资者报告账户的业绩表现，接受投资者的电话咨询，邮寄基金报表、分红通知、税务处理资料等。

二、我国开放式基金注册登记机构及其职责

我国《证券投资基金法》规定，开放式基金的登记业务可以由基金管理人办理，也可以委托中国证监会认定的其他机构办理。

代办登记业务的机构可以接受基金管理人的委托，开办下列业务：

(1) 建立并管理投资者基金份额账户；

(2) 负责基金份额登记；

(3) 确认基金交易；

(4) 代理发放红利；

(5) 建立并保管基金投资者名册；

(6) 基金合同或者登记代理协议规定的其他职责。

三、基金登记流程

基金登记流程实际上是登记机构通过登记系统对基金投资者所投资基金份额及其变动的确认、记账的过程。这个过程与基金的申购（认购）、赎回过程是一致的，其信息传递过程如图 3—5 所示。

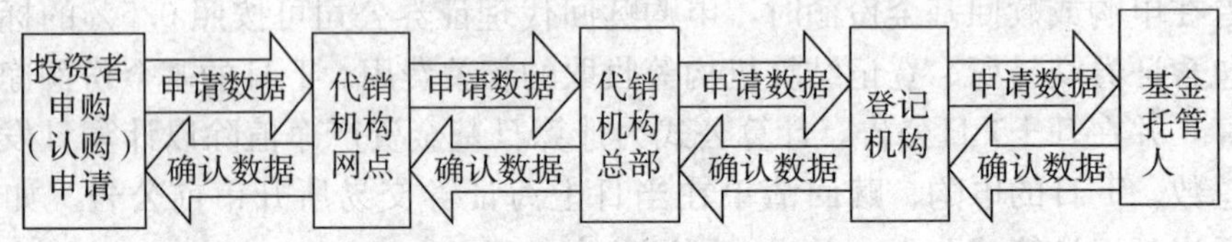

图 3—5　基金登记流程图

T 日，投资者的申购（认购）、赎回申请信息通过代销机构网点传送至代销机构总部。由代销机构总部将本代销机构的申购（认购）、赎回申请信息汇总后统一传送到登记机构。登记机构于 T+1 日根据 T 日各代销机构的申购（认购）、赎回申请数据及 T 日的基金份额净值统一进行确认处理，同时将确认的基金份额登记至投资者的账户，然后将确认后的申购（认购）、赎回数据信息下发各代销机构。各代销机构再下发至各所属网点。同时，登记机构也将登记数据发送至基金托管人。至此，登记机构完成对基金持有人基金份额的登记。

在这个过程中，并非全部的投资者都能申购（认购）、赎回成功。如果投资者提交的申购（认购）、赎回信息不符合登记的有关规定，最后的确认信息将是投资者申购（认购）、赎回失败。

四、申购、赎回资金清算流程

基金份额申购（认购）、赎回的资金清算是根据登记机构确认的投资者申购（认购）、赎回数据信息进行的。基金申购（认购）、赎回成功的投资者的资金将会从投资者的资金账户转移至基金在托管银行开立的基金银行存款账户或从基金账户转移至投资者的资金账户。申购、赎回资金清算流程如图 3—6 所示。

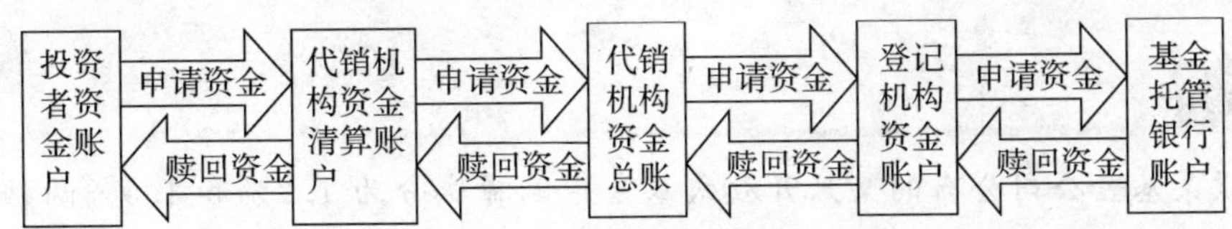

图 3—6　申购、赎回资金清算流程

由于基金申购（认购）、赎回的资金清算依据登记机构的确认数据进行，资金的汇划要落后于投资者的申购（认购）、赎回申请。为保护基金持有人的利益，有关法规明确规定：基金管理人应当自收到投资者申购（认购）、赎回申请之日起 3 个工作日内，对该申购（认购）、赎回的有效性进行确认。申购（认购）款应于 5 日内到达基金在银行的存款账户，赎回款于 7 日内到达投资者基金账户。

目前我国各基金申购（认购）、赎回的资金和申购（认购）款一般在 T+2 日内到达基金银行存款账户，赎回款于 T+3 日内从基金银行存款账户划出。对于货币市场基金，一般 T+1 日从基金银行存款账户划出，最快可在划出当天到达投资者资金账户。

结论

股票的发行与承销包括股票发行的条件、准备和发行的实施，开设账户、委托买卖、竞价成交、证券结算等是股票交易的主要流程。债券的发行包括发行条件、发行方式和信用评级等内容。上市债券有一定的交易规则，债券交易分为场内交易和场外交易，其中场内交易操作流程类似于股票。封闭式基金的募集是基金管理公司根据有关规定向国务院证券监督管理机构提交募集文件、发售基金份额、募集基金的行为。我国主要有网上发售与网下发售两种方式，封闭式基金的交易类似于A股股票的交易。开放式基金的募集程序与封闭式基金的募集程序相似。开放式基金的认购是在基金募集期内投资者的购买行为；而募集期满后的购买称为申购；投资者通过基金销售机构申请将手中持有的基金份额变现的行为称为基金赎回。ETF 的募集与交易程序介于封闭式和开放式基金。开放式基金份额的登记，是指投资者认购基金份额后，由登记机构为投资者建立基金账户，在投资者的基金账户中进行登记，表明投资者所持有的基金份额。

复习题

1. 股票的发行费用包括哪些？股票的交易费用有哪些？
2. 上网定价发行方式的具体程序（也是投资者打新股的申购程序）如何？
3. 简述开立股东账户和资金账户的程序。

4. 上市证券竞价原则和竞价方式是什么?

5. 什么是开盘价和收盘价? 什么是除权与除息?

6. 我国国债的发行方式有哪些?

7. 举例说明什么是封闭式基金和开放式基金。

8. 封闭式基金与开放式基金有何异同?

9. ETF 的交易规则是什么?

问题与应用

1. 假设某基金公司公布的某只开放式基金申购费率分为 1.2%和 1.5%两档，一次申购金额 1 万元～1 000 万元（含 1 万元，不含 1 000 万元）的，申购费率为申购金额的 1.5%；一次申购金额高于 1 000 万元（含 1 000 万元）的，申购费率为申购金额的 1.2%。

如果投资者甲申购 1 万元；投资者乙申购 30 万元；投资者丙申购 1 000 万元，T 日的基金单位净值为 1.2 元。请根据资料计算甲、乙、丙三位投资者的申购费用、净申购金额和申购份额。

2. 案例分析。

黄先生是一位普通股民，听人说投资基金也赚钱，于是在没有多少经验的情况下，将自己手中的一部分闲钱投资于基金市场。他从 2002 年 8 月认购第一只开放式基金易方达平稳增长以来，经过不断的观察、学习、对比、总结，目前收益颇丰，他总结出的心得是基金收益比股票好。

通常来说，基金公司的基金经理全部具有丰富的投资经验、深厚的理论知识、成熟的操作心态，水平不是一般的散户股民可以比的。黄先生在 2006 年基金和股市的投资情况也可以充分说明这一点：他投资的几只基金 2006 年净值增长都在 100%以上，可是投资的几只股票却因为没有买卖点，判断失误而出现了亏损。他发现，基金投资充分体现了专家理财的优势。

拿苏宁电器这只股票来说，黄先生是以 33.5 元的价格买入的，不久，这只股票就遭到了众多投资者的质疑。人们普遍认为这只股票在 35 元左右的价格比较合理。为防被套，黄先生在股票涨到 34 元以上的时候就匆匆抛售，结果除去各种手续费，黄先生白忙了一场。而他买入的易方达基金的持仓股票中有苏宁电器，但基金公司经过实际上门调查，并广泛收集、研究宏观经济数据、行业背景资料，认为这只个股当时的价值为 50 元，因此大量买入，结果后来获益颇丰。

（1）股票和投资基金有什么不同?

（2）通过阅读案例，你认为投资基金与股票哪个划算? 为什么?

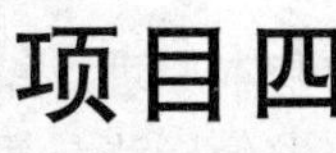

项目四 宏观经济形势与证券市场运行趋势

学习要点

- 证券投资基本分析的主要内容
- 宏观经济形势与证券市场趋势的关系
- 财政政策对证券市场的影响
- 货币政策对证券市场的影响
- 宏观经济形势分析中主要经济指标对证券市场价格的影响

案例导入

效果取决于做事的方法

一个春暖花开的季节，雨果在街上散步。这时一位瞎子走过来问他要钱，瞎子很可怜，可是雨果却没钱给他，于是便对瞎子说："我没有钱，可是我可以帮你要钱"。然后他找来一张纸，在上面写了一句话，摆在路边。就是在这天，瞎子要到了比平时多3倍的钱。

雨果写了什么呢？瞎子问后才知道，上面写道："春天到了，可是我看不见她……"

一言之利，竟至如此！

任务一　证券投资分析基础知识

证券投资分析有三个基本要素：信息、步骤和方法。其中，证券投资分析的方法直接决定了证券投资分析的质量。

当今，证券投资分析所采用的方法主要有四大类：基本分析法、技术分析法、组合投资分析法和行为金融法。

基本分析法主要是根据经济学、金融学、投资学等的基本原理，结合上市公司的经营管理和财务信息，对公司的投资价值进行分析的方法；技术分析法是用证券价格的历史走势和成交量的变化，来预测证券价格未来走势的一种方法；组合投资分析法是根据投资者的风险偏好，结合证券自身收益—风险的特点和各证券之间的关联程度，利用概率学、统计学和线性规划的方法，确定投资者所投资证券的种类和数量的方法。行为金融法是把行为理论与金融分析相结合的研究方法。它分析人的心理、行为以及情绪对投资决策的影响。

活动一　基本分析的理论依据

我们知道，在市场中，任何一种投资对象都有市场上的交易价格，也称为“市价”、“价格”等；同样，任何一种投资对象也有其自身的真实价值，也称“内在价值”或“价值”，这种“内在价值”可以通过对该种投资对象的现状和未来前景的分析而获得。

一般来说，在证券市场中，证券的“内在价值”和其市价往往是不一致的，有时证券的价格会大于其价值，有时证券的价格又会小于其价值。但证券的市场价格和“内在价值”之间的差距最终会被市场所纠正。当某证券的市场价格低于其内在价值时，投资者便可买入该证券；反之，则需要卖出。

证券公司、基金公司等都有自己的研发部门，研发部门为基金经理提供研发报告。在证券公司、基金公司的网站上，也有研发报告的专栏，专栏中有各种投资研发报告，登录证券公司的网站，投资者可以看到证券公司的投资研发报告。我国证券公司的投资研发报告大都是基于基本面进行的。

课后实践

登录两家证券公司的网站，分别选择一份该公司的投资研发报告，仔细阅读研发报告的内容，看看研发报告是基于哪几个方面进行的。

活动二　基本分析的主要内容

宏观经济分析、行业分析和公司分析是基本分析的三大内容。

一、宏观经济分析

宏观经济是指总量经济活动，即整个国民经济总体及其运行状态，如总供给与总需求；国民经济的总值及其增长速度；国民经济中的主要比例关系；物价的总水平；劳动就业的总水平与失业率；货币发行的总规模与增长速度；进出口贸易的总规模及其变动等。

在证券投资领域中，宏观经济分析是判断证券市场运行大势的依据。只有把握住经济发展的大方向，才能把握证券市场的总体变动趋势，做出正确的长期投资决策；只有密切关注宏观经济因素的变化，尤其是货币政策和财政政策因素的变化，才能抓住证券投资的市场时机。

从一定意义上说，证券市场的投资价值是整个国民经济增长质量与速度的反映。宏观经济是各个体经济的总和，因而，企业的投资价值必然在宏观经济的总体中综合反映出来。宏观经济分析是判断整个证券市场投资价值的关键。近几年来，我国宏观经济主要指标 GDP 总值及其增长速度如图 4—1 所示。

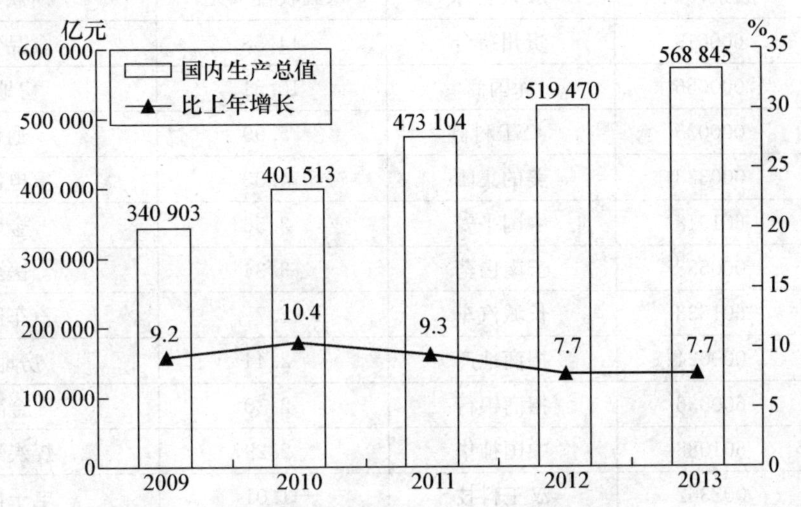

图 4—1　2009—2013 年我国国内生产总值及其增长速度

宏观经济分析主要是分析各种宏观经济指标和宏观经济指标的变化、宏观经济政策对证券市场的影响。

即问即答

宏观经济为什么会影响证券市场的运行？

二、行业分析

与宏观经济分析的重要性一样，行业分析也是基本分析中不可缺少的。

在社会经济中，有一类从事同性质的生产活动的企业，比如汽车制造，一些企业生产轮胎，一些企业生产汽车玻璃，还有些企业生产油箱，也有企业生产汽车的底盘、汽车音响、刹车片等，当然也有企业从事汽车整车的组装、汽车销售、汽车维修等。这些企业就构成了一个行业。在证券投资中，常见的行业有采掘业、银行保险业、设备制造业、石油化工业、建筑业、食品饮料业等。

在证券投资中，行业分析主要分析行业本身所处的发展阶段、行业在国民经济中的地位、影响行业发展的各种因素及其对行业的影响力度，预测行业的未来发展趋势，判断行业的投资价值，为投资者提供投资决策依据。

投资者知道，当宏观经济处于衰退期时，处于其中的行业不可能获得良好的发展；当某个行业处于衰退期时，其中的公司也很难创造惊人的业绩。同样，由于各个国家的经济情况千差万别，所处的发展阶段也各不相同，因此，不同的行业也可能有迥异的发展前景。

在证券市场中，不同行业的业绩具有显著的差异。行业分析就是找出具有投资价值的行业，为寻找具体的投资对象做好准备。我国 2013 年上海证券交易所上市公司年报每股收益最高和每股收益最低的相关信息如表 4—1 所示。

表 4—1　我国 2013 年上海证券交易所上市公司年报每股收益最高和最低的公司及所属行业

序号	股票代码	股票名称	每股收益（元）	所属行业
1	600519	贵州茅台	14.58	食品饮料
2	000056	深国商	10.51	房地产
3	000035	*ST 科健	5.99	通信
4	000333	美的集团	4.33	家电制造
5	601318	中国平安	3.56	金融
6	000538	云南白药	3.34	医药
7	601633	长城汽车	2.7	汽车制造
8	000024	招商地产	2.44	房地产
9	600036	招商银行	2.30	金融
10	601088	中国神华	2.297	煤炭采选
1344	002362	汉王科技	—1.01	电子信息
1345	000420	吉林化纤	—1.04	化纤
1346	300143	星河生物	—1.11	农牧饲渔
1347	002127	*ST 新民	—1.17	化纤
1348	601005	重庆钢铁	—1.252	钢铁
1349	000822	*ST 海化	—1.26	化工
1350	000928	*ST 吉炭	—1.406 3	材料
1351	600087	*ST 长油	—1.744	水上运输
1352	002459	*ST 天业	—1.93	机械制造
1353	600550	*ST 天威	—3.81	电器机械制造

资料来源：东方财富网（截至 2014 年 4 月 1 日）。

即问即答

为什么投资者要重视行业分析？

三、公司分析

证券投资分析中，在确定哪一个行业可以给投资者带来较高收益之后，接下来的工作便是挑选出具体的投资对象——公司。

事实上，每个行业都包含着诸多公司，每个公司又各有特色，如规模大小、财力强弱、技术水平高低、经营管理优劣、公司治理结构合理与否等。很明显，投资者不能仅依据宏观经济分析和行业分析来确定具体的投资对象，而需要对行业中的候选公司进行具体的分析，筛选出最适合投资的公司。我国保险行业主要上市公司在 2013 年的经营业绩与净利润增长率信息如表 4—2 所示。

表 4—2　　我国保险行业主要上市公司 2013 年经营业绩与净利润增长率

代码	简称	总股本（亿股）	流通A股	每股净资产（元）	排名	营业收入（亿元）	排名	净利润增长率（%）	排名
601628	中国人寿	283	283	7.80	4	4 236.13	1	123.89	2
601318	中国平安	79.2	79.2	23.08	1	3 626.31	2	40.42	4
601336	新华保险	31.2	21.4	12.602	2	1 295.94	4	50.77	3
601601	中国太保	90.6	90.6	11.128	3	1 496.28	3	157.77	1

即问即答

选择一个理想的投资行业后，为什么还要对投资行业的公司进行分析？

阅读材料

格雷厄姆与价值投资

价值投资哲学起源于本杰明·格雷厄姆（Benjamin Graham）的名著《投资分析》，因沃伦·巴菲特成功的实践闻名于世界。

本杰明·格雷厄姆是哥伦比亚大学的经济学教授，也是历史上最著名的投资者之一，人们将其称为“价值投资之父”。

在他一生教过的所有学生中，只有一个学生得过 A+，这个学生的名字就叫沃伦·巴菲特。

所谓价值投资，是指以影响证券投资的经济因素、政治因素、行业发展前景、上市公司的经营业绩、财务状况等要素的分析为基础，以上市公司的成长性以及发展潜力为关注重点，以判定股票的内在投资价值为目的的投资策略。

在短期中，证券市场就像一个“投票机器”（Voting Machine），多空双方哪一方“投票”多，就向哪一方倾斜，完全受人们的情绪和各种消息的影响，所以很难预测；但是在长期中，证券市场就像一个“称重量的机器”（Weighing Machine），真正有价值的公司自然会脱颖而出，股价将会反映公司的价值。

价值投资作为一种资产投资理论，其精髓在于“价值”二字。

价值投资理论认为：第一，投资人是不理性的，他们常常深受股票可能下跌的恐惧和期望股票价格上扬的贪婪所影响；第二，市场不是有效率的，愿意学习、研究的投资人完全有可能打败市场（弱势有效）；第三，风险并非源自于价格波动，而是由企业本身的内在价值决定的；第四，投资者最好的投资策略就是把资金重押在少数获利前景最高的价值投资组合上。

价值投资者坚守的原则是——只投资于市场价格远低于内在价值的资产。由此，价值投资者从不仅仅根据某一项资产的历史价格资料来预测趋势而进行“炒作”，也不会仅凭某一宏观局势的变化而对一家公司的股票或债券等资产的价格轻下评断。

活动三　价值投资案例——万科股权投资

万科于 1991 年成为深圳证券交易所第二家上市公司。持续增长的业绩以及规范透明的公司治理结构，使公司赢得了投资者的广泛认可。过去二十年，万科营业收入复合增长率为 31.4%，净利润复合增长率为 36.2%；公司在发展过程中先后入选《福布斯》“全球 200 家最佳中小企业”、“亚洲最佳小企业 200 强”、“亚洲最优 50 大上市公司”排行榜；多次获得《投资者关系》等国际权威媒体评出的最佳公司治理、最佳投资者关系等奖项。

1988 年 11 月 21 日，深圳市政府批准万科的股份化改制方案，中国人民银行深圳分行批准发行万科股票，现代企业公司（万科的前身）以净资产 1 324 万元折合 1 324 万股入股。

万科首次公开发行股票是在 1988 年 12 月，发行 2 800 万股，募集资金 2 800 万元。

万科股票的上市，也没有像现在一样在证券市场大屏幕显示屏上跳动、闪亮，而是仿佛出现在菜市场新鲜蔬菜旁，跻身于卖杂货的小摊上。彼时的国人，对那些钱生钱的虚拟概念，从内心深处尚存怀疑和抵触。

1991 年 1 月 29 日，万科股票正式在深圳证券交易所上市。

万科上市与当时的时代背景密不可分。1990 年 11 月 26 日，时任中共中央总书记的江泽民出席了深圳经济特区建立 10 周年招待会。5 天之后，深圳证券交易所开始试营业。深交所获得国家的正式批文是在 1991 年 4 月 11 日，此时万科股票已经上市近两个月。

上市使万科打开了资本市场的大门。从此，接受过资本洗礼的万科开始频频和资本亲密接触。在资本的指引棒下，万科也开始起飞。

从 1991 年上市至今，万科也给投资者带来了丰厚的回报，万科股份有限公司的历年分红信息如表 4—3 所示（有兴趣的读者可以计算投资万科的复合收益率）。

表 4—3　　万科股份有限公司的历年分红信息（每 10 股）

日期	送股数	配股数	配股价	红利（元）	转增数
1991.01.29	0	0	0	0	0
1994.06.21	3.5	0	0	1.5	0
1995.07.04	1.5	0	0	1.5	0
1996.08.06	1	0	0	1.4	0

续前表

日期	送股数	配股数	配股价	红利（元）	转增数
1997.06.27	1.5	0	0	1	0
1997.07.14	0	2.37	4.5	0	0
1998.07.10	1	0	0	1.5	0
1999.08.06	1	0	0	1	0
2000.01.10	0	2.73	7.5	0	0
2000.08.17	0	0	0	1.5	0
2001.08.21	0	0	0	1.8	0
2002.07.17	0	0	0	2	0
2003.05.23	0	0	0	2	10
2004.05.26	1	0	0	0.5	4
2005.06.29	0	0	0	1.5	5
2006.07.21	0	0	0	1.5	0
2007.05.16	0	0	0	1.5	5
2008.06.16	0	0	0	1	6
2009.08.04	0	0	0	0	0
2010.05.10	0	0	0	0.7	0
2011.05.20	0	0	0	1	0
2012.06.27	0	0	0	1.3	0
2013.05.08	0	0	0	1.8	0
2014.03.07	0	0	0	4.1	0

计算与讨论

1. 假设某投资者在万科上市后以 8 元的价格购买 10 手万科股票并持有到今天，并且都以配股价格参与了万科的配股分配方案，投资者一共投入了多少资金？投资者得到的现金回报又是多少？（不考虑货币的时间价值，不考虑通货膨胀的影响。）

2. 2007 年到 2013 年间，万科股票的最高价格为 40.78 元/股，最低价格为 4.8 元/股。按万科在 2014 年 2 月 26 日的最低价格 6.52 元/股计算，投资者拥有万科股票的总市值为多少？

任务二　宏观经济形势分析

活动一　熟悉宏观经济与证券市场的关系

宏观经济包括两个部分：实体经济与虚拟经济。

一、实体经济

实体经济是指物质的、精神的产品和服务的生产、流通等经济活动。实体经济包括农业、工业、交通运输业、商业服务业、建筑业等物质生产部门和服务部门，也包括教育、文化、知识、信息、艺术、体育等精神产品的生产和服务部门。实体经济始终是人类社会赖以生存和发展的基础。

二、虚拟经济

虚拟经济是相对实体经济而言的，是经济虚拟化（西方称之为“金融深化”）的产物。虚拟经济的本质是一套价值系统，包括物质价格系统和资产价格系统。与由成本和技术支撑定价的物质价格系统不同，资产价格系统是以资本化定价方式为基础的一套特定的价格体系，这也就是虚拟经济。广义地讲，虚拟经济包括金融业、体育经济、博彩业、收藏业等。

被誉为“中国风险投资之父”的全国人大前副委员长成思危形象地描述说：“如果将实体经济系统看成是经济系统中的硬件，则可认为虚拟经济系统是经济系统中的软件。”

三、宏观经济与证券市场的关系

证券市场是国民经济运行状况的晴雨表。从根本上说，国民经济的壮大是股市繁荣的基础，其发展决定着股市的发展。投资者只有把握宏观经济的大方向，才能把握股市的总体变化趋势，做出正确的投资决策。

大量的研究表明，经济增长率的高低与股市关联性高的深层原因，就在于经济增长率的变动会引起资本规模的相应变动，经济增长导致资本规模的扩张，要么通过银行的间接信用，要么通过发行股票的直接信用。由于信用的使用是有成本的，资本规模的扩张，必然要求企业利润和上市公司收益率的提高，从而成为促使股价上扬的基础性因素。图 4—2 描述了道·琼斯工业股票指数的长期走势，图 4—3 描述了美国、中国和印度每单位资本创造真实 GDP 的长期走势。

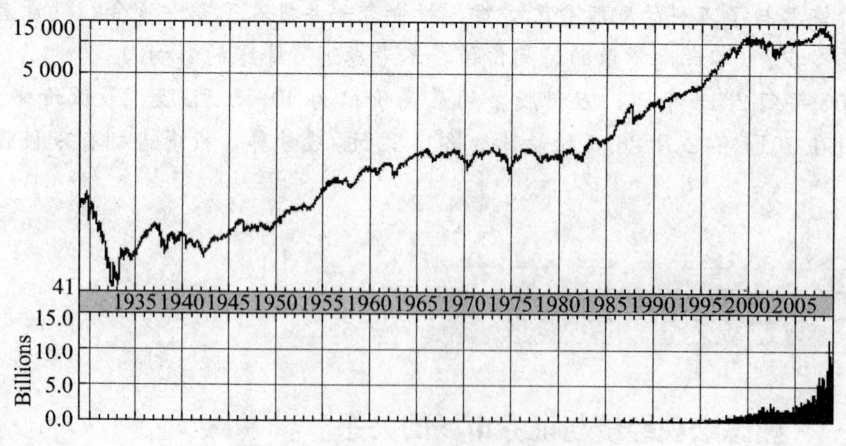

图 4—2　道·琼斯工业股票指数长期走势图

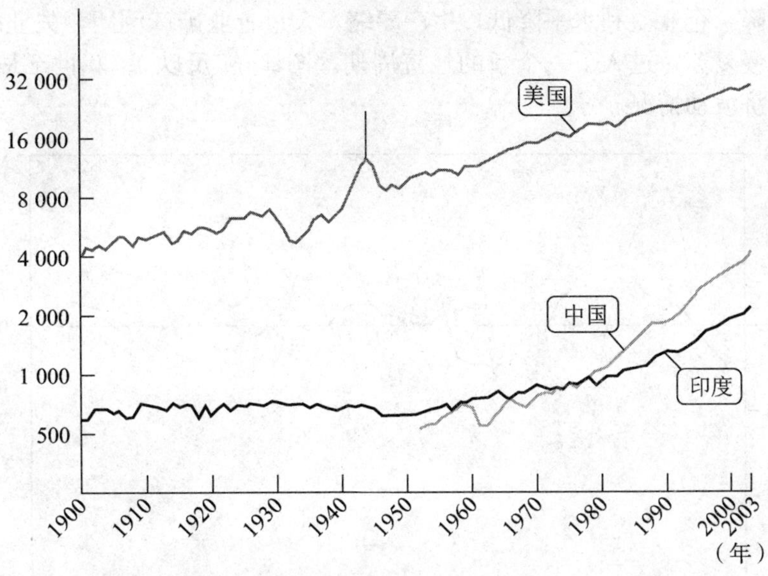

图 4—3　美国、中国和印度每单位资本创造的真实 GDP 走势

资料来源：http://www.eeo.com.cn/bao/2008/04/15/96930.html。

即问即答

你能在图 4—3 中找出 1929 年的大萧条和 20 世纪 70 年代美国的经济衰退吗？

活动二　宏观经济分析

证券市场的发展既受制于宏观经济的发展，又会提前对宏观经济的变化做出反应。

对国外发达市场经济国家金融市场的研究表明，股市集中反映宏观经济表现，股市的周期性特征跟宏观经济的周期表现在走势上基本具有一致性，提前对 GDP 的变动做出反应，在时间上提前一年于美国经济周期。由于我国证券市场的历史较短，政府对证券市场的监督和管理还未完全到位，在 2000 年以前，我国证券市场的运行与宏观经济的走势基本上是脱离的。也有学者的研究表明，从 2000 年开始，我国证券市场的走势与宏观经济的运行具有很强的联动性。

一、经济周期与证券市场

宏观经济从来不是单向性地运动，而总是在一定波动性的周期中运行着，经历着繁荣—衰退—萧条—复苏的循环过程，只是每一阶段变化周期会随时局的不同而有所变化。宏观经济的周期波动直接影响整个社会的投资、生产和消费，影响上市公司的经营业绩，也影响投资。

经济周期是一个连续不断的过程，表现为扩张和收缩的交替出现。某个时期产出、价格、利率、就业率不断上升直至某个高峰，之后可能是经济的衰退，产出、产品销售、利率、就业开始下降，直至某个低谷。经济衰退阶段的明显特征是需求不足，生产相对过剩，销售量下降，企业盈利水平降低，生产萎缩，大量企业破产倒闭，失业率上升。衰退过后，经济缓慢复苏，进入下一个新的经济周期。图 4—4 反映了 20 世纪最后 20 年间美国和中国的经济波动情况。

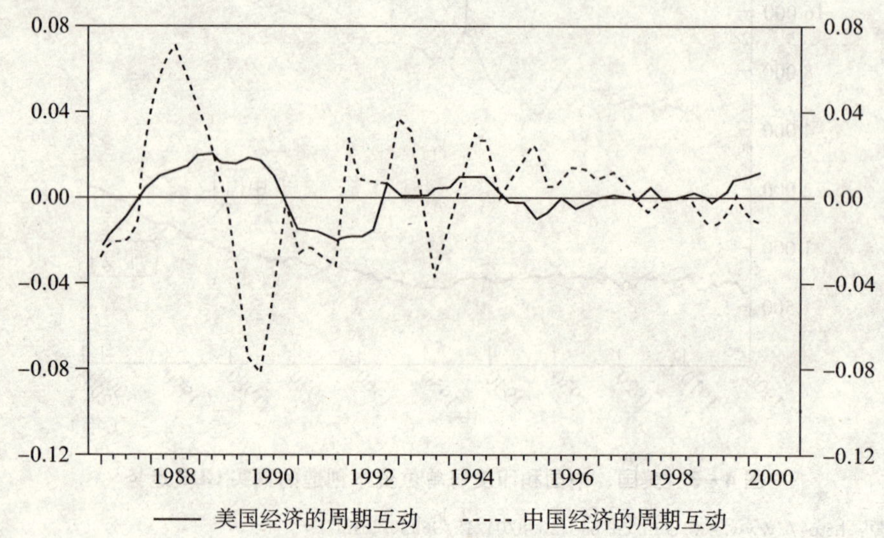

图 4—4　美国、中国在 20 世纪最后 20 年的经济波动

资料来源：http://ie. cass. cn/yjy/liushch/16. htm。

证券市场综合了人们对于经济形势的预期，这种预期又会反映到投资者的投资行为中，从而影响证券市场的价格。

当经济持续衰退至萧条时期时，绝大多数投资者已远离证券市场，证券市场也被悲观的情绪笼罩着，市场的日成交量极度低迷，市场的总体估值较低。此时，那些具有价值投资眼光并且在不停地搜集和分析有关宏观经济形势、能做出理性判断的投资者，已在默默吸纳股票，股价也开始缓缓上升。当各种媒介开始传播萧条已去、经济日渐复苏时，股价实际上已经升至一定水平。当证券市场极度繁荣时，有识之士在综合分析经济形势的基础上，认为宏观经济将不能维持高速增长时，他们会悄然抛出股票。此时，股价虽然还在上涨，但供需力量逐渐发生逆转。当众多投资者对未来经济衰退的预期达成共识时，股价的顶部就形成了。

即问即答

经济周期从哪些方面影响证券市场的价格走势？

二、宏观经济指标与证券市场

通过对反映整体经济运行的宏观经济指标如 GDP 增长率、CPI、失业率，反映居民消费意愿的指标如居民储蓄率，反映整个社会资金供求状况的金融指标如货币供应量、利率等指标的分析，可以有效地分析宏观经济运行的质量，为预测宏观经济未来的运行趋势提供参考，为正确判断证券市场的整体估值，判断入市的时机提供参考依据。

(一) GDP与证券市场走势

国内生产总值（GDP）是一国经济成就的根本反映。从长期看，在上市公司的行业结构与该国产业结构基本一致的情况下，股票平均价格的变动与GDP的变化趋势是吻合的。但不能简单地以为GDP增长，证券市场就必将伴之以上升的走势。实际上，有时证券市场会提前对宏观经济的变化做出反应，有时又会滞后于宏观经济的变化。

1. 持续、稳定、高速的GDP增长

在这种情况下，社会总需求与总供给协调增长，经济结构逐步合理，趋于平衡，经济增长来源于需求刺激并使得闲置的或利用率不高的资源得到更充分的利用。伴随着总体经济的成长，企业经营环境不断改善，产销两旺，投资风险也越来越小，上市公司利润持续上升，股息和红利不断增长，公司的股票和债券的价值得到升值。同时，投资者对经济前景形成了良好的预期，投资积极性得到提高，从而增加了对证券的需求，促使证券价格上涨。

随着GDP的持续增长，国民收入和个人收入都不断得到提高，投资者感到自己更富有，同样也会增加投资的需求，从而推动证券价格上涨。

2. 高通胀下的GDP增长

当经济处于严重失衡下的高速增长时，总需求大大超过总供给，这将表现为高的通货膨胀率，这往往是经济形势恶化的征兆，如果不采取调控措施，必将导致未来的“滞胀”(通货膨胀与经济停滞并存)。这时，居民的实际收入降低，居民也会预期到政府可能采取紧缩的经济政策，甚至会对未来的经济形成悲观的预期，悲观的预期会促使投资者逐步收回投资，导致证券价格下跌。

3. 宏观调控下的GDP减速增长

当GDP呈失衡的高速增长时，政府可能会采用宏观调控措施以维持经济的稳定增长，这样必然减缓GDP的增长速度。如果调控目标得以顺利实现，GDP仍以适当的速度增长而未导致GDP的负增长或低增长，说明宏观调控措施十分有效，经济矛盾逐步得以缓解，为进一步增长创造了有利条件。这时，证券市场亦将反映这种良好的经济发展前景而呈平稳渐升的态势。

4. 转折性的GDP变动

如果GDP一段时期以来呈负增长，当负增长速度逐渐减缓并呈现向正增长转变的趋势时，表明恶化的经济环境逐步得到改善，证券市场走势也将由下跌转为上升。

当GDP由低速增长转向高速增长时，表明低速增长中，经济结构得到调整，经济的“瓶颈”制约得以改善，新一轮经济增长已经来临，证券价格亦将伴之以快速上涨之势。

必须强调指出的是，证券市场一般提前对GDP的变动做出反应。也就是说，证券市场反映预期的GDP变动，而GDP的实际变动被公布时，证券市场只反映实际变动与预期变动的差别，因而对GDP变动进行分析时必须着眼于未来，这是最重要的原则之一。

对于我国的证券市场来说，由于历史较短，市场中有大量的中小投资者，而大量中小投资者的知识层次较低、投资经验缺乏、理财能力低下，因此，我国证券市场的成熟度还较低，证券市场的运行与宏观经济的运行之间还存在割裂的情况。1999年至2003年间、

2005年至2008年间，我国证券市场指数趋势与GDP趋势基本一致，总体呈上涨趋势。但在其他年份里，股价指数与GDP走势也出现了多次背离的现象。

根据宏观经济运行趋势来判断证券市场的走势时，中短期的投资者一定要考虑我国的这一特殊情况。

问题与讨论

近年来，某国的GDP增长率一直维持在10%左右。由于受到国际金融危机的影响，许多经济学家预测该国下一年度的GDP增长率为5%，该国证券市场未来（一年内）的走势会如何？

（二）通货膨胀与证券市场

通货膨胀不仅产生经济影响，还会产生社会影响，并影响投资者的心理和预期，从而对股价产生影响。

温和、稳定的通货膨胀对股价的影响较小。通货膨胀降低了储蓄的收益，降低了债券的实际收益率，会引导投资者把资金从其他地方转移到证券市场，促使股价上涨。

温和、稳定的通货膨胀一般能刺激生产，增加企业利润，从而增加可分派的股息和红利，进而会使股票更具吸引力，引起股价上涨。如果通货膨胀使企业的产品销售价格高于工资和其他成本的增幅，通货膨胀便有可能促进投资和企业盈利的增加，这又会使股价上升。

严重的通货膨胀是很危险的，它会从两个方面影响证券价格：其一，通货膨胀使得各种商品价格具有更大的不确定性，也使得企业未来经营状况具有更大的不确定性，从而增加证券投资的风险，促使资金流出证券市场，引起股价下跌；其二，通货膨胀也会使价格信息扭曲，使银行资产状况严重恶化，使企业的融资更加困难，企业筹集不到必需的生产资金，同时，原材料、劳务成本等价格飞涨，使企业经营严重受挫，盈利水平下降，甚至倒闭，这些则会促使证券价格的下跌。

问题与讨论

你认为哪种情况为温和的通货膨胀？哪种情况为严重的通货膨胀？

阅读材料

宏观经济分析真的可靠吗？

宏观经济分析的主要目的在于判断、把握证券市场的总体变动趋势，判断整个证券市场的平均投资价值和判断宏观经济政策对证券市场的影响力度与方向。但虚拟经济跟实体经济不是完全一一对应的，完全基于宏观经济去投资股票，不管在理论上还是实践上都是幼稚的。分析宏观经济不等于分析股票市场，这两者不能画等号。

大多数投资者对短期的痛苦和快乐感觉最强烈，我国2008年年末的证券市场的众多投资者就是这样。短期记忆效应还在起作用，痛苦效应还未缓解，在那个时候去分析2009年的股市，似乎根本没有乐观的理由。因为2008年不利的基本面还在继续，导致投资者痛苦的因素非但没有消退，反而让所有人都有了实实在在的感受。上市公司利润下降、农民工返乡、部分行业的工厂出现关闭等消息不断传来，甚至连出租车司机也在抱怨收入大幅度下降。

这种经济衰退、物价下跌、需求下降的情况，经济学上称作通货紧缩。毫无疑问，2009年，至少2009年的上半年，中国经济继续在通货紧缩中前行。在股市是经济晴雨表的前提下，2009年的股市似乎也没有看好的理由。

但这样的分析过程推敲起来是有问题的。首先，股市是宏观经济的晴雨表，但这不是股市的全部，股市还有自身的运行机制和规律。股市是经济晴雨表的研究起源于1910年左右，之后成为经典被广泛传播。当时，资本市场规模很小，完全依附于实体经济，但如今，资本市场经过100余年的发展，其总值远远超过实体经济，已经发展成为基于实体经济的虚拟经济。仅以股票市场为例，成熟市场的股票市值与该国GDP比例为1.5～2倍。虚拟经济与实体经济有关联，但更有自身的运行机制和规律，两者都是复杂系统，既相互影响，又有各自独立的内在因素。

投资者不能简单地将宏观经济与股市投资画等号，更不能因为2008年大熊市可以用宏观经济面来解释，就推论出2009年股市一定沿着相同的逻辑演绎。

通货紧缩一定意味着股市下跌吗？直观的感觉似乎很有道理。通货紧缩下，上市公司利润下降，股市哪有不跌的道理？实证研究却发现真实的情况和简单的想象相去甚远：美国20世纪大约出现过11次比较严重的通货紧缩。如果以季度GDP增速最低值为通货紧缩见底的标志，其后1年上涨的概率很大，仅有1913年至1915年第一次世界大战和美国大萧条的两次情况例外。

再看1954年至2001年美国9次经济衰退期间的股市表现，共有6次提前2个季度见底，3次提前一个季度见底。平均而言，从股市见底到经济见底，标准普尔500指数上涨13%。其后，标准普尔500指数迎来上涨行情，平均年收益率为14%。

我国A股市场更有直接的证据：亚洲金融危机之后，中国又经历了1998年特大洪水灾害，经济进入通货紧缩。但是在1999年“5·19”行情中，上证综指从1 047点上涨到1 756点，涨幅达到67%，这都是宏观经济和股市并不完全一致表现的证据。从2009年到2013年，我国经济的增长速度平均在8%左右，而证券市场却屡创新低。

当然，长期的判断非常重要。做投资需要一些前瞻性，必须根据市场趋势作判断。对于经济长期的发展，投资者只能保有乐观的态度。

问题与讨论

你认为宏观经济分析有效吗？说出你的理由。

任务三　宏观经济政策分析

活动一　熟悉宏观经济政策

国家或政府为了增进整个社会的经济福利、改进国民经济的运行状况，使宏观经济的运行尽可能达到充分就业、价格水平稳定、经济增长、国际收支平衡的理想状态，会有意识和有计划地运用一定的政策工具对宏观经济的运行进行调控。

政府对宏观经济的调控工具有两大类：一类是对产品和劳务的需求产生影响；另一类是对产品和劳务的供给产生影响。目前，我国影响需求的政策成了主流，具体的方式有增加政府的支出、降低税负和降低居民的储蓄率等。

一、财政政策

财政政策是指政府的支出和税收行为，它是需求管理的一部分。财政政策是国家干预经济——刺激或减缓经济发展的最直接的方式。政府支出的上升直接增加了对产品和劳务的需求，政府税率的降低也会立即增加居民的收入，增加居民的消费。政府实施的出口退税政策降低了出口企业成本，可以降低出口商品的市场价格，增加出口商品的市场竞争力。当然，政府的医疗和社会保障政策、教育政策、住房政策等还会改善居民的预期目标，改变居民的消费意识和消费习惯，影响社会的需求。

具有讽刺意味的是，尽管财政政策对经济的影响最为直接和有力，但这些政策的拟定和实施却是超乎寻常的复杂与缓慢。财政政策需要在政府和立法机构之间做出极大的妥协，财政政策还需要由立法机构通过并经过总统的签字才能生效（我国的财政政策需要通过全国人民代表大会的审议并经国务院总理签字才能生效），这也需要大量的谈判与妥协。

即问即答

我国居民的消费需求一直不足，政府想通过财政政策刺激居民的消费需求，可选的财政政策有哪些？

二、货币政策

货币政策是另一种主要的影响需求的政策，它是通过控制货币的供应量而影响宏观经济的政策。货币政策主要是通过影响利率来实现的。货币供应量的增加会使短期利率下降，并最终刺激投资需求和消费需求。

许多经济学家认为高的货币供应量只会导致高的价格水平，并不能对经济活动产生持续的影响，于是中央银行就面临着两难的选择。扩张的货币政策可能会在短期内降低利率从而刺激投资并增加消费需求，但这些做法也许会导致极高的价格水平。刺激经济与通货膨胀之间的权衡是争论货币政策正确性的内涵所在。

货币政策不像财政政策那样具有复杂的操作程序，需要反复讨价还价，它易于实施和操作，但它对经济的影响却没有财政政策那么直接。货币政策的政策工具主要有利率政策、贴现率和准备金率、公开市场业务等。

即问即答

我国居民的消费需求一直不足，政府想通过货币政策刺激居民的消费需求，可选的货币政策有哪些？

活动二　了解财政政策对证券市场的影响

财政政策分为扩张性财政政策、紧缩性财政政策。如果政府财政预算的支出大于收入，即出现了赤字，政府的财政政策就是扩张性的。财政赤字意味着政府支出超过了其从税收中得到的收入，于是政府对产品和劳务需求的促进大于其税收对产品和劳务需求的压制。一句话，财政赤字会刺激经济。与此相反，财政盈余会抑制经济的发展。

实施扩张性财政政策时，政府积极投资于能源、交通、住宅等建设，从而刺激相关产业（如水泥、钢材、机械行业）的发展。如果政府以发行公债方式增加投资的话，对经济的影响就更为深远。由于扩张性财政政策刺激经济发展，这预示未来经济将加速增长或进入繁荣阶段，证券市场则将走强。

与此相对应，紧缩的财政政策将使得政府对宏观经济的控制趋紧，投资、消费、政府购买也会相应降低，最终会影响上市公司的业绩。受此影响，证券市场也将走弱。

阅读材料

2008年，我国经济运行面临异常复杂的局面：国内连续遭遇严重的自然灾害——冰雪灾害和5·12汶川大地震；在国际上，美国次贷危机最终演变成世界性的金融危机，世界各国经济增速普遍下滑，主要经济体在衰退的边缘苦苦挣扎。受此影响，我国的外向型企业也深受其害。

面对严峻的国内、国际经济形势，我国政府提出“保增长、保就业、保民生”的经济振兴口号。2008年11月5日，国务院确定了扩大内需、促进经济增长的十项措施，并随后公布了4万亿元的投资计划。

在经济低迷时期，以政府主导的刺激政策由于其辐射行业广、涉及阶层多、产生效用快、投入资金大而备受关注。我国政府提出的4万亿经济刺激方案的具体构成如图4—5所示。与此相对应，证券市场也对政府的4万亿经济刺激方案做出了积极的回应，我国A股市场应声止跌，随后强劲反弹。证券市场对4万亿经济刺激方案的回应如图4—6所示。

一、税收政策对证券市场的影响

通过税收，财富从居民手中转移到政府手中，在这一过程中，国民的总财富并不减

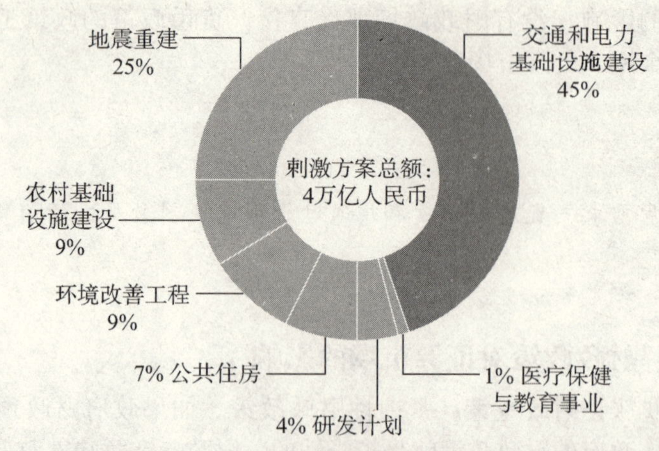

图 4—5　我国 4 万亿经济刺激方案的具体构成

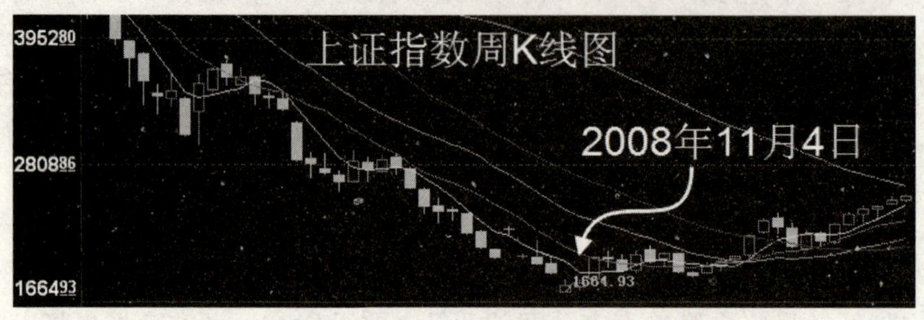

图 4—6　证券市场对 4 万亿经济刺激方案的回应

少，但是，税收使居民可支配收入减少，影响居民的消费支出，也减少居民投资证券的资金；税收使企业的净利润减少，降低了上市企业的业绩，也降低居民投资证券的信心。一般来说，政府增加税收，证券市场的反应是消极的；相反，若政府实施减税政策，证券市场的反应则是积极的。

证券交易印花税的调整对证券市场的影响更为直接。证券交易印花税直接影响交易成本，活跃股市行情。更重要的是，证券交易印花税的调整，也有一种宣示的效应，也会影响投资者对证券市场未来走势的预期，进而影响投资者的行为。我国政府宣布调整证券交易印花税的次日，上证综合指数对证券交易印花税调整的反应如图 4—7 和图 4—8 所示。

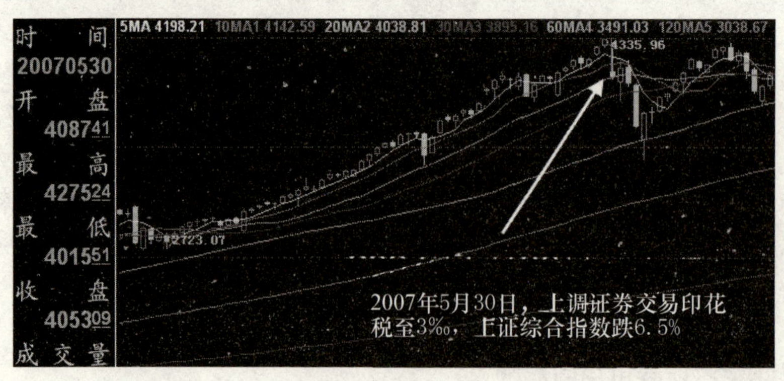

图 4—7　上证综合指数对上调证券交易印花税的反应

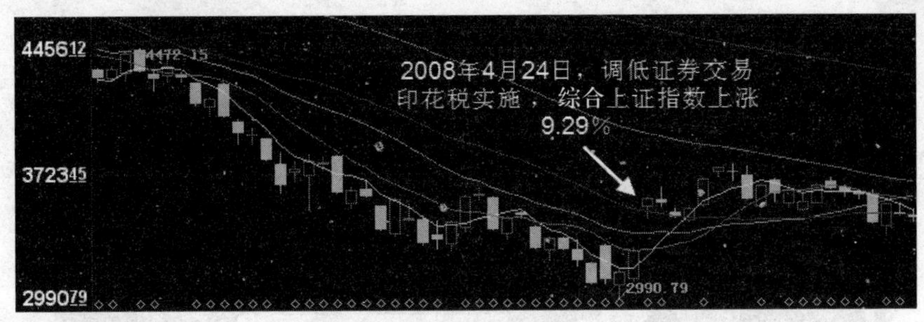

图 4—8 上证综合指数对下调证券交易印花税的反应

即问即答

减税从哪几个方面影响证券市场的价格？

阅读材料

证券市场对财政政策的反应

2009 年 3 月 27 日，财政部、国家税务总局发布了《关于提高轻纺、电子信息等商品出口退税率的通知》，从 4 月 1 日开始提高纺织服装、电子信息、钢铁、有色金属和石化等商品的出口退税率。国家此次提高出口退税率是结构性减税政策的重要内容，目的是支持外贸出口，提振经济，扩大就业。

对于纺织服装业来说，上调出口退税率范围广泛，从公布的调整明细科目看，除毛纺子行业中丝纺、毛纺、棉纺和麻纺初级原料外，上调范围涵盖行业出口额 95%以上的纺织中下游和服装产品类别，上调范围广。从政策反应速度来看，自 3 月 11 日海关公布纺织服装行业 2 月份出口数据大幅下滑 14.5%后，仅两周时间国家就出台了进一步上调出口退税率政策，反应之快超过预期。

多次出口退税上调的政策累积效果逐步显现。自 2008 年 8 月以来政府 4 次上调行业出口退税，证券市场对政府出口退税政策的反应十分明显。证券市场对政府出口退税政策预期的反应如图 4—9 所示。

具有讽刺意味的是，当出口退税政策还未出台时，先知先觉的投资者已经嗅到政策的味道，证券市场早已展开了一轮上涨的行情，政府出口退税的行业刺激方案一经公布，政策的靴子怦然坠地，证券市场的及时反应往往是负面的。

二、财政支出对证券市场的影响

财政支出政策是财政政策的重要组成部分。政府通过购买和公共支出增加商品和劳务需求，激励企业增加投入、提高产出水平，于是企业利润增加、经营风险降低，这将使得股票价格和债券价格上升。

居民在经济复苏中增加了收入，景气的趋势更增加了投资者的信心，证券市场趋于活

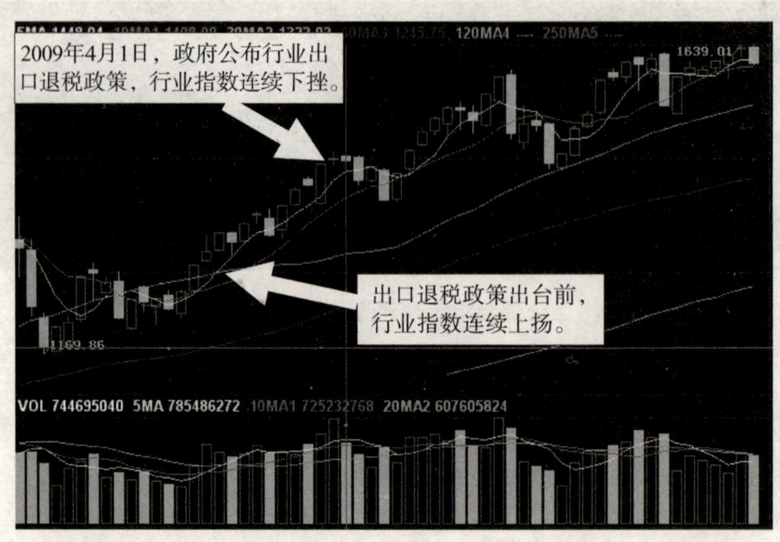

图4—9 受出口退税政策影响，纺织服装行业证券价格指数走势

跃，价格自然上扬。特别是与政府购买和支出相关的企业将最先、最直接从财政政策中获益，有关企业的股票价格将率先上涨。

当然，过度使用财政支出政策，财政出现巨额赤字，有推动通货膨胀的风险。如果财政支出政策导致通货膨胀加剧、物价上涨，投资者对未来经济的预期不乐观，反而会造成股价下跌。

三、财政补贴政策对证券市场的影响

财政补贴是一种转移性支出。从政府角度看，支付是无偿的；从领取补贴者角度看，意味着实际收入的增加，经济状况较之前有所改善。财政补贴的最终结果是影响物品价格的相对结构，从而导致资源配置结构、供给结构和需求结构的变化。

财政补贴对相关企业是重大利好。补贴增加了企业产品的销售，提高了企业的经营业绩，这会推动上市企业股票价格的上扬。

四、转移支付对证券市场的影响

转移支付制度是中央政府按一定的标准，将一部分财政资金无偿拨付给地方政府的一项制度。这一政策会推动地方经济的发展，有利于地方受益行业证券价格的上涨。

阅读材料

国家财政补贴节能灯

全球变暖，气候开始恶化。中国政府积极应对全球气候变暖，强力推进节能减排。在节能项目中，绿色照明成为国家推进节能改造的首选因素。绿色照明技术非常成熟，节能空间大；同时，绿色照明还关系到健康等问题，三基色光源还

可以保护人的视力；对于使用节能灯的企业来说，不影响设备的运作，投资回收期不到半年。

国务院专门成立了节能减排小组，从2008年起，三年内在全国推广1.5亿只节能灯，每年5 000万只。补贴的节能灯包括U形灯、T8三基色灯管、T5灯具等，适用于工厂、学校、事业单位、居民家庭等。居民购买国家补贴的节能灯，国家补贴50%；大宗客户购买节能灯，国家补贴30%。

比如一只3U的24W自整流器节能灯，市场价20元左右，国家统一大批量定购价为11元，居民购买国家补贴50%，为5.5元/只，企业购买国家补助30%，为7.7元/只，可以为企业和居民节约大量的费用。

所有国家补贴的节能灯上有“绿照工程，政府补贴”的圆形钢印。受财政部、国家发改委联合发布的《高效照明产品推广财政补贴资金管理暂行办法》的影响，多家涉及照明产品的上市公司股票在政策公布后的次日均强势上涨。联创光电、雪莱特均以涨停报收，浙江阳光上涨5.55%，法拉电子上涨4.23%。

活动三　知道货币政策对证券市场的影响

货币政策是指政府通过控制和调节货币供应量以保持社会总供给和社会总需求平衡的一种经济政策。货币政策的工具主要包括法定准备金率、贴现率和公开市场业务。

货币政策分为扩张性货币政策和紧缩性货币政策两类。扩张性货币政策以放松银根、扩大货币供应量为特点，目的在于刺激需求的增加。在这种政策下，取得信贷更为容易，利息率会降低。因此，在经济衰退期间，当总需求与经济的生产能力相比很低时，一般要通过采取扩张性货币政策，扩大货币供应量，降低利率来刺激经济增长。

紧缩性货币政策以抽紧银根、减少货币供应量为特点，目的在于抑制需求的增加。在经济过热时，中央银行要通过采取紧缩性的货币政策，减少货币供应量，提高利率来抑制需求的过快增长。

中央银行的货币政策对证券市场的影响，可以从以下四个方面加以分析。

一、利率

一般来说，利率下调时，股票价格就上升，而利率上升时，股票价格就下降。其原因主要有两方面：一方面，利率水平的变动直接影响公司的融资成本，从而影响股价。利率低，可以降低公司的利息负担，直接增加公司盈利，证券收益增多，其价格也随之上升；利率高，公司筹资成本也高，利息负担重，造成公司利润下降，证券收益减少，其价格因此降低。另一方面，利率降低，固定收益的投资产品如银行存款、债券等的投资收益下降，投资者会减少对固定利息收益金融品种的投资，增加对股票等金融产品的投资；同时，证券投资者能够以低利率拆借到资金，会增大股票需求，造成股价上升。反之，若利率上升，一部分资金将会从证券市场转向银行存款，致使股价下降。

利率的变动对股票价格的影响一般比较明显，市场反应也比较迅速。因此要把握股票价格的走势，首先要全面掌握利率的变化趋势。

二、公开市场业务对证券价格的影响

当政府倾向于实施较为宽松的货币政策时，中央银行就会大量购进有价证券，从而使市场上货币供给量增加。这会推动利率下调，使资金成本降低，企业和个人的投资与消费热情高涨，生产扩张，利润增加，又会推动股票价格上涨。

三、调节货币供应量对证券市场的影响

中央银行可以通过法定存款准备金率和再贴现政策调节货币供应量，从而影响货币市场和资本市场的资金供求，进而影响证券市场。如果中央银行提高法定存款准备金率，这在很大程度上限制了商业银行体系创造派生存款的能力。

一般来说，提高法定存款准备金率，会使货币供应量大幅度地减少，证券行情趋于下跌。如果中央银行提高再贴现率，对再贴现资格加以严格审查，商业银行资金成本会增加。市场贴现利率上升，社会信用收缩，证券市场的资金供应会减少，使证券行情走势趋软；反之，如果中央银行降低法定存款准备金率或降低再贴现率，通常都会导致证券行情上扬。

四、选择性货币政策工具对证券市场的影响

为了实现国家的产业政策和区域经济政策，我国在中央银行货币政策通过贷款计划实行总量控制的前提下，对不同行业和区域采取区别对待的方针。一般来说，该项政策不但会对证券市场行情整体走势产生影响，而且还会因为板块效应对证券市场产生结构性影响。当直接信用控制或间接信用指导降低贷款限额、压缩信贷规模时，从紧的货币政策使证券市场行情呈下跌走势；但如果在从紧的货币政策前提下，实行总量控制，通过直接信用控制或间接信用指导区别对待，紧中有松，那么一些优先发展的产业和国家支柱产业以及农业、能源、交通、通信等基础产业与优先重点发展的地区的证券价格则可能不受影响，甚至逆势而上。总的来说，政府的产业政策与区域政策决定贷款流向，并引起证券市场相关行业的股票价格波动。

与财政政策相比，货币政策影响经济的方式是迂回曲折的。货币政策主要是通过对利率的影响来达到政策效果的。

即问即答

中央银行的货币政策工具有哪些？其中哪些是较猛烈的货币政策工具？

证券市场不领货币政策的情？

证券市场历来对货币政策十分敏感，因为货币政策直接影响资金获取的难易程度、资金的成本等，也影响投资者对未来经济的预期。

从2006年至2008年的第二季度，我国中央银行货币政策的主基调是“一切从紧”——加息和提高准备金率。从2008年第三季度开始，由于受全球金融危

机的影响，我国的内外经济形势发生了很大的变化，中央银行货币政策的主基调由“一切从紧”转向“适度宽松”。

按常理来说，证券市场应该对货币政策做出一致性的反应：当央行实行从紧的货币政策时，证券市场应该产生消极的反应；当央行实行宽松的货币政策时，证券市场要有积极的反应。然而，我国证券市场对货币政策的反应却较为复杂。我国历次存贷款利率调整（货币政策公布）后证券市场的表现情况如表4—4所示。证券市场在2010—2013年对中央银行调整存款准备金率后的反应如表4—5所示。

表4—4　我国历次存贷款利率调整（货币政策公布）后证券市场的表现情况

次数	调整时间	调整内容	公布次日股市表现（沪市）
24	2012年7月5日	一年期存款基准利率下调0.25%，一年期贷款基准利率下调0.31%	涨1.01%
23	2012年6月7日	一年期存、贷款基准利率下调0.25%	跌0.51%
22	2011年7月6日	一年期存、贷款基准利率上调0.25%	跌0.58%
21	2011年4月5日	一年期存、贷款基准利率上调0.25%	涨1.14%
20	2011年2月8日	一年期存、贷款基准利率上调0.25%	跌0.89%
19	2010年12月25日	一年期存、贷款基准利率上调0.25%	跌1.9%
18	2010年10月19日	一年期存、贷款基准利率上调0.25%	涨0.07%
17	2008年12月22日	一年期存、贷款基准利率下调0.27%	跌4.55%
16	2008年11月26日	一年期存、贷款基准利率下调1.08%	涨1.05%
15	2008年10月29日	一年期存、贷款基准利率下调0.27%	涨2.55%
14	2008年10月8日	一年期存、贷款基准利率下调0.27%	跌0.84%
13	2008年9月16日	一年期贷款基准利率下调0.27%	跌4.47%
12	2007年12月21日	一年期存款基准利率上调0.27%，一年期贷款基准利率上调0.18%	涨1.15%
11	2007年9月15日	一年期存、贷款基准利率上调0.27%	涨2.06%
10	2007年8月22日	一年期存款基准利率上调0.27%，一年期贷款基准利率上调0.18%	涨1.49%
9	2007年7月20日	上调人民币存、贷款基准利率0.27%	涨3.81%
8	2007年5月19日	一年期存款基准利率上调0.27%，一年期贷款基准利率上调0.18%	涨1.04%
7	2007年3月18日	上调金融机构人民币存、贷款基准利率0.27%	涨2.87%
6	2006年8月19日	一年期存、贷款基准利率上调0.27%	涨0.20%
5	2006年4月28日	金融机构贷款利率上调0.27%，到5.85%	涨1.66%
4	2005年3月17日	提高了住房贷款利率	跌0.96%
3	2004年10月29日	一年期存、贷款利率上调0.27%	跌1.58%
2	1993年7月11日	一年期定期存款利率由9.18%上调到10.98%	跌23.05点
1	1993年5月15日	各档次定期存款年利率平均提高2.18%，各项贷款利率平均提高0.82%	跌27.43点

表 4—5　　2010—2013 年证券市场对中央银行调整存款准备金率后的反应

次数	公布时间	调整前	调整后	调整幅度	公布后首个交易日沪指表现
15	2012 年 5 月 18 日	大型金融机构 20.50%	20.00%	−0.5%	跌 0.16%
		中小金融机构 17.00%	16.50%		
14	2012 年 2 月 24 日	大型金融机构 21.00%	20.50%	−0.5%	涨 0.30%
		中小金融机构 17.50%	17.00%		
13	2011 年 12 月 5 日	大型金融机构 21.50%	21.00%	−0.5%	跌 0.31%
		中小金融机构 18.00%	17.50%		
12	2011 年 6 月 20 日	大型金融机构 21.00%	20.50%	−0.5%	涨 0.96%
		中小金融机构 17.50%	18.00%	0.5%	
11	2011 年 5 月 18 日	大型金融机构 20.50%	21.00%	0.5%	跌 0.46%
		中小金融机构 17.00%	17.50%		
10	2011 年 4 月 21 日	大型金融机构 20.00%	20.50%	0.5%	跌 0.53%
		中小金融机构 16.50%	17.00%		
9	2011 年 3 月 25 日	大型金融机构 19.50%	20.00%	0.5%	涨 0.21%
		中小金融机构 16.00%	16.50%		
8	2011 年 2 月 24 日	大型金融机构 19.00%	19.50%	0.5%	0.00%
		中小金融机构 15.50%	16.00%		
7	2011 年 1 月 20 日	大型金融机构 18.50%	19.00%	0.5%	涨 1.41%
		中小金融机构 15.00%	15.50%		
6	2010 年 12 月 20 日	大型金融机构 18.00%	18.50%	0.5%	涨 1.79%
		中小金融机构 14.50%	15.00%		
5	2010 年 11 月 29 日	大型金融机构 17.50%	18.00%	0.5%	跌 1.61%
		中小金融机构 14.00%	14.50%		
4	2010 年 11 月 16 日	大型金融机构 17.00%	17.50%	0.5%	跌 1.92%
		中小金融机构 13.50%	14.00%		
3	2010 年 5 月 10 日	大型金融机构 16.50%	17.00%	0.5%	跌 1.90%
		中小金融机构 13.50%	不调整	—	
2	2010 年 2 月 25 日	大型金融机构 16.00%	16.50%	0.5%	跌 0.28%
		中小金融机构 13.50%	不调整	—	
1	2010 年 1 月 18 日	大型金融机构 15.50%	16.00%	0.5%	涨 0.3%
		中小金融机构 13.50%	不调整	—	

从上表中可以看出，似乎证券市场不领货币政策的情。上调存、贷款利率，属于紧缩的货币政策，然而在 19 次上调存、贷款利率中，证券市场有 10 次是以上涨的形式面对的。在 6 次下调存、贷款利率中，证券市场对此的反应是 4 次上涨、2 次下跌。

同样，上调存款准备金率是力度很强的紧缩性货币政策，然而在 11 次上调准备金率中，证券市场有 4 次是以上涨的形式面对的，有 6 次是以下跌的形式反应的。

看来，证券市场是不领货币政策这个情的。

但有人认为，货币政策对证券市场的影响非常复杂，表 4—4、表 4—5 中显示的证券市场对货币政策的反应只是整个反应中的一小部分。如果从货币政策出台之前到出台之后的较长时期来看，证券市场会对货币政策做出一致性的反应。也有人认为，证券市场对货币政策的反应关键要看货币政策能否起到预期的效果。如果投资者认为货币政策不能起到预期的效果，证券市场就会做出不一致的反应。还有人认为，证券市场之所以对货币政策做出不一致的反应，原因在于投资者已经预期到了即将出台的货币政策，证券市场已经提前对将要出台的货币政策做出了反应，一旦货币政策的靴子怦然坠地，证券市场就会从容面对。

结论

证券投资基本分析包括宏观经济形势分析、行业分析和公司分析。基本分析的目的在于判断整个证券市场的投资价值，寻找具有投资价值的行业和公司，进行价值投资。证券市场是宏观经济的晴雨表，经济周期对证券市场有直接的影响。对宏观经济的运行周期进行分析，目的在于寻找入市的时机。财政政策对证券市场的影响是直接的，而货币政策对证券市场的影响就较为复杂。对政府经济政策进行分析，是为了判断未来宏观经济的走势，也为寻找具有投资价值的板块做好准备。

复习题

1. 基本分析的主要内容有哪些？基本分析对投资者的意义何在？
2. 试分析经济周期对证券市场的影响。
3. 在证券投资基本分析中，如何运用宏观经济指标 GDP 的增长率判断证券市场的未来走势？
4. 试分析政府的经济刺激政策对证券市场的影响。
5. 试分析存款准备金率的提高对证券市场的影响。

问题与应用

在证券投资基本分析中，强调的是价值投资，而价值投资的核心在于判断证券的价值。某上市公司连续 8 年给投资者带来丰厚的回报，每年的分配方案均为每 10 股派 10 元。假定该公司还能像以前一样运营 10 年，如果该公司股票的价格为每股 20 元，则该公司股票有无投资价值？如果该公司股票价格为 50 元/股呢？300 元/股呢？

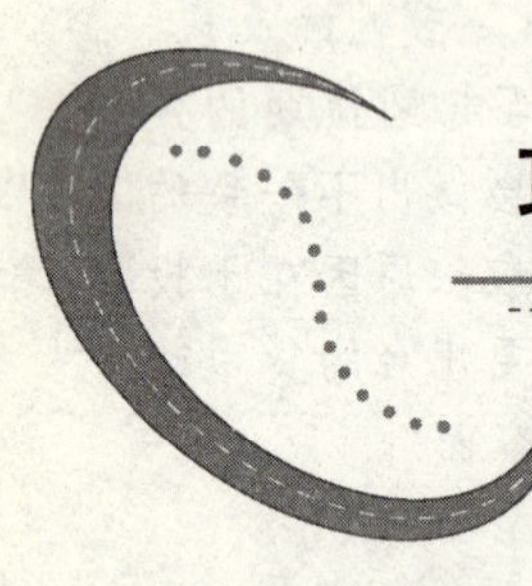

项目五 行业分析和公司分析

学习要点

- 行业分析在证券投资基本分析中的地位
- 行业生命周期分析和行业结构分析在证券投资中的应用
- 上市公司行业地位、竞争优势、产品结构、管理团队分析方法
- 上市公司财务报表分析方法

案例导入

选错行业难成功

一个人纵有天大的本事，一旦选错了行业，也终将一事无成！

做人是这样，投资股票也是这样！一旦选错了投资的行业，很难获取较高的收益。

任务一　证券投资基本分析——行业分析（板块分析）

宏观经济分析可以研判整个证券市场的投资价值，可以把握证券市场未来的走势。同宏观经济分析的重要性一样，行业分析也是不可缺少的。

行业分析是连接宏观经济分析和上市公司分析的桥梁，是基本分析的重要环节。行业分析的重要任务之一就是挖掘最具投资潜力的行业，并在此基础上选出具有投资价值的上市公司。

在证券投资中，要对投资的具体领域和具体对象加以选择，就需要进行行业分析和公司分析。行业分析主要是界定行业本身所处的发展阶段、行业在国民经济中的地位、行业对宏观经济周期的敏感性，分析影响行业发展的各种政策因素以及政策对行业的影响力度，预测行业的未来发展趋势，判断行业投资价值，为投资者提供投资决策依据。

在证券市场中，不同行业在同一年度的业绩相差巨大。2013 年各行业业绩的巨大差异如图 5—1 所示。

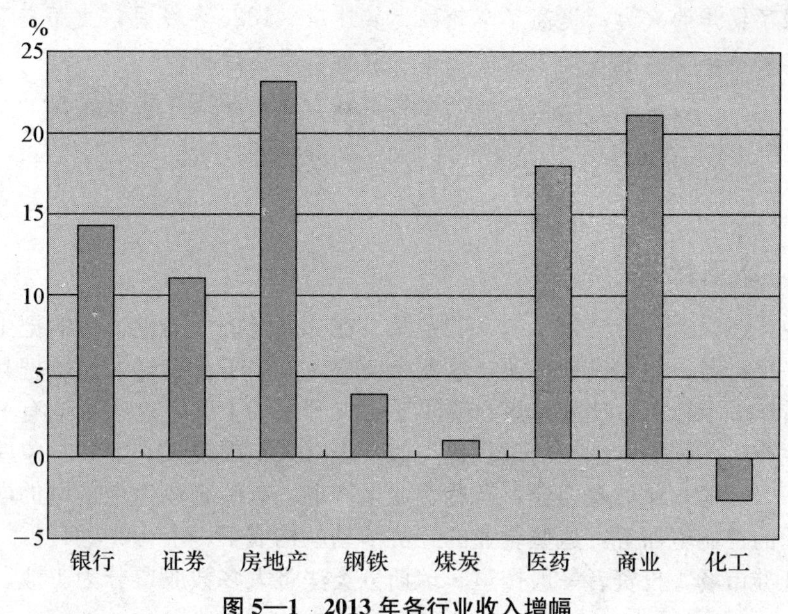

图 5—1　2013 年各行业收入增幅

资料来源：http://finance.sina.com.cn。

在任何情况下，总是有些行业的增长与宏观经济的增长同步，有些行业的增长高于宏观经济的增长，也有些行业的增长低于宏观经济的增长。行业有自己特定的生命周期，处在生命周期不同发展阶段的行业，或者在国民经济中处于不同地位的行业，其投资价值是不一样的。不同的行业会为公司投资价值的增长提供不同的空间，行业是直接决定公司投资价值的重要因素之一。

阅读材料

谁跑得更快?

截至 2013 年年底，我国高速铁路运营里程突破了一万千米，成为世界上高速铁路运营里程最长的国家。高铁的运营速度有 350km/h、300km/h、250km/h、200km/h 等。

火车速度在一日千里地变化，令出行者倍感方便。而在火车最初的研制时期，却饱受世人的嘲讽，甚至有人驾着马车和火车赛跑。

1814 年，史蒂芬孙根据蒸汽机的原理，研制出世界上最早的可以在铁路上行驶的蒸汽机车。但它像初生的婴儿一样，丑陋笨重，走得很吃力，像个病魔缠身的怪物。面对这个构造简单、振动厉害、速度缓慢的怪物，有人驾着一辆漂亮的马车和它赛跑，讥笑他："你的火车怎么还没有马车快呀？"有人责怪他的火车声响又尖又大，把附近的牛都吓跑了。

然而，史蒂芬孙坚信火车一定能够超过马车，有远大的前途。他以科学的态度，正视火车的缺陷，作了一系列改进和革命：减少了机车排气时发出的尖叫声，加强了锅炉的火力，提高了车轮的运转速度。1825 年 9 月，史蒂芬孙再次进行了试车表演，而这次，好事者的马车已被远远甩在后面。

今天，马车仍按着原速转动着它的轮子，而火车却在飞速前进着……

资料来源：http：//www. zhidao. baidu. com。

活动一　认识行业

对于行业，还没有一个清晰、统一的定义。在社会经济活动中，一般把生产同类产品的企业看作一个行业，比如房地产业，这些企业都生产房子。有时人们也把具有相似工艺过程的企业看作一个行业，比如挖煤、开采矿石、开采稀土等，这些企业有一个共同的特点，它们的生产工艺相似，生产的过程也类似。也有人把围绕某一生产对象所展开的一系列活动看成一个行业，比如电力业，有些企业生产电，有些企业生产输电的电缆，有些企业生产输电用的控制电器等，这些企业的经济活动就构成了一个行业。

在美国证券市场，投资者一般按道·琼斯分类法将大多数股票分为工业、运输业和公用事业三类。

按照联合国经济和社会事务统计局制定的建议，各国采用的《全部经济活动国际标准行业分类》把国民经济划分为 10 个门类：农业、畜牧狩猎业、林业和渔业；采矿业及土石采掘业；制造业；电、煤气和水；建筑业；批发和零售业、饮食和旅馆业；运输、仓储和邮电通信业；金融、保险、房地产和工商服务业；政府、社会和个人服务业；其他。

我国的国家标准《国民经济行业分类》（GB/T4754—2011）将社会经济活动划分为门类、大类、中类和小类四级。三次产业划分范围如下：

第一产业是指农、林、牧、渔业。

第二产业是指采矿业，制造业，电力、燃气及水的生产和供应业，建筑业。

第三产业是指除第一、二产业以外的其他行业。第三产业包括：交通运输、仓储和邮政业，信息传输、计算机服务和软件业，批发和零售业，住宿和餐饮业，金融业，房地产业，租赁和商务服务业，科学研究、技术服务和地质勘察业，水利、环境和公共设施管理业，居民服务和其他服务业，教育，卫生、社会保障和社会福利业，文化、体育和娱乐业，公共管理和社会组织，国际组织。

在我国的证券投资中，行业主要是按《国民经济行业分类》进行划分的。

即问即答

在证券投资中，海通证券属于哪一行业？万科 A 属于哪一行业？中国船舶属于哪一行业？

活动二　了解行业对经济周期的敏感性

证券投资者一旦预测了宏观经济的发展趋势，接下来就需要对具体行业所处的现状及前景做出预测。2008—2013 年各行业龙头利润同比增长率对照见表 5—1。

表 5—1　　2008—2013 年各行业龙头净利润同比增长率对照表（%）

增长率 时间 公司	2013 年	2012 年	2011 年	2010 年	2009 年	2008 年	所属行业
中国神华	−4.16	6.33	20.53	22.83	13.87	34.51	采掘
五粮液	−9.13	61.35	40.09	35.46	79.2	23.27	食品、饮料
江西铜业	−31.65	−20.36	33.47	108.88	2.81	−44.71	金属、非金属
中联重科	−47.63	−9.12	72.88	96.66	51.17	17.68	机械设备
中海集运	−606.25	—	−165.27	—	−5 069.39	−96.07	交运、仓储
宝钢股份	−43.98	41.08	−42.88	121.61	−9.95	−49.21	钢铁冶炼
中国人寿	123.89	−39.66	−45.49	2.27	226.59	−64.19	金融保险
万科 A	20.46	30.4	32.15	36.65	32.15	−16.74	房地产

资料来源：http://www.eastmoney.com。

很明显，最近六年食品饮料业和房地产业几乎不受经济周期的影响，尤其是食品饮料业，可以称得上是对经济周期最不敏感的行业。这个结论并不令人惊讶，俗话说得好："民以食为天。"因为食品是生活必需品，即使在经济最困难的时期，人们对食品的支出也不可能有很大的调整。

与此形成鲜明对比的行业是远洋运输、金融保险和耐用消费品行业。在经济衰退时期，人们会减少对保险的购买，减少对金融产品的购买，减少对耐用消费品的购买，千方百计地延长耐用消费品的使用期，直到人们的收入升高后购买新的耐用消费品为止。

一个行业对经济周期的敏感性取决于三个因素。行业产品销售量是决定敏感性的第一个因素。行业产品销售量对经济周期的敏感性最低的是生活必需品行业，如食品、药品、医疗服务行业。另外像白酒行业、烟草行业也属于低敏感性的行业。相反，生产耐用消费品的行业如汽车、家用电器业则对经济发展的状况有很高的敏感性。

行业中企业的平均经营杠杆是决定行业敏感性的第二个因素。经营杠杆反映了企业固定成本与可变成本之间的比例关系（固定成本是与企业的产量无关的成本，即使企业不生产，也需负担该成本；可变成本是指随企业生产量变化而变化的成本）。如果行业中企业的经营杠杆较低，则该行业对经济周期的敏感性就较低，因为当经济陷入衰退时，企业由于销量的降低而削减产量，企业的成本也随之降低，企业的业绩受到的影响不大。但对于经营杠杆较高的行业来说，由于其固定成本较高，销量的下降影响了企业的销售收入，但企业的成本并不能同比下降，企业的业绩会大幅下滑。

行业中企业的平均财务杠杆是决定行业敏感性的第三个因素。财务杠杆是企业债务的一个反映。债务利息的支出与企业的销售无关，当企业因经济衰退出现销售降低时，如果企业的资产回报率低于债务利息率，企业的亏损就会增大。

按照行业对经济周期的敏感性不同，证券投资分析人员把行业分为三种类型：

第一种类型的行业为增长型行业。这类行业的运动状态与经济活动总水平的周期及振幅无关。这类行业收入增长的速率相对于经济周期的变动来说并未出现同步影响，因为它们主要依靠技术的进步、新产品的推出及更优质的服务，从而使其经常呈现出增长形态。20 世纪 80 年代的计算机行业、21 世纪前 15 年的汽车工业和近 30 年的房地产行业、我国现阶段的通信行业基本上属于增长型行业。

第二种类型的行业为周期型行业。这类行业的运动状态直接与经济周期相关。当经济处于上升期时，这些行业会紧随经济周期快速扩张；当经济衰退时，这些行业也迅速衰退。耐用消费品行业、奢侈品行业、运输行业、钢铁冶炼业等属于典型的周期型行业。

第三种类型的行业为防守型行业。社会对这类行业的产品需求相对稳定，并不受经济周期处于衰退阶段的影响。例如，食品行业和公用事业等。

即问即答

按照行业对经济周期的敏感性划分，机械设备制造属于哪一类型的行业？

活动三　熟悉行业敏感性在投资中的应用——部门转换

为了提高资金的使用效率，有些投资高手使用一种叫做“部门转换”的方法。这一方法利用商业周期的状态预期业绩卓越的行业或者部门，并将投资组合更多地投资到这些行业和部门。

对行业经济周期敏感性的描述如图 5—1 所示。在接近波峰的附近，经济过热，通货膨胀率和利率较高，基本消费品价格上升的压力较大。此时，投资于采掘业及自然资源加工业可以获取较高的收益。

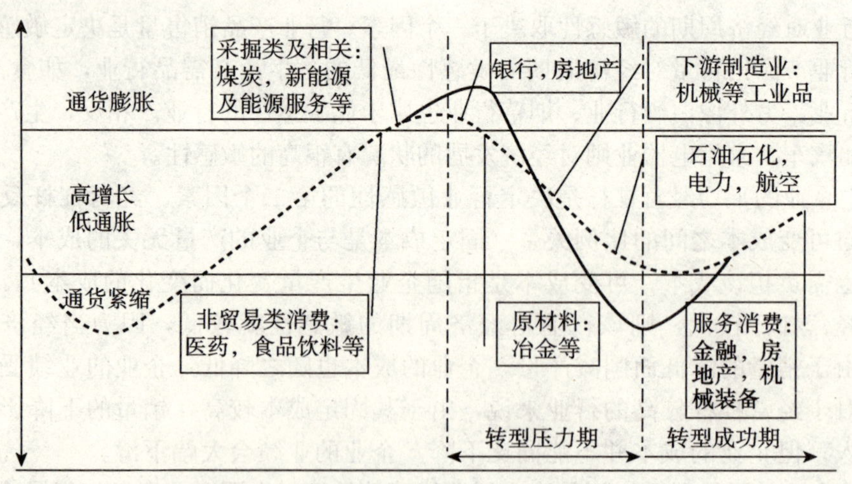

图 5—1　经济周期中不同位置的最佳投资行业

注：黑色曲线表示石油价格持续上升可能导致通胀更高而经济调整幅度更深。
资料来源：http://finance. sina. com. cn。

波峰过后，经济进入收缩期，防守型行业如食品、医药、公共事业等行业可能创造出出色的业绩。在经济衰退的时期，由于贷款规模收缩和还贷的违约率升高，金融业的业绩可能比较糟糕。

当经济处于衰退期时，贷款的利率较低，为了维持经济的平衡以等待经济复苏和接下来的繁荣，企业会购买新的设备以满足预期的需求增长，此时是投资资本密集型行业如机械设备制造、运输、建筑等行业的好机会。

当经济处于繁荣时期，经济发展迅速，周期型行业如家用电器制造、房地产业、奢侈品行业将会有很好的利润。当经济快速增长时，金融业也会有优异表现。

当然，投资的部门转换是建立在投资者对未来经济的走向做出准确预期的基础上的。如果某投资者比其他人更能准确预期到未来经济的走势，他投资的部门转换就会很成功。经济周期不可能像正弦曲线那样标准，谁也无法知道经济周期的每一阶段究竟持续多长时间，也不可能知道经济周期的这一阶段能发展到何种程度，这正应了经济学家常说的一句话：预测未来的水晶球都是混浊的。

投资的部门转换说起来容易，做起来难！

即问即答

在经济繁荣的时期，下列哪一个行业会有比较好的业绩？

A. 采掘业　　B. 金融业　　C. 耐用消费品业　　D. 设备制造业

阅读材料

典型的增长型行业——汽车行业

中汽协数据显示：2008 年，我国汽车产销量分别达到 934.51 万辆和 938.05 万辆，同比增长 5.21%和 6.70%，乘用车产销量为 673.77 万辆和 675.56 万辆，同比增长 5.59%和 7.27%。2008 年我国汽车销量稳居世界第二。按销量排名，我国前 10 名汽车厂家为：上汽、一汽、东风、长安、北汽、广汽、奇瑞、华晨、哈飞、吉利。

2009 年，我国汽车产销量分别为 1 379.10 万辆和 1 364.48 万辆，同比增长 48.30%和 46.15%。其中，乘用车产销量为 1 038.38 万辆和 1 033.13 万辆，同比增长 54.11%和 52.93%；商用车产销量为 340.72 万辆和 331.35 万辆，同比增长 33.02%和 28.39%。中国成为世界第一汽车生产和消费国。

继 2009 年我国成为当年世界最大汽车市场后，2010 年又实现了 32%的增长，销量达到 1 806 万辆，成为有史以来世界最大的汽车市场。

2011 年，我国实现汽车产销量 1 841.89 万辆和 1 850.51 万辆，同比分别微增 0.84%和 2.45%，增幅较上年分别回落 31.60%和 29.92%，产销增速 13 年来首次低于 3%，但我国汽车产销总量继续居全球第一位。

2012 年，我国汽车市场保持平稳增长态势，产销量月月超过 120 万辆，平均每月产销量突破 150 万辆，全年累计产销量超过 1 900 万辆，再次刷新全球历史纪录。

2013 年，我国汽车产销量双双超过 2 000 万辆，增速大幅提升，高于年初预计，再次刷新全球纪录，已连续五年蝉联全球第一。

中国汽车工业协会发布的数据显示：2013 年，中国汽车销售意外加速增长，汽车产销量为 2 211.68 万辆和 2 198.41 万辆，同比增长 14.76%和 13.87%，比上年分别提高了 10.2%和 9.6%。

2013 年，汽车销量位居前十的企业分别是上汽、东风、一汽、长安、北汽、广汽、华晨、长城、吉利和江淮。近十年来，汽车行业是典型的增长型行业。

资料来源：http://www.auto-stats.org.cn/。

活动四　理解行业的生命周期

一个世纪前，美国的铁路处于鼎盛时期，铁路股票炙手可热。但是在今天，约有一半以上的美国人没有坐过火车，铁路股票已不能再引起人们的兴趣。相反，过去被人们冷落的高新技术产业如计算机行业、移动通信行业、新能源行业的股票现在已成热门股票。人类的历史证明，新的行业总是在不断诞生，旧的行业总是在不断退出历史舞台。

如果你关心新能源行业，你会发现许多公司具有高的投资率、高的投资收益率和低的股利发放率。而公用事业、煤炭行业、钢铁业则与此相反，它们有低的收益率、低的投资率和高的股利发放率。

新能源还是一个全新的行业。新产品会得到专利的保护，新的技术正在创造高获利的机会，行业的边际利润较高。在如此诱人的投资机会下，大多数公司会把所有的利润都投入这一行业，新能源行业的规模会急速膨胀。

但新能源行业的膨胀速度最终会慢下来。高额的利润会驱使众多的新公司进入，行业中厂商数量的增加最终导致行业内部竞争的加剧，使行业总体的投资收益率降低。尤其当新能源行业的一系列新技术被市场证实后，行业的发展前景日趋明朗，风险水平随之下降，新公司进入该行业的后顾之忧得以消除。当行业内部的投资机会逐渐减少，企业税后利润用于行业内部投资的比例就逐渐减少。当然，行业的现金红利随之增加。

当该行业的技术逐步成熟，市场规模相对稳定后，行业就会有固定的现金流入、固定的股利发放，风险也相对较低。所以，处于生命周期较早阶段的行业将提供高风险、高潜在收益的投资机会，而一个成熟的行业只有“低风险、低收益”。

新能源行业的分析告诉投资者，一个典型的行业生命周期有四个阶段：创业阶段——行业有很高的发展速度；成长阶段——行业的发展速度已经降低，但仍高于整体经济的发展速度；成熟阶段——行业的发展速度与经济的整体发展速度一致；衰退阶段——行业的发展速度已经慢于经济中的其他行业。行业生命周期如图 5—2 所示。

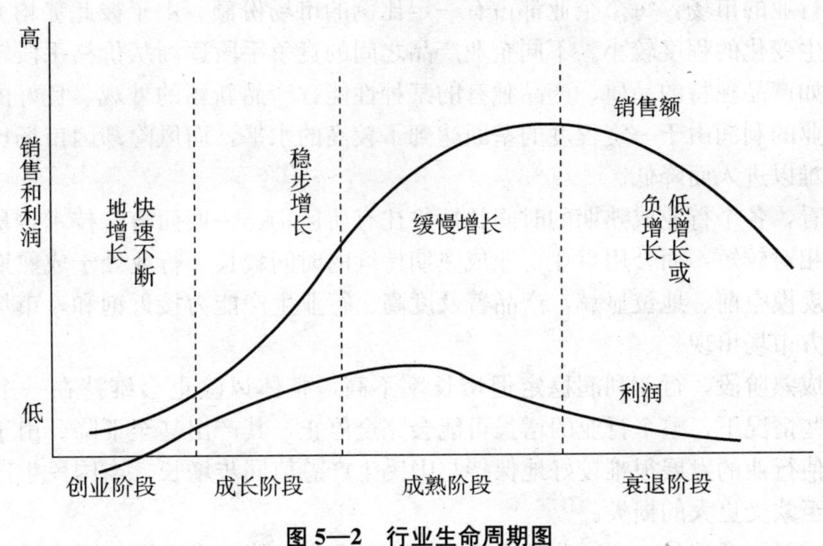

图 5—2　行业生命周期图

一、创业阶段

任何一个产业都是以一项新技术或一种新产品作为序幕的。比如 20 世纪 80 年代的 PC，90 年代的 VCD、生物工程技术，20 世纪初的 LED 照明技术。在这一阶段，很难预测出哪一家公司会最终成为行业的领导者。它们中的有些会很成功，但也有一些会饮恨市场。我国的 VCD 行业于 1993 年起步于安徽万燕这家民营企业，然而，在后来的市场竞争中，万燕却像一个疲惫不堪的老农倒在自己开垦的处女地上。因此，在行业的创业阶段，选择行业中的特定公司进行投资是有较高的风险的。

但是在这一阶段，行业中公司的销售额和净利润会急剧膨胀，因为此时市场中的新产品远未达到饱和的程度。比如，1995 年我国绝大多数的家庭没有 VCD 播放机，该产品的潜在市场就是所有拥有电视机的家庭。与此相对应，像电视机这样成熟的产品，它们的市场却很窄。在那时候，我国城镇居民的家里几乎都有了电视机，电视机的市场就只能是那些正考虑购买的家庭，显然，电视机市场的发展速度会远远落后于 VCD 的市场。

二、成长阶段

在成长阶段，新行业的产品经过广泛宣传和消费者的试用，逐渐以其自身的特点赢得了消费者的欢迎或偏好，市场需求开始上升，新行业也随之繁荣起来。当某个产品（比如豆浆机）已经建立了较稳定的市场，行业领导者就出现了。从创业阶段存活下来的企业一般有很顽强的生命力，市场知名度较高，企业产品的市场份额也比较稳定且容易预测。尽管这些企业的产品已经进入市场并广泛使用，但该产品的市场占有率较低，该行业仍然具有比其他行业更高的发展速度。

三、成熟阶段

行业的成熟期是一个相对较长的时期。在这一时期，在竞争中生存下来的少数大企业垄断了整个行业的市场，每个企业都占有一定比例的市场份额。由于彼此势均力敌，市场份额比例发生变化的程度较小。不同企业产品之间的竞争手段逐渐从价格手段转向各种非价格手段，如产品独特的品质、产品独有的某种性能、产品新颖的外观、良好的售后维修服务等。行业的利润由于一定程度的垄断达到了较高的水平，而风险却因市场比例比较稳定、新企业难以进入而降低。

具体来看，各个行业成熟期的时间长短往往有所区别。一般而言，技术含量高的行业成熟期历时相对较短，而公用事业行业成熟期持续的时间较长。行业处于成熟期的特点主要有：企业规模空前、地位显赫，产品普及度高。行业生产能力接近饱和，市场需求也趋于饱和，买方市场出现。

在行业成熟阶段，行业利润稳定但增长率不高，整体风险也会维持在一个较低的水平。但在某些情况下，整个行业的增长可能会完全停止，其产出甚至下降。由于丧失资本的增长，致使行业的发展很难较好地保持与国民生产总值同步增长，当国民生产总值减少时，行业甚至蒙受更大的损失。

投资者需要注意的是，在行业的成熟阶段，行业有可能二次飞跃，再次进入快速成长期。如黑色家电的平板化技术、数字化和信息化技术的重大技术突破，开发出全新一代的大屏幕平板电视，使平板电视机的成本大大降低，重新产生巨大的市场需求。已经进入成熟阶段的家电在数字技术的推动下，产生了向“信息家电”发展的新趋势。

四、衰退阶段

行业衰退是客观的必然，是行业经济新陈代谢的表现。衰退期出现在较长的稳定期之后。由于大量替代品的出现，原行业产品的市场需求开始逐渐减少，产品的销售量也开始下降，某些厂商开始向其他更有利可图的行业转移资金，因而原行业出现了厂商数目减少、利润水平停滞不前或不断下降的萧条景象。至此，整个行业便进入了衰退期。

行业衰退可以分为绝对衰退和相对衰退。绝对衰退是指行业本身内在的衰退规律起作用而发生的规模萎缩、功能衰退、产品老化。相对衰退是指行业因结构性原因或者无形原因引起行业地位和功能发生衰减的状况，而并不一定是行业实体发生了绝对的萎缩。

但在很多情况下，行业的衰退期往往比行业生命周期的其他三个阶段的总和还要长，大量的行业都是衰而不亡，甚至会与人类社会长期共存。例如，钢铁业、纺织业在衰退，但是人们却看不到它们的消亡。

当然，随着技术进步、经济全球化等因素的变化，某些处于衰退期的行业还会重新焕发生机。证券投资分析界所奉行的“没有夕阳产业，只有夕阳企业”的论断也正缘于此。

即问即答

分析下列行业分别处于行业生命周期中的哪一阶段：生物医药、汽车制造、金融保险、计算机、通信。

阅读材料

彼得·林奇选择投资行业的方法

生命周期的哪个阶段对投资最具吸引力？通常认为，投资者应该选择具有高成长率的行业。但这一投资“秘方”过于简单化了。如果证券的价格已经反映了行业高成长的可能性，这个投资的“窍门”就失效了。其实，高成长和超额的利润会诱使其他企业进入该行业，一旦行业中企业数量增加，竞争加剧，行业的平均利润率就会随之降低，行业中企业的盈利能力就会受到限制。这就是存在于行业生命周期各阶段过渡过程背后的动态机制。

彼得·林奇一直以他的选股能力而著称，他有一句名言：“只要用心对股票做一点点研究，普通投资者也能成为股票投资专家，并且在选股方面的成绩能像华尔街的专家一样出色。”

关于如何寻找赚钱的股票，彼得·林奇有自己独特的方法。他在《华尔街的一次飞跃》中写道：

许多人愿意投资于一个高成长率的行业，那里看上去热闹非凡，火爆得很。但我并不是。我更愿意投资于一个成长率低的行业……尤其是那些使人们厌烦或懊恼的行业，投资者根本不用考虑竞争对手的问题……这也为你保证了持续增长的空间。

事实上，彼得·林奇使用的分类方法与前面介绍的生命周期有某些神似之处。他将上市公司分成六种不同的类型：

(1) 稳定缓慢增长型。一些历史悠久的大公司一般只能以稍快于整体经济的速度进行发展，这些公司已经走出前期快速发展而步入成熟，通常有稳定的现金流入并分发大量的股利。

(2) 大笨象型（强壮型）。这些公司的发展明显好于缓慢增长型，但并非向创业阶段那样迅速扩张。它们也可能是对经济周期不敏感的行业，如可口可乐等。

(3) 快速增长型。“快速增长型公司”是林奇最喜欢投资的类型之一。他认为，如果投资者仔细选择，就会发现这类公司中蕴藏着大量能涨10倍～40倍，甚至200倍的股票。这类公司通常规模较小，但却有很高的增长率。这些公司的年平均收益率一般在20%～30%。

(4) 周期型。那些随着经济周期波动，其销售额和净利润也随之扩张和收缩的行业。

(5) 资产富余型。那些上市公司尽管目前的经营业绩或许很一般，但它们却拥有大量的土地储备、未进入的潜在盈利资产及随时可套现的股权投资资产等，一旦对这部分隐蔽性资产的实际价值进行价值重估的话，那么，这类公司的实际价值就会超越目前的账面价值。从这个角度分析，这类公司的投资风险相对较低，但投资收益却相对较高。

(6) 转型困境型。这是那种已经受到沉重打击衰退了的企业，并且几乎要破产保护。彼得·林奇自己承认，让他赚钱最多的是转型困境型公司的股票。对于那些处于破产或处于破产边缘的企业，如果它们能从厄运中恢复过来，就可以提供巨额的投资收益。因为公司一旦成功转型，摆脱困境，就可能会乌鸦变凤凰。我国许多股民喜欢炒作题材股，就是因为这种“乌鸦变凤凰”的巨大诱惑。

这六种不同的类型有着不同的特点和投资方法，而且林奇对不同类型公司股票的预期收益也不同。比如，如果你持有的是缓慢增长型的股票，那么就不应该指望它会有多么了不起的表现；相反，如果你持有的是快速增长型的股票，那么就不应该轻易地将其卖出。

资料来源：［美］滋维·博迪等著，朱宝宪等译：《投资学》（第六版），328 页，北京，机械工业出版社，2005。

活动五　了解行业的结构和业绩

一个企业的盈利水平与其所处的行业有一定的关系。哈佛商学院的企业经济学教授迈克尔·波特对这种关系进行了科学的解释并提供了分析工具。他运用经济学的理论和方法分析行业竞争强度与企业盈利水平之间的关系，提出了行业竞争结构分析的五种力量模型：行业内部现有竞争者的竞争；潜在进入者的威胁；替代产品的威胁；供应商讨价还价的能力；顾客讨价还价的权利。

一、行业内部现有竞争者的竞争

一个企业的盈利潜力取决于其所处行业的盈利潜力，一个行业的盈利水平又取决于这个行业的竞争强度。当一个行业中存在激烈的竞争时，由于企业力图扩大其市场份额，市场中就会产生价格战。价格战降低了企业的边际利润。如果行业本身增长缓慢，行业内部的竞争就会更加激烈，一个企业只有通过对竞争对手市场份额的掠夺才能扩大自身的规模。如果行业的生产成本中固定成本所占的比例较高，企业为了能充分利用生产能力进行生产，企业之间的价格竞争就会进一步加剧。从 1995 年开始，我国的市场上先后上演了 VCD 大战、彩电大战、空调大战、微波炉大战、保健品大战、热水器大战等残酷的价格战。

二、潜在进入者的威胁

在一个行业刚刚兴起的时候，如家用空调、保健品、计算机等行业，新的进入者可能会带来新的资金、产品和观念，促进整个行业的早期发展。但是当行业进入成长阶段以后，新的进入者所带来的主要是行业竞争强度的增加，行业平均利润的降低。一般来说，行业进入壁垒是行业竞争力的一个重要因素。如果一个行业的进入壁垒很高，潜在进入者就较少，潜在进入者的威胁就较低，行业就能保持较高的平均利润率。例如，飞机制造、通信、汽车制造、石油化工等行业的进入壁垒就很高，进入者不仅需要巨额的资本，还需要相应的专利、大量的技术人员等。相反，初始投入少的行业，技术含量低的行业（如小型零售、电器修理、制衣、塑料制品、电器装配、餐饮等行业）等，一般不可能长期维持高水平的投资收益率。

三、替代产品的威胁

一个没有替代产品威胁的行业，由于产品的需求具有刚性，整个行业就可以获取高额利润，如计算机专用软件。但是如果一个行业受到替代产品的威胁，那么它不仅会受到替代产品对价格的限制，而且即使遇到严重供不应求的情况时，也不能够过分提高产品的价格。例如，我国民用航空管理部门曾经规定，所有航空公司不允许提供高于八折以上的优惠，理由是只要所有航空公司严格执行统一的价格政策，乘客是不会出现大幅下降的。但是民用航空管理部门在做出这个决策的时候，没有认真考虑替代产品的威胁——汽车、火车和轮船等交通工具的威胁，更没有预测到这些替代产品在性价比改进之后会对航空业造成的威胁。

四、供应商讨价还价的能力

如果供应商的市场势力大，那么供应商会以要求提高供应商品价格或者通过降低产品质量和服务的方法来降低下游行业的利润率。下列几种情况都会增加供应商的议价能力：

（1）如果供应商所处行业集中度高，而其所供应的下游行业的集中度低，那么供应商的市场势力就会自然增加。如世界矿业巨头力拓、必合必拓等公司对中国钢铁企业供应铁矿石就属于这种情况。

（2）如果供应商所供应的产品几乎没有替代产品，则供应商就拥有很强的议价能力。如我国的包钢稀土等。

（3）如果供应商所供应的产品是非标准化的，那么顾客对供应商的依赖就更大，供应商讨价还价的能力就因此上升。

（4）如果供应商所供应产品的转换成本高，下游企业在转换供应商或者选择不同供应商生产的产品时，需要改造设备、调整工艺或者有可能发生质量问题，那么供应商的讨价还价能力就比较大。此外，供应商与下游企业讨价还价能力的大小还取决于哪一方进入对方所从事的行业更加容易。如果下游企业进入供应商的行业比较容易，供应商的议价能力就会受到很大限制。

五、顾客讨价还价的权利

如果顾客讨价还价的权利比这个行业大，那么顾客会要求这个行业中的企业降低产品价格、提高产品和服务的质量，这样，行业的整体盈利水平就会降低。在下列情况下，顾客讨价还价的权利会自动提高：

（1）顾客的集中度高。如果顾客所处行业的集中度比供应商所处行业的集中度高，就意味着顾客控制和压低价格的能力更大。

（2）一个顾客的购买量在供应企业总销售额中占很大的比重。供应商一旦失去这个顾客，就很难寻找到同样的顾客，从而出现销售额和利润水平的大幅下降，这种情况下，顾客讨价还价的权利会自动提高。如大型综合零售企业沃尔玛、家电零售企业苏宁电器等，它们在全球进行采购，采购成本较低。

（3）如果顾客所购买的产品没有差异，那么其对供应商的依赖性就很低，就有更大的选择权和讨价还价的权利。

（4）顾客没有转换产品的成本。如果顾客在调整供应商的过程中不会发生高成本，那么他们挑选或者更换供应商就更加容易。

任务二　上市公司基本分析

市场经济的规律就是优胜劣汰，在行业中无竞争优势的企业，注定会随着时间的推移逐渐萎缩直至消亡。只有确立了竞争优势，并且不断地通过技术更新和管理来保持这种竞争优势的企业，才有长期存在并发展壮大的机会，也只有这样的企业才有长期投资价值。

宏观经济与政策分析、行业分析只是证券投资决策的前两步分析工作。对投资者来说，更重要的是在前两步的基础上进行具体的公司分析，以选择合适的公司作为具体的投资对象。

每个行业都包含着诸多公司，每个公司又各有特色，比如规模大小、财力强弱、技术水平高低、经营管理优劣等，都是千差万别的。投资者显然不能仅根据宏观经济与政策分析、行业分析来确定应该对选定行业中的哪家公司进行投资，而需要对行业中的各个公司进行具体的分析。通过对候选对象的背景资料、业务资料、财务资料的分析，才能从整体上多角度地了解公司，以便筛选出最适合投资者的公司，获得最佳投资收益。

公司分析可分为两部分，第一部分为公司基本面分析，第二部分为财务分析。

活动一　知道上市公司行业地位优势与区位优势

一、行业地位优势

在大多数行业中，无论行业的平均盈利能力如何，总有一些企业拥有比其他企业更强的获利能力。比如在我国的房地产行业中，万科凭借资本、品牌、开发、规模、成本控制、谈判能力、产品定位等优势，成为房地产行业的领导者，其市场占有率位居房地产行业第一。衡量企业行业竞争地位的主要指标有产品的市场占有率和行业综合排名等。

企业的产品市场占有率是利润之源。市场占有率越高，表示企业的经营能力和竞争力越强，企业的销售和利润水平越高、越稳定。效益好并能长期存在的企业，其市场占有率必须是长期稳定并呈增长态势的。例如，我国的伊利乳品、格力空调等，产品遍及全国各地，在每个销售区，其市场占有率均位于前列，如此巨大而稳定的市场份额是企业的立身之本，也是企业的利润之源。

市场占有率是企业的生命之本，而高的市场占有率是依赖于强大的市场开拓能力来实现的。不断挖掘现有市场潜力，不断开拓新的市场，挺进全球市场是许多大型企业的经营目标。

处于行业龙头地位的企业，在规模、技术、产品质量上都是领先的，其经营业绩和成长性一般也领先于同行业的企业，投资者应特别关注这类企业。

二、区位优势

区位是指地理范畴上的经济增长带或经济增长点及其辐射范围。区位是资本、技术和其他经济要素高度积聚的地区，也是经济快速发展的地区。区位的自然资源和基础条件包括矿产资源、水资源、能源、通信设施、交通设施等，其在区位经济发展中起着重要作用，也对区位内上市公司的发展起着重要的限制或促进作用。上市公司的投资价值与区位经济的发展密切相关，处在经济区位内的上市公司，一般具有较高的投资价值。

为了进一步促进地区经济的发展，当地政府一般都会制定经济发展的战略规划，提出相应的产业政策，确定优先发展和扶植的产业并给予相应的财政、信贷及税收等诸多方面的优惠措施。这些措施有利于引导和推动相关产业的发展，相关产业内的公司将因此受益。因此，区位内主营业务符合当地政府的产业政策的上市公司通常会获得诸多政策支持，对上市公司的进一步发展有利。

区域的经济特色是指区位内经济与区位外经济的联系和互补性、龙头作用及其发展活力与潜力的比较优势。它包括区域的经济发展环境、条件与水平、经济发展现状等有别于其他区位的特色。区域特色也意味着区域的竞争优势。企业如果能充分依托区域特色进行市场竞争，无疑在经济发展中找到了很好的切入点。比如，某区域在汽车工业领域已经形成了优势和特色，那么该区位内的相关上市公司，在同等条件下比其他区位主营业务相同的上市公司具有更大的竞争优势和发展空间。

对上市公司进行区位优势分析，就是将上市公司的投资价值与区位经济的发展联系起来，通过分析上市公司所在区位的自然条件、资源状况、产业政策、政府扶持力度等方面来评判上市公司发展的优势和后劲，确定上市公司未来发展的前景，以判断上市公司的投资价值。

即问即答

上市公司行业地位优势分析和区位优势分析对证券投资有何帮助？

活动二　掌握公司产品分析

公司产品的竞争力是公司分析非常重要的一个方面。产品的竞争力主要体现在技术优势、成本优势、质量优势和品牌等几个方面。

（1）技术优势。技术优势是指企业拥有的比同行业其他竞争对手更强的研究与开发新产品的能力。这种能力主要体现在生产的技术水平和产品的技术含量上，如格力空调的1Hz变频技术。

（2）成本优势。成本优势是指企业依靠低成本获得高于同行业其他企业的盈利能力。在很多行业中，成本优势是决定竞争优势的关键因素。如果企业能够创造和维持成本领先优势，它只要将价格控制在行业平均或接近平均的水平，就能获得优于行业平均水平的经营业绩。

企业成本优势的来源各不相同，并取决于行业结构。一般来讲，产品的成本优势可以通过规模经济、专利技术、科学的管理、发达的营销网络等来实现。

(3) 质量优势。质量优势是指企业的产品以高于其他企业同类产品的质量赢得市场，从而取得竞争优势。由于企业技术能力及管理等诸多因素的差别，不同企业间的同类产品的质量有一定差别。比如，都是空调，格力空调的制冷效率就相对较高，产品也比较耐用。因此，消费者在进行购买选择时，产品的质量始终是影响他们购买倾向的一个重要因素。当一个企业的产品与竞争对手的产品在成本相等或近似的情况下，具有质量优势的企业往往在该行业中占据领先地位。

(4) 品牌。品牌不仅是一种产品的标识，而且是产品质量、性能、满足消费者效用可靠程度的综合体现。品牌竞争是产品竞争的深化和延伸，当行业发展进入成熟阶段，产业竞争充分展开时，品牌就成为产品及企业竞争的重要因素。如果企业拥有知名的品牌，其产品的竞争力就会更强一些。例如，蒙牛是我国著名的乳制品品牌，格力是我国著名的空调品牌，茅台、五粮液是我国著名的白酒品牌，云南白药、同仁堂是我国著名的中药品牌。品牌的知名度对企业持久发展十分重要。品牌具有产品所不具有的开拓市场的多种功能：品牌具有巩固市场的功能；品牌具有联合市场的功能；品牌还具有创造市场的功能。

阅读材料

企业竞争的基础在改变

企业的竞争的环境在改变，竞争的规则也跟着在改变。有一个有趣的比喻来描述这种现象。

人无我有 这是最佳的竞争状态，此时企业因为没有竞争对手，是独门生意，可以自由定价。这是数量的竞争。

人有我优 如果竞争对手也会做，但我的质量比较好，就能在竞争中胜出。这是质量的竞争。

人优我廉 如果竞争对手的产品质量也很好，那么，我要卖得比他便宜，才能赢他。这是成本的竞争。

人廉我快 如果竞争对手的成本控制得也很好，产品的价格也很便宜，那么我就要在出货速度上优于对手，从而在竞争中占优。这是速度的竞争。

人快我走 如果竞争对手的供货速度也很快，这个生意就没有什么赚头了，那我就要实行产品战略转移。这是管理的竞争。

资料来源：柳中冈：《漫话 ERP》，16 页，北京，清华大学出版社，2005。

活动三 公司治理结构和管理团队分析

一、公司治理结构分析

公司治理结构是一套制度安排，用以支配在企业组织中有重大利害关系的投资人、经理人和职工之间的权利关系。公司治理结构的核心问题包括：如何配置和行使控制权；如何监督和评价董事会、经理人和职工；如何设计和实施激励机制。

良好的公司治理结构是保护投资者利益的重要制度。在资本市场上，一个治理结构合理、高效的公司可以得到投资者的青睐，可以比较容易地以较低成本筹集到所需数额的资金，能在竞争中处于有利的地位。因此，企业之间的竞争在一定程度上就是公司治理结构的较量。

如何使公司最有效地运行，如何保证股东、债权人、当地政府、顾客、供应商等各方面的利益是衡量公司治理结构的标准。当然，公司的有效运行和科学决策不仅需要通过股东大会、董事会和监事会发挥作用的内部监控机制，更需要一系列通过证券市场、产品市场和经理人市场发挥作用的外部治理机制，如公司法、证券法、信息披露、会计准则、社会审计和社会舆论等。

案例阅读

从“捐款门”看万科的公司治理结构

2008 年，对万科“捐款门”事件已有太多的评论。抛开这些评论，可以看出：王石在第一时间的解释中，有一点涉及公司治理结构的大原则，话虽不中听，却是有道理的。

先请看王石的原文：“对捐出的款项超过 1 000 万的企业，我当然表示敬佩。但作为董事长，我认为：万科捐出的 200 万是合适的。这不仅是董事会授权的最大单项捐款数额，即使授权大过这个金额，我仍认为 200 万是个适当的数额。”

从万科公开披露的股东大会决议上看，万科 2008 年度授权董事会用于慈善公益方面的预算是 1 000 万元。

关于 200 万元捐款数额并不少的言论可以讨论。但王石在董事会授权的范围内，在第一时间宣布捐款 200 万元的行为却是恰当的。因为在未召开股东大会的情况下，无论王石还是万科的董事会，都没有权力在授权范围之外，随意处分股东的权益，无论是慈善还是别的原因。

根据万科公司公开披露的信息，王石虽然身为万科的董事长，但他持有的万科股份只有 993 835 股，是一个十足的小股东。也就是说，除了每年拿 691 万元年薪以外，万科创造的财富和王石并没有多大关系，而属于万科的所有股东。

作为一家上市公司，股东的权益通过股东大会和董事会两个机构得以体现。公司的重要决策，首先由董事会做出决议，然后交由股东大会表决通过执行。在董事会作决议的时候，董事长王石虽然有较大的建议权，但在股东大会投票的时候，也只能以自己的 993 835 股来投票，并没有额外的权力。而一旦股东大会通过决议，董事长王石更没有权力超越授权，随意支配股东的权益。这是上市公司的法定原则。

在“5·12”汶川地震捐款过程中，许多跨国企业在第一时间宣布的捐款额度大多集中在300万元左右，其情况均和万科类似，因为追加捐款要有严格的程序，需要较长的时间。

中国上市公司存在的治理结构问题，恰恰就在委托人和代理人之间的利益协调缺少刚性的制度约束。这是中国公司缺少长远创造财富能力的重要原因。

如果作为一个股票市场的投资者，你是愿意投资给一个管理层愿意严格执行股东大会决议的企业呢？还是愿意投资给那些当场就可以追加数千万的领导人领导的企业呢？

资料来源：http://finance.sina.com.cn。

二、公司管理团队分析

一个企业的兴衰，与管理团队的素质和开拓精神密切相关。公司管理团队的管理能力直接影响企业的盈利能力和长期发展，是投资者在选择投资对象时必须考虑的因素之一。良好的管理团队是企业最有价值的资产。管理团队分析主要从管理团队主要成员的品德、学历、经历和管理能力等方面来进行。

现在的社会是一个讲究诚信的社会，在经济交往中，诚实守信是企业发展的基础。管理层如果品德有问题，那么在企业经营过程中，可能会以权谋私，侵吞企业财产，损害投资者的利益。因此，投资者在对企业进行分析时，要了解管理层的以往事迹，了解其在品德方面是否有缺陷。

良好的公司治理结构可以确保品行端正之人走上管理岗位。但这并不绝对。对部分家族式企业、国有企业来说，公司治理结构的缺陷并不能保证坐上管理团队头把交椅的人一定具有优秀的品行、优雅的品位、优良的品质。

一般来说，管理者的能力和其他素养同他的知识水平成正比关系，知识面越宽，思路越宽，眼光越远，思维能力越强。优秀的管理者应具备的知识包括企业管理、经济学、文学、心理学、社会学和行为科学等方面的知识。健全的知识结构，对于管理者认识企业发展的外部环境，进行有效的内部管理有重要的意义。

投资者要了解一个管理者的知识水平，可以从他的学历上看，更重要的是从他的言谈举止中去捕捉其知识水平方面的信息。因为在信息高度发达、竞争既激烈又残酷的时期，真正有抱负、有进取心的管理者都会不断学习，努力提高其知识水平和管理水平，而不是通过市场交易来获取学历文凭。

管理者除了要有很高的知识水平外，还要有将各种管理理论和业务知识应用于实践、进行具体管理、解决实际问题的本领。基本理论和专业知识的不断积累与丰富，有助于潜能的开发与实际才能的提高；而实际能力的增长与发展，又能促进管理者对基本理论知识的学习消化和具体运用。管理者的基本能力主要是技术技能、人际技能和概念技能。对于管理者来说，技术技能就是掌握和运用各种管理技术，并熟悉和了解本部门和其他有关部门所应用的技术。

人际技能是指与人共事、激励或指导组织中的各类员工或群体的能力。对管理者来说，表达能力、协调能力和激励能力都是非常重要的。概念技能是一种洞察既定环境复杂程度并减少这种复杂性的能力。作为一名管理者，需要快速敏捷地从混乱而复杂的环境中辨清各种因素之间的相互关系，抓住问题的实质，并根据形势和问题果断地做出正确的决策。投资者要了解管理者的技能，可以从他的经历上看。管理层的经历可能帮助其适应经营情况、政治环境和企业微观结构的变化，有经验的管理者对经营环境的变化更为敏感，反应也更迅速。

活动四 公司经营能力分析

发展战略是企业面对激烈的市场变化和严峻的挑战，为求得长期生存和不断发展而进行的总体性谋划。企业的发展战略规划指引着企业的发展，揭示着企业的前景。企业的发展战略在符合和保证实现企业使命的条件下，在充分利用环境中存在的各种机会和创造新机会的基础上，确定企业同环境的关系，规定企业从事的经营范围、成长方向和竞争对策，合理地调整企业产业结构和分配企业资源。它从宏观上规定了企业的成长方向、成长速度及其实现方式。企业发展战略主要有产品发展战略、营销发展战略和人才发展战略。

在科学技术发展日新月异的今天，只有不断进行产品创新、技术改造的企业才能长期立于不败之地。企业应经常进行产品的市场调查，分析市场供需情况及消费者的新需求，组织新产品的研制和开发，不断设计、制造和推广新产品，保持企业产品的生命力。因此，产品发展战略对企业未来的发展非常重要。

产品生产出来要销售出去才会获得最终的利润。企业应对今后产品的销售方式、销售对象有全局的概念，对营销网络和销售渠道的建设也应提前做好规划。

总之，企业的一切经营活动最终都是通过人来控制和完成的。人员素质的高低是影响企业经营状况的根本因素。在生产经营过程中，企业一方面需要具有较高素质的科研人员研制、开发新产品，或提高现有产品的质量，改善其性能，另一方面需要管理人才加强科学管理以降低产品的生产成本。确立人才观念，建立正确的人才发展战略，就是要善于引进人才、发现人才、培养人才和使用人才，为人才在生产经营和管理活动中发挥最大作用创造良好的条件。

活动五 了解其他重要因素在公司分析中的应用

一、大股东对公司股票的减持

股东是公司的所有者，股东的构成及行为方式也能影响到公司的经营状况。股东大会是公司的权力机构，决定公司的经营方针和投资计划，而主要股东的意见在股东大会中有决定性的作用。如果大股东对所持有的公司股票进行了减持，就需要认真分析其减持的原因以及对公司投资价值的影响。

二、资产重组

资产重组是指通过将不同法人主体的法人财产权、出资人所有权及债权人债权进行符合资本最大增值目的的相互调整与改变，对实业资本、金融资本、产权资本和无形资本的重新组合。资产重组一般可分为两种情况：一种不会发生股权的变动，是投资主体在自己所属的公司内部或者公司之间所进行的资产重组；另一种会发生股权的变动，是投资主体在所属公司外部之间或者在投资主体之间所进行的资产重组，是资产和股权的交互重组，上市公司即为这种完整意义上的资产重组。上市公司的资产重组主要有股权转让、兼并收购、资产置换、资产剥离等方式。

三、股权激励

股权激励是指通过股权形式给予企业经营者一定的经济权利，使他们能够以股东的身份参与企业决策、分享利润、承担风险，从而勤勉、尽责地为企业的长期发展服务的一种激励方法。上市公司为了合理激励公司管理人员，纷纷推行了各种形式的股权激励机制，包括股票期权、虚拟股票、经营者持股、员工持股计划、业绩股票等。

案例阅读

东方雨虹的股权激励

东方雨虹（002271）2012年10月发布股票激励计划草案，拟向激励对象授予总量为1 800万股的限制性股票，占股本总额的5.24%。此次激励计划限制性股票授予价格为每股7.03元。激励计划在2013—2016年的4个会计年度中，分年度进行业绩考核并解锁。业绩考核条件：以2012年净利润为基数，2013—2016年净利润分别增长不低于25%、55%、95%、145%，同时加权平均净资产收益率不低于13%。等待期内，净利润不得低于最近3年的平均水平且不得为负。

本激励计划所采用的激励形式为限制性股票，其股票来源为东方雨虹向激励对象定向发行新股。有效期从首次限制性股票授予之日起计算，最长不超过5年，其中锁定期1年，解锁期4年。

四、投资

这是上市公司的一种资本经营行为，良好的投资项目会给上市公司带来新的利润增长点和经营创新点。新上市的公司和新近配股的公司，一般都拥有较大数额的资金，因此选择什么项目投资，不仅影响本公司的资金使用效益，也涉及每股的利润水平。

五、关联交易

这是指关联方之间转移资源、劳务或义务的行为，而不论是否收取价款。一方控制、共同控制另一方或对另一方施加重大影响，以及两方或两方以上同受一方控制、共同控制或重大影响的，构成关联方。

关联交易的主要形式有：购买或销售商品、购买或销售除商品以外的其他资产、提供或接受劳务、担保、提供资金、租赁、研究与开发项目的转移、许可协议、债务结算等。

六、利润分配政策

股利分配在公司制企业理财决策中始终占有重要地位，这是因为股利的发放，既关系到公司股东的经济利益，又关系到公司的未来发展。较高的股利，一方面可使股东获取可观的投资收益，另一方面还会引起公司股票市价上涨，从而使股东除股利收入外还获得了资本利得。但是过高的股利必将使公司留存收益大量减少，最终影响公司未来收益，进而降低股东权益。

任务三　上市公司财务报表分析

在实际证券投资活动中，投资者对上市公司的分析十分必要。对上市公司的基本分析，可以使投资者大致了解上市公司的治理结构、管理团队、发展战略、市场策略、技术优势等基本情况。然而，普通的投资者很难得到上市公司的这些信息。

通过上市公司公开的财务数据，普通投资者可以了解上市公司的经营状况。这是因为上市公司的投资价值在很大程度上取决于公司的盈利能力和盈利水平。分析公司的财务信息，可以判断出公司的盈利能力和盈利水平。

活动一　认识基本财务报表

上市公司的基本财务数据来源于利润表、资产负债表和现金流量表。

一、利润表

利润表也称损益表，反映公司在一段时期（比如一年）的盈利能力。利润表显示了公司在营业期间得到的收入，以及在获取收入过程中所产生的费用。收入减去费用就是公司的利润。

区分四种主要的成本是有益的：营业成本是公司在正常营业过程中产生的，是一种直接成本；销售费用是公司在销售产品过程中产生的，也是一种直接成本；管理费用是公司在营业过程中产生的，包括间接费用、酬金、招待费、管理费、广告费等，该成本不是生产直接产生的；财务费用是公司使用借款资金的成本，包括利息、贴现费用等。对公司来说，还有一项重要的成本：所得税。

表 5—2 是贵州茅台酒股份有限公司 2013 年合并利润表。第一项是公司的营业收入；第二项是营业总成本；第三项为营业利润，营业利润＝营业收入－营业总成本＋投资收益；第四项为利润总额，利润总额＝营业利润＋营业外收入－营业外支出；第五项为净利润，净利润＝利润总额－所得税费用。

表 5—2　　　　　　　　贵州茅台酒股份有限公司合并利润表

（截至 2013 年 12 月 31 日，单位：元，币种：人民币）

项目	本期金额
一、营业收入	31 070 596 222
其中：营业收入	30 921 801 316
其他收入	148 794 906
二、营业总成本	9 282 061 270
其中：营业成本	2 193 920 307
利息支出	35 507 483
手续费及佣金支出	90 547
营业税金及附加	2 790 747 889
销售费用	1 858 132 722
管理费用	2 834 740 716
财务费用	－429 074 364
资产减值损失	－2 004 032
加：投资收益	3 010 000
三、营业利润	21 791 544 952
加：营业外收入	32 763 249
减：营业外支出	391 947 775
四、利润总额	21 432 360 426
减：所得税费用	5 467 460 544
五、净利润	15 964 899 882
六、每股收益：	
（一）基本每股收益	14.58
（二）稀释每股收益	14.58

公司法定代表人：袁仁国　　　主管会计负责人：何英姿　　　会计机构负责人：汪智明

说明：由于数据采用时进行取整处理，个别科目数据与公司的实际数据可能有微小出入。

资料来源：http：//www.moutaichina.com。

二、资产负债表

如果说利润表反映了公司在一段时间内的盈利能力，资产负债表则为公司在某一时点的财务状况提供了一张“快照”。该“快照”显示公司在某一时刻的资产与负债清单。资产与负债的净差额为公司的净资本，也称所有者权益、股东权益。表 5—3 是贵州茅台酒股份有限公司 2013 年合并资产负债表。

表 5—3　**贵州茅台酒股份有限公司合并资产负债表**

（截至 2013 年 12 月 31 日，单位：元，币种：人民币）

项目	本期金额
一、流动资产：	
货币资金	25 185 009 331
应收票据	296 084 005
应收账款	927 222
预付账款	4 304 579 299
应收利息	188 599 147
其他应收款	119 574 188
存货	11 836 810 239
其他流动资产	
流动资产合计	41 931 583 431
二、非流动资产：	
发放贷款及垫款	90 527 500
持有至到期投资	50 000 000
长期股权投资	4 000 000
固定资产	8 523 256 960
在建工程	456 328 292
工程物质	1 725 110
无形资产	3 563 308 110
长期待摊费用	8 048 744
递延所得税资产	825 372 524
非流动资产合计	13 522 567 240
资产总计	55 454 150 671
三、流动负债：	
吸收存款及同业存放	21 773 189 099
应付账款	284 748 288
预收款项	3 045 113 586
应付职工薪酬	260 284 491
应交税费	3 311 880 890
应付利息	27 383 888
其他应付款	1 604 688 158
流动负债合计	11 307 288 400

续前表

项目	本期金额
四、非流动负债：	
长期借款	17 770 000
应付债券	
专项应付款	
递延所得税负债	
其他非流动负债	
非流动负债合计	17 770 000
负债合计	11 325 058 400
五、股东权益：	
股本	1 038 180 000
资本公积	1 374 964 415
减：库存股	
盈余公积	4 220 803 927
一般风险准备	
未分配利润	35 974 971 858
归属于母公司所有者权益合计	42 608 920 200
少数股东权益	1 520 172 071
股东权益合计	44 129 092 271
负债和股东权益合计	55 454 150 671

公司法定代表人：袁仁国　　　　主管会计负责人：何英姿　　　　会计机构负责人：汪智明

说明：由于采用数据时进行取整处理，个别科目数据与公司的实际数据可能有微小出入。

资料来源：http://www.moutaichina.com。

资产负债表由两部分组成，第一部分为资产，第二部分为负债及股东权益。

该资产负债表首先列出的是公司资产，公司资产由两部分构成：流动资产与非流动资产。流动资产是公司的现金和公司能在一年中转换为现金的资产，主要包括货币资金、应收票据、应收账款、预付账款、应收利息、其他应收款和存货。非流动资产主要包括长期投资、厂房、机器设备、在建工程、工程物质、无形资产等。

该资产负债表的第二部分为公司的负债及股东权益。在这部分中，首先列出的是公司的流动负债，流动负债是公司的短期债务（一般是一年内需要偿还的债务），如应付账款、应付职工薪酬、应交税费、应付利息、预收款项等。接着是公司的非流动债务（一般是偿还期限在一年以上的债务），如长期借款、应付债券、递延所得税负债、其他非流动负债等。最后一部分是股东权益，包括公司的股本、资本公积、盈余公积、一般风险准备、未分配利润等。

股东权益也等于公司资产总计与债务合计的差额。它是公司的净资产，也称公司账面价值。简单来说，资本公积是股东投入企业且投入金额超过法定资本的部分，而盈余公积相当于从公司净利润中提取的股权重新投回公司。需要说明的是，即使公司不再增加股权，公司的账面价值仍可以通过将收益重新投回公司而增加。

三、现金流量表

现金流量表是反映一家公司在一定时期现金流入和现金流出动态状况的报表，它详细描述了由公司的经营、投资与筹资活动所产生的现金流。

利润表和资产负债表均建立在应收应付会计方法之上，即使没有发生现金交易，收入和费用也必须在其发生时进行确认。但现金流量表只承认实际发生了现金变化的交易。比如，销售一批货物，一个季度后付款，利润表在销售发生时就进行了确认，资产负债表也立即增加一项应收款，而现金流量表只有在拿到现金时才确认这一笔交易。

表 5—4 是贵州茅台酒股份有限公司在 2013 年的现金流量表。现金流量表的第一部分是经营活动中产生的现金流量。在这部分中，公司经营活动产生的现金流量净额是公司经营的净收益。与利润表不同的是，现金流量表中不存在应收款和应付款。利润表中的应收款的增加意味着收益的确认，但还没有收到现金；应付款的增加意味着费用已经产生，公司收益减少，但现金还未流出。因此，利润表中应收款的增加反而减少了公司经营期间的现金流，而应付款的增加相应增加了公司经营期间的现金流。

表 5—4　　　　贵州茅台酒股份有限公司合并现金流量表

（截至 2013 年 12 月 31 日，单位：元，币种：人民币）

项目	本期金额	上期金额
一、经营活动产生的现金流量：		
销售商品、提供劳务收到的现金	33 233 870 603	28 912 367 685
客户存款和同业存放款项净增加额	2 773 189 099	
收取利息、手续费及佣金的现金	120 698 485	
收到其他与经营活动有关的现金	585 366 816	387 671 188
经营活动现金流入小计	36 713 125 003	29 300 038 873
购买商品、接受劳务支付的现金	3 152 308 925	2 707 393 653
客户贷款及垫款净增加额	91 447 500	
存放中央银行和同业款项净增加额	3 193 267 094	
支付利息、手续费及佣金的现金	8 214 142	
支付给职工以及为职工支付的现金	3 135 608 084	2 953 919 074
支付的各项税费	12 533 350 979	10 170 840 319
支付其他与经营活动有关的现金	1 943 903 417	1 546 575 218
经营活动现金流出小计	24 058 100 141	17 378 728 264
经营活动产生的现金流量净额	12 655 024 862	11 921 310 609
二、投资活动产生的现金流量：		
收回投资收到的现金		10 000 000
取得投资收益收到的现金	3 010 000	4 129 000

续前表

项目	本期金额	上期金额
处置固定资产、无形资产和其他长期资产收回的现金净额		79 000
收到其他与投资活动有关的现金	756 386 234	340 299 568
投资活动现金流入小计	759 396 234	354 507 568
构建固定资产、无形资产和其他长期资产支付的现金	5 405 740 026	4 211 900 808
支付其他与投资活动有关的现金	692 967 608	342 083 058
投资活动现金流出小计	6 098 707 634	4 553 983 866
投资活动产生的现金流量净额	−5 339 311 400	−4 199 476 298
三、筹资活动产生的现金流量：		
吸收投资收到的现金	6 000 000	392 000 000
取得借款收到的现金		
发行债券收到的现金		
收到其他与筹资活动有关的现金	17 474	89 497
筹资活动现金流入小计	6 017 474	392 089 497
偿还债务支付的现金		
分配股利、利润或偿付利息支付的现金	7 391 988 549	4 306 614 120
支付其他与筹资活动有关的现金		
筹资活动现金流出小计	7 391 988 549	4 306 614 120
筹资活动产生的现金流量净额	−7 385 971 075	−3 914 524 623
四、汇率变动对现金及现金等价物的影响		
五、现金及现金等价物净增加额	−70 257 612	3 807 309 688
加：期初现金及现金等价物余额	22 061 999 850	18 254 690 162
六、期末现金及现金等价物余额	21 991 742 238	22 061 999 850

公司法定代表人：袁仁国　　主管会计负责人：何英姿　　会计机构负责人：汪智明

说明：由于采用数据时进行取整处理，个别科目数据与公司的实际数据可能有微小出入。

资料来源：www. moutaichina. com。

现金流量表的第二部分是公司投资活动中产生的现金流量。这些投资，尤其是在构建固定资产、无形资产和其他长期资产支付的现金，都能形成公司的资本，对公司保持和提高产能很有必要。

现金流量表的第三部分为筹资活动中产生的现金流量。吸收投资收到的现金、取得借款收到的现金、发行债券收到的现金、收到其他与筹资活动有关的现金都会有现金流入，但偿还债务支付的现金、分配股利、利润或偿付利息支付的现金和支付其他与筹资活动有关的现金会减少公司经营中的现金。在这一部分，如果公司的现金流量表连续数个财务年度都有巨额的分配股利、利润等支出，也可以从现金流量表中看出公司的利润分配政策。

现金流量表的第四部分考虑汇率变动对公司现金流量的影响。在国际经济一体化的今天，很多公司开拓了国际市场，与国外公司有业务上的往来。汇率的波动对公司的外币存款有很大的影响。如果公司有100万美元的外币存款，则在当期的现金流量表中，该笔资金需要以人民币形式（按当期汇率换算成人民币）记入。到期后在现金流量表中，该笔资金还需要以人民币形式（按即期汇率换算成人民币）记入。二者的差额部分就需要在现金流量表的第四部分显示出来。从现金流量表的该部分，可以看出公司财务管理人员对汇率波动风险的应对能力。

现金流量表的最后部分为期末现金及现金等价物余额。为了保证公司的持续经营，现金流量表的期末余额要为正且能满足下一季度的生产需要。

现金流量表为投资者提供了一家公司是否健康经营的证据。如果一家公司无法支付红利与保持经营活动产生的现金流所需要的资金，就需要靠借款来满足这些需要，应将这一消息告诉投资者，声明公司在长期的运营中不能保持当前的红利支付。

即问即答

（1）在公司的利润表中，主要的会计科目有哪些？

（2）现金流量表和利润表的记账原则是否相同？为什么？

活动二　了解财务分析

公司的财务状况最能反映公司的实际经营情况。投资者可通过对公司的财务状况进行分析，了解公司的经营业绩，预测公司未来的发展，评估公司的投资价值。财务分析是公司证券投资基本分析的核心内容。一般来说，公司财务分析主要从偿债能力分析、运营能力分析、盈利能力分析、成长能力分析和投资收益分析五个方面进行。

一、偿债能力分析

偿债能力是指公司偿还各种到期债务的能力。偿债能力分析是公司财务分析的一个重要方面，偿债能力分析可以揭示公司的财务风险。偿债能力分析分为短期偿债能力分析和长期偿债能力分析。

（一）短期偿债能力分析

短期偿债能力是指公司偿付流动负债的能力。流动负债是公司一个营业周期内需要偿付的债务，这部分负债对公司的财务风险影响很大。如果公司不能及时偿还到期债务，就要面临破产的风险。

一般来说，流动负债需以流动资产来偿付，通常需要以现金直接偿还。评价公司短期偿债能力的财务比率主要有流动比率、速动比率、利息支付倍数等。

（1）流动比率。流动比率是公司流动资产与流动负债的比率。其计算公式为：

$$流动比率=\frac{流动资产}{流动负债}$$

（2）速动比率。速动资产与流动负债的比率称为速动比率，也称酸性试验。其计算公式为：

$$速动比率=\frac{速动资产}{流动负债}=\frac{流动资产-存货}{流动负债}$$

在流动资产中，短期有价证券、应收票据、应收账款的变现能力均比存货强。存货需经过销售才能转变为现金，所以存货是流动资产中流动性相对较差的。用速动比率来判断公司短期偿债能力比用流动比率进了一步，因为它扣除了变现力较差的存货。速动比率越高，说明公司的短期偿债能力越强。

根据经验，流动比率为2∶1时比较合适，速动比率为1∶1时比较合适。2013年贵州茅台的流动比率为3.71，属于正常范围之内，但速动比率为2.15，超出了正常范围。

实际上，对流动比率的分析应该结合不同的行业特点、公司流动资产的实际变现能力等因素。有的行业流动比率较高，有的行业较低，不可一概而论。单凭经验判断并不可靠，有时流动比率较高，但其短期偿债能力未必很强，因为可能是存货积压或滞销的结果；而且，公司也很容易伪造这个比率，以掩饰其偿债能力。如年终时将借款还清，下年初再借入，这样就可以人为地提高流动比率。因此，利用流动比率来评价公司短期偿债能力存在一定的片面性。对速动比率的分析也一样，也应根据公司性质和其他因素来综合判断，不可一概而论。影响速动比率可信度的重要因素是应收账款的变现能力。表5—5列出了贵州茅台酒股份有限公司近几年的流动比率和速动比率。

表5—5　　贵州茅台酒股份有限公司的流动比率和速动比率

	2013-12-31	2012-12-31	2011-12-31
流动比率	3.71	3.80	2.94
速动比率	2.66	2.79	2.18

(3) 利息支付倍数。利息支付倍数指标是公司经营业务收益与利息费用的比率，用以衡量偿付借款利息的能力，也叫利息保证倍数。该指标反映公司经营能力为所需支付的债务利息的倍数。只要公司的利息支付倍数足够大，公司就有充足的能力偿付利息。其计算公式为：

$$利息支付倍数=\frac{税息前利润}{利息费用}$$

（二）长期偿债能力分析

长期偿债能力是指公司偿还长期负债的能力，公司的长期负债主要有长期借款、应付长期债券、长期应付款等。对于投资者来说，不仅要分析公司的短期偿债能力，更应分析公司的长期偿债能力。反映公司长期偿债能力的财务比率主要有：资产负债率、股东权益比率、长期负债率等。

(1) 资产负债率。资产负债率是公司负债总额与资产总额的比率，也称为负债比率或举债经营比率，它反映公司的资产总额中有多少是通过举债得到的。其计算公式为：

$$资产负债率=\frac{负债总额}{资产总额}$$

资产负债率反映公司偿还债务的综合能力，这个比率越高，公司偿还债务的能力越差；反之，偿还债务的能力越强。根据表 5—3 的有关数据，贵州茅台酒股份有限公司 2013 年年末的资产负债率为：

$$资产负债率=\frac{11\,325\,058\,400}{55\,454\,150\,671}=0.2\,042$$

这表明贵州茅台酒股份有限公司的资产有 20.42%来源于举债。资产负债率为多少才合理，并没有一个确定的标准。不同的行业、不同类型的公司有较大差异。一般而言，处于高速成长时期的公司，其负债比率可能会高一些，这样所有者会得到更多的杠杆利益。但是作为投资者，在衡量公司的负债比率是否合理时，一定要审时度势，充分考虑公司内部各种因素和公司外部的市场环境等各种因素，才能做出正确的投资决策。

(2) 股东权益比率。股东权益比率是股东权益与资产总额的比率，该比率反映公司资产中有多少是所有者投入的。其计算公式为：

$$股东权益比率=\frac{股东权益总额}{资产总额}$$

股东权益比率与负债比率之和等于 1。这两个比率是从不同的侧面来反映公司长期财务状况的，股东权益比率越大，负债比率就越小，公司的财务风险也越小，偿还长期债务的能力就越强。根据表 5—3 的有关数据，贵州茅台酒股份有限公司 2013 年年末的股东权益比率为 79.58%。

(3) 长期负债率。长期负债率是从总体上判断公司财务状况的一个指标，它是公司长期负债和资产总额的比率。根据表 5—3 的有关数据，贵州茅台的长期负债率为：

$$长期负债率=\frac{11\,770\,000}{55\,454\,150\,671}=0.000\,21$$

如果公司的长期负债率过高，意味着公司的资本结构中有较多的长期债务，公司有较大的资本结构风险，在经济衰退时，公司可能会面临债务风险。

二、运营能力分析

公司的运营能力反映了公司资金的周转状况。对公司运营能力进行分析，可以了解公司的营业状况及经营管理水平。公司的资金周转状况与销售、生产、供应各个经营环节密切相关，任何一个环节出现问题，都会影响公司资金的正常周转。对任何公司来说，销售有着重要而特殊的意义。因为只有把产品销售出去，才能实现其经济价值，收回最初投入的资金，顺利完成一次资金周转。

评价公司运营能力常用的财务指标有：存货周转率、应收账款周转率、流动资产周转率、固定资产周转率、总资产周转率等。这些指标有多种获取渠道，投资者既可以根据公司的财务报表计算得出，也可以通过证券投资软件获取。

贵州茅台酒股份有限公司近年来的运营能力指标如表 5—6 所示。中国石油股份有限公司运营能力指标如表 5—7 所示。

表 5—6　　贵州茅台酒股份有限公司运营能力指标

指标名称	2013-12-31	2012-12-31	2011-12-31	2010-12-31
应收账款周转率（次/年）	351.8	260.7	121.66	104.28
存货周转率（次/年）	0.207	0.246	0.246	0.219
总资产周转率（次/年）	0.62	0.66	0.61	0.51

表 5—7　　中国石油股份有限公司运营能力指标

指标名称	2013-12-31	2012-12-31	2011-12-31	2010-12-31
应收账款周转率（次/年）	35.6	37.6	41.1	40.3
存货周转率（次/年）	7.822	8.363	9.114	7.88
总资产周转率（次/年）	1.00	1.07	1.12	0.94

资料来源：http://www.ql18.com.cn。

（一）存货周转率

存货周转率也称存货利用率，是公司一定时期的销售成本与平均存货的比率。其计算公式为：

$$存货周转率=\frac{销售成本}{平均存货}$$

$$平均存货=\frac{期初存货+期末存货}{2}$$

一般来说，存货周转率越高，存货的占用水平越低，存货转换为现金或应收款的速度越快，公司的销售能力就越强，运营资金占用在存货上越少。但是，存货周转率过高，也可能说明公司管理方面存在一些问题，如存货水平低甚至经常缺货，或者采购次数过于频繁、批量太小等。

对于存货周转率，不同的行业有不同的特点。从表 5—6 和表 5—7 可以看出，2013 年，贵州茅台的存货周转率为 0.207，而中国石油的存货周转率为 7.822。两者差距巨大，投资者不能因此判断贵州茅台的运营能力不如中国石油。

（二）应收账款周转率

应收账款周转率是公司一定时期赊销收入净额与应收账款平均余额的比率，它反映了公司应收账款的周转速度。其计算公式为：

$$应收账款周转率=\frac{赊销收入净额}{应收账款平均余额}$$

$$应收账款平均余额=\frac{期初应收账款+期末应收账款}{2}$$

应收账款周转率是评价应收账款流动性大小的一个重要财务指标，它反映了公司在一个会计年度内应收账款的周转次数，用来分析公司应收账款的变现速度和管理效率。这一比率越高，说明公司催收账款的速度越快，可以减少坏账损失，而且资产的流动性强，公司的短期偿债能力也会增强。

（三）流动资产周转率

流动资产周转率是主营业务收入与平均流动资产的比值，其计算公式为：

$$流动资产周转率=\frac{主营业务收入}{平均流动资产}$$

$$平均流动资产=\frac{期初流动资产+期末流动资产}{2}$$

流动资产周转率反映流动资产的周转速度。流动资产周转速度越快，会相对节约流动资产，相当于扩大资产的投入，增强公司的盈利能力；而流动资产周转速度越慢，就需补充流动资产参加周转，形成资产的浪费，降低公司的盈利能力。当然，如果流动资产周转过快，还需要结合公司具体情况分析原因，看是不是由于流动资产结构不合理等原因造成的。

一般公司设置的标准值为 1。对于流动资产周转率，还应将存货、应收账款和反映盈利能力的指标结合在一起使用，才能全面评价公司的盈利能力。

（四）固定资产周转率

固定资产周转率也称固定资产利用率，是公司销售收入与固定资产平均净值的比率。其计算公式为：

$$固定资产周转率=\frac{销售收入}{平均固定资产}$$

$$平均固定资产=\frac{期初固定资产+期末固定资产}{2}$$

这项比率主要用于分析对厂房、设备等固定资产的利用效率，该比率越高，说明固定资产的利用率越高，管理水平越好。如果固定资产周转率与同行业平均水平相比偏低，说明公司的生产效率较低，可能会影响公司的获利能力。

（五）总资产周转率

总资产周转率也称总资产利用率，是公司销售收入与资产平均总额的比率。其计算公式为：

$$总资产周转率=\frac{销售收入}{资产平均总额}$$

$$资产平均总额=\frac{期初资产总额+期末资产总额}{2}$$

公式中的销售收入一般用销售收入净额，即扣除销售退回、销售折扣和折让后的净额。总资产周转率可用来分析公司全部资产的使用效率。如果这个比率低，说明公司利用资产进行经营的效率较差，会影响公司的获利能力，公司应该采取措施提高销售收入或处置资产，以提高总资产利用率。

三、盈利能力分析

盈利能力（也称获利能力）是公司赚取利润的能力。盈利是公司存在的根本目的。不论是投资人、债权人还是公司经理人员，都日益重视和关心公司的盈利能力。

盈利能力分析是公司财务分析的重要组成部分，也是评价公司经营管理水平的重要依据。公司的各项经营活动都会影响公司的盈利，但是对公司盈利能力进行分析，一般只分析公司正常经营活动的盈利能力，不涉及非正常的经营活动。这是因为一些非正常的、特殊的经营活动，虽然也会给公司带来收益，但它不是经常的和持久的，不能将其作为公司的一种盈利能力加以评价。评价公司盈利能力的财务比率主要有：销售毛利率、销售净利率、主营业务利润率、总资产收益率、净资产收益率等。贵州茅台酒股份有限公司盈利能力的主要财务指标如表5—8所示，五粮液股份有限公司盈利能力的主要财务指标如表5—9所示，中国石油股份有限公司盈利能力的主要财务指标如表5—10所示。

表5—8　　贵州茅台酒股份有限公司盈利能力的主要指标

指标名称	2013-12-31	2012-12-31	2011-12-31	2010-12-31
销售毛利率（%）	92.9	92.27	91.57	90.95
营业利润率（%）	70.47	71.18	67.04	61.56
净资产收益率（%）	35.51	38.97	35.07	27.45
加权净资产收益率（%）	39.43	45.00	40.39	30.91
总资产收益率（%）	31.77	35.07	30.59	23.55

表5—9　　五粮液股份有限公司盈利能力的主要指标

指标名称	2013-12-31	2012-12-31	2011-12-31	2010-12-31
销售毛利率（%）	63.16	70.53	66.12	68.71
营业利润率（%）	38.67	50.37	41.75	39.22
净资产收益率（%）	36.82	31.89	26.63	24.28
加权净资产收益率（%）	—	36.82	30.01	26.68
总资产收益率（%）	22.84	25.16	19.50	18.42

表5—10　　中国石油股份有限公司盈利能力的主要指标

指标名称	2013-12-31	2012-12-31	2011-12-31	2010-12-31
销售毛利率（%）	24.63	23.96	23.91	27.27
营业利润率（%）	6.71	6.25	6.06	8.93
净资产收益率（%）	11.44	8.64	5.95	3.27
加权净资产收益率（%）	11.40	8.70	6.00	3.30
总资产收益率（%）	6.31	4.64	3.22	1.81

（一）销售毛利率

销售毛利率是销售毛利与销售收入的比值，其中，销售毛利是销售收入与销售成本的差值。其计算公式为：

$$销售毛利率=\frac{销售毛利}{销售收入}$$

销售毛利率表示每1元销售收入扣除销售成本后，有多少钱可以用于各项期间费用和形成盈利。毛利率是企业销售净利率的基础，没有足够大的毛利率，企业可能无法盈利。

对主营业务毛利率可以进行横向和纵向的比较。通过与同行业平均水平或竞争对手的比较，可以洞悉企业主营业务的盈利空间在整个行业的地位以及与竞争对手相比的优劣。通过与以往年度的主营业务毛利率的比较，可以看出企业主营业务盈利空间的变动趋势。

（二）销售净利率

销售净利率是公司净利润与销售收入净额的比率。其计算公式为：

$$销售净利率=\frac{销售净利}{销售收入净额}$$

销售净利率说明了公司净利润占销售收入的比例，它可以评价公司通过销售赚取利润的能力。销售净利率表明公司每元销售收入可实现的净利润是多少，该比率越高，公司通过扩大销售获取收益的能力越强。

（三）主营业务利润率

主营业务利润率是指公司一定时期主营业务利润同主营业务收入净额的比率。该指标说明公司每单位主营业务收入能带来多少主营业务利润，反映了公司主营业务的获利能力，是评价公司经营效益的主要指标。其计算公式为：

$$主营业务利润率=\frac{主营业务利润}{主营业务收入净额}$$

上市公司的经营收益通常可以分为三部分：主营业务收入、投资净收益、其他业务收入。主营业务增长是公司利润增长的主渠道，能够反映公司的主要经营业绩。只有当公司主营业务突出，即主营业务利润率较高的情况下，才能在竞争中占据优势地位。该指标体现了公司经营活动最基本的获利能力，没有足够大的主营业务利润率就无法形成公司的最终利润。为此，结合公司的主营业务收入和主营业务成本分析，能够充分反映出公司成本控制、费用管理、产品营销、经营策略等方面的不足与成绩。

（四）总资产收益率

总资产收益率是企业净利润与企业平均资产总额的比值。其计算公式为：

$$总资产收益率=\frac{企业净利润}{企业平均资产总额}$$

$$企业平均资产总额=\frac{期初总资产+期末总资产}{2}$$

把企业一定期间的净利润与企业的资产相比较，表明企业资产利用的综合效果。该指标值越高，表明资产的利用效率越高，说明企业在增加收入和节约资金使用等方面取得了良好的效果；否则相反。

资产收益率主要用来衡量公司利用资产获取利润的能力，它反映了公司总资产的利用效率。市场经济中各行业间的竞争十分激烈，资本通过市场竞争会流向利润率较高的行业，这样会使各行业的资产收益率趋于平均化。但这并不否定个别公司因其先进的技术、良好的商业信誉而得到高于同行业平均水平的资产收益率。

在分析公司的资产收益率时，通常要与该公司前期、与同行业平均水平和先进水平进行比较，这样才能判断公司资产收益率的变动趋势以及在同行业中所处的地位，从而了解公司的资产利用效率，发现经营管理中存在的问题。

（五）净资产收益率

净资产收益率又称为股东报酬率，是净利润与净资产的百分比。净资产是指资产负债表中“股东权益合计”的期末数。

净资产收益率反映企业所有者的投资报酬率，具有很强的综合性。美国杜邦公司最先采用的杜邦财务分析法就是以净资产收益率为主线，将企业在某一时期的主营业务成果以及资产运营状况全面联系在一起，层层分解，逐步深入，构成了一个完整的分析体系。

企业的资产是由投资人投入或举债形成的，资产净利率的高低与企业资产的多少、资产的结构、经营管理水平有着密切的关系。为评价企业经济效益的高低，可以用该指标与企业前期、与同行业平均水平和行业内先进企业进行对比，分析形成差异的原因。影响资产净利率高低的因素主要有：产品的价格、单位成本的高低、产品的产量和销售的数量、资金占用量的大小等。利用资产净利率可以分析经营中存在的问题，提高销售利润率，加速资金周转。

四、成长能力分析

上市公司成长性是指公司在自身的发展过程中，其所在的产业和行业受国家政策扶持，具有发展性，产品前景广阔，公司规模逐年扩张、经营效益不断增长的趋势。

对公司成长性的分析则需评估一家公司的业绩是否会从差到好、从好到更好，不能仅看这家公司的历史财务数据，更重要的是应着眼于公司未来可能产生的变化。

衡量上市公司成长能力的主要指标有主营业务增长率、主营利润增长率、净利润增长率、总资产增长率等。

（一）主营业务增长率

主营业务增长率就是本期的主营业务收入减去上期的主营业务收入之差，再除以上期主营业务收入的比值。其计算公式为：

$$\text{主营业务增长率}=\frac{\text{本期主营业务收入}-\text{上期主营业务收入}}{\text{上期主营业务收入}}$$

具有成长性的公司多数是主营业务突出、经营比较单一的公司，如格力电器、伊利股份等。利用主营业务收入增长率这一指标可以较好地考查公司的成长性。主营业务收入增长率高，表明公司产品的市场需求大，业务扩张能力强。如果一家公司能连续几年保持30％以上的主营业务收入增长率，基本上可以认为这家公司具备成长性。

（二）主营利润增长率

主营利润增长率就是本期主营业务利润减去上期主营业务利润之差，再除以上期主营业务利润的比值。其计算公式为：

$$\text{主营利润增长率}=\frac{\text{本期主营业务利润}-\text{上期主营业务利润}}{\text{上期主营业务利润}}$$

一般来说，主营利润稳定增长且占利润总额的比例呈增长趋势的公司正处在成长期。一些公司尽管利润总额有较大幅度的增加，但主营业务利润却未相应增加，甚至大幅下降，这样的公司质量不高，投资这样的公司，尤其需要警惕，这里可能蕴藏着巨大的风险。

（三）净利润增长率

净利润增长率就是本期净利润减去上期净利润之差，再除以上期净利润的比值。其计算公式为：

$$净利润增长率=\frac{本期净利润-上期净利润}{上期净利润}$$

净利润是公司经营业绩的最终结果。净利润的增长是公司成长性的基本特征。净利润增幅较大，表明公司经营业绩突出，市场竞争能力强；反之，净利润增幅小甚至出现负增长，也就谈不上具有成长性。中国人寿 2010—2013 年的主要成长性指标如表 5—11 所示。

表 5—11　　中国人寿 2010—2013 年主要成长性指标

指标名称	2013-12-31	2012-12-31	2011-12-31	2010-12-31
营业收入增长率（%）	4.498	5.187	−0.875	13.673
净利润增长率（%）	121.859	−39.041	−45.311	2.346
总资产增长率（%）	3.898	19.888	12.288	15.031

（四）总资产增长率

总资产增长率是公司上期总资产和本期总资产的差值与上期总资产的比值。其计算公式为：

$$总资产增长率=\frac{本期总资产-上期总资产}{上期总资产}$$

公司所拥有的资产是公司赖以生存与发展的物质基础。处于扩张时期的公司的基本表现是其规模不断扩大，这种扩大一般来自于两方面的原因：一是所有者权益的增加，二是公司负债规模的扩大。对于前者，如果是由于公司发行股票而导致所有者权益大幅增加，投资者需关注募集资金的使用情况，如果募集资金还处于货币形态或作为委托理财等方式，这样的总资产增长率反映出的成长性将大打折扣；对于后者，公司往往是在资金紧缺时向银行贷款或发行债券，资金闲置的情况会比较少，但它受到资本结构的限制，当公司资产负债率较高时，负债规模的扩大空间就有限。

五、投资收益分析

投资收益分析是将公司财务报表中公布的数据与有关公司发行在外的股票数、股票市场价格等资料结合起来进行分析，以便投资者对不同上市公司股票的优劣做出评估和判断。对公司投资收益分析的主要指标有每股净资产、每股收益、市盈率、市净率、股利分配率等。

（一）每股净资产

每股净资产又称为每股权益，是指净资产与股本总数的比值，该指标反映发行在外的每股普通股所代表的净资产成本，即账面净资产。其计算公式为：

$$每股净资产=\frac{净资产}{股本总数}$$

其实，公司的投资价值在于公司的获利能力，而不在于公司的每股净资产。在投资分析时，该指标只能作为参考。因为该指标既不反映净资产的变现价值，也不反映净资产的产出能力。每股净资产在理论上提供了股票的最低价值。在理论上，如果公司的股票价格低于每股净资产，说明该公司已无存在价值，清算是股东最好的选择。然而在股市中，尤其是在市场低迷的时期，市场中会存在大量这种情况。

（二）每股收益

在对公司的财务状况进行研究时，投资者最关心的是每股收益。每股收益是将公司的净利润除以公司的股本总数，反映了公司每一股所具有的当前获利能力。分析每股收益历年的变化，是研究公司经营业绩变化最简单明了的方法。每股收益的计算公式为：

$$每股收益=\frac{净利润}{股本总数}$$

公式中的股本总数是指发行在外的普通股总数。

对投资者而言，每股收益的高低比公司财务状况的好坏或其他获利能力指标更为重要，也更为直观，因为它反映普通股的获利水平。在分析时，可以进行公司间的比较，以评价该公司相对的盈利能力；可以进行不同时期的比较，以了解该公司盈利能力的变化趋势；可以进行经营实施和盈利预测的比较，以掌握该公司的管理能力。但是投资者要注意，不应以每股收益直接衡量上市公司的盈利水平和资金利用效果，因为公司通过生产经营活动所获利润是利用了所筹集的全部资本，基于同样的理由，以每股收益进行不同公司股票投资价值的对比时，也必须注意其局限性。另外，每股收益多，不一定意味着分红多，还要看公司股利分配政策。每股收益不反映股票所含有的风险。例如，假设某公司原来经营日用品的产销，最近转向房地产投资，公司的经营风险增大了许多，但每股收益可能不变或提高，此时，每股收益并没有反映出风险增加的不利变化。

（三）市盈率

市盈率是指普通股每股市价除以每股收益的倍数。其计算公式为：

$$市盈率=\frac{每股市价}{每股收益}$$

市盈率反映上市公司股票的盈利状况，是投资者普遍关注的指标，有关证券刊物几乎每天报道各类股票的市盈率。它是投资者用以衡量某种股票投资价值和投资风险的常用指标，也是公司管理者了解公司股票在证券市场上的影响程度的主要依据。

市盈率反映投资者对每元净利润所愿支付的股票价格，相当于净收益的倍数，可以用来估计股票的投资报酬和风险。由于市盈率揭示了每股市价相当于每股净利润的倍数，表明公司需要积累多少年的净利润才能达到目前的股价水平，显然，市盈率越高，表明市场对公司的未来越看好。在市价确定的情况下，每股收益越高，市盈率越低，投资风险越小；反之亦然。在每股收益确定的情况下，市价越高，市盈率越高，风险越大；反之亦然。仅从市盈率高低的横向比较看，高市盈率说明公司能够获得社会信赖，具有良好的前景；反之亦然。

投资者一般都偏好市盈率低的股票，而在股票市盈率高时出货。但是这并不是绝对的，当投资者预期公司盈利将增加时会争相购买该公司股票，市盈率会迅速上升，因此，经营前景好、有发展前途公司的股票，市盈率会趋于升高；而发展机会不多、前景黯淡公司的股票，市盈率经常处于较低水平。

该指标不能用于不同行业间公司的比较，充满扩展机会的新兴行业市盈率普遍较高，而成熟工业的市盈率普遍较低，这并不说明后者的股票没有投资价值。在每股收益很小或亏损时，股票的市价也不会降至零，很高的市盈率往往不说明任何问题。

（四）市净率

市净率是每股市价和每股净资产的比值，是市场对公司价值的评价。

每股净资产是股票的账面价值，它是用成本计量的，而每股市价是这些资产的现在价值，它是证券市场上交易的结果。市价高于账面价值时公司资产的质量较好，有发展潜力，反之则表明公司资产质量差，公司发展前景黯淡。优质股票的市价都超出每股净资产许多倍，一般市净率达到3倍可以树立较好的公司形象。市价低于每股净资产的股票，就像售价低于成本的商品一样，属于“处理品”。当然，“处理品”也不是没有购买价值，问题在于该公司今后是否有转机，或者购入后经过资产重组能否提高获利能力。

（五）股利分配率

股利分配率是当年发放股利与当年利润之比，或每股股利除以每股收益，其计算公式为：

$$股利分配率=\frac{每股股利}{每股收益}$$

一般来说，公司发放股利越多，股利的分配率越高，因而对股东和潜在投资者的吸引力越大，也就越有利于建立良好的公司信誉。一方面，由于投资者对公司的信任，会使公司股票供不应求，从而使公司股票市价上升。公司股票的市价越高，对公司吸引投资、再融资越有利。另一方面，过高的股利分配率政策，一是会使公司的留存收益减少，二是如果公司要维持高股利分配政策而对外大量举债，会增加资金成本，最终必定会影响公司的未来收益和股东权益。

股利分配率是股利政策的核心。确定股利分配率，首先要弄清公司在满足未来发展所需的资本支出和营运资本之后，有多少现金可用于发放股利，然后判断公司所能获得的投资项目的效益如何。如果现金充裕，投资项目的效益又很好，则应少发或不发股利；如果现金充裕但投资项目效益较差，则应多发股利。

案例阅读

贵州茅台——我永远的爱

这几年，经历牛市、熊市，经历上上下下的曲线图，我一直满仓股票，没打算卖出股票，最多只是调仓。长期投资是一个系统化投资，并非一味强调长期而投资，而是因为需要时间才能让你获取高额的回报，让企业赚足大量的金钱。寻找高成长的企业，做它的股东，就是如此，一切建立在可靠的基础上，并非拍拍脑袋而想出来如此去做，是要严格去执行，不因情绪化而决策。

A股有一家企业的股票让我持有了3年——贵州茅台。一个不发达的地方产生的一家让股东赚大钱的企业，从2006年到如今，40元介入，到今天，从没打算调仓换别的，中途只有其他股票换成它，因为我对它已经能随口说出这家企业的数据，2008年销售82.41亿元，营业成本7.99亿元，中间的毛利有74.42亿元，毛利率高达90%。

什么意思？就是你卖100元的东西，能赚90元。茅台是家上市公司，需要上交营业税等税，营业所需要做的广告等人工费用，还有所得税，最终到股东手里的净利润是38亿元。

最可贵的是它有预收账款接近30亿元，可见产品是处于卖方市场！经销商需要先打款到公司，就是预收账款，这30亿元按计算可以转化成接近15亿元的净利。

你可能会说高度酒是否是未来的趋势？是否饱和？是否已经生产过多？看看茅台处于什么阶段。但我们可以看个数据，目前全国生产白酒总量在几百万吨（具体不清楚），加上其他进口洋酒，估计量上是相当可观的，当然包括高中低档的酒。而产生82亿元营业收入的茅台年报显示才生产2万吨酒，其中也包括高中低档的酒，53度酒出厂价为439元，用比较容易计算的假设，用1万吨53度酒计算，大概就是2 000万支53度茅台酒，439元×2 000万＝87.8亿元营业收入。用这个来假设计算，与年报显示的收入相差不远，那么2 000万支酒，大概是13亿人口中1.5%的人每年喝一瓶53度茅台酒。

随着消费升级，人们总喜好喝好酒，加上茅台挤占其他酒的量，保守估计3%的可能性很高（就是量翻一倍），而且喜好喝酒的人也不可能一年才喝一瓶酒。经济危机对于高档酒有一定影响，但茅台的生产量上属于较小的，虽然营业收入不小，持续增量的可能性很大，加上是非耐用性消费品，可重复消费，与社会的总需求还有相当大的差距。

接下来是茅台酒的单价。我看高档酒降价的可能性不大，因为不买这东西的人，再便宜也不会买，要买的人贵些照样买，茅台酒出厂价439元与零售价600以上差距为160多元，未来涨价的可能性较大。

最主要的是，从商业性质来考量这家企业，不需要更新机器设备，这样就不需要资本开支，赚来的钱大把大把投资扩大生产，每年增产，一旦需求满足了，就把赚来的钱分给股东，现阶段以扩大生产为主。这是一家只需要粮食去酿制，放上个5年的时间，就可以卖几百元一斤的白酒，管理层只要老老实实，反正它的生产过程如此传统，不要老想着多元化，因为没有哪行能如此赚钱。

低投入，高产出的现金奶牛，而且成长性还是相当优秀。2001年年报显示16.18亿元营业收入，2008年为82.41亿元，营业收入相当于原来的5.09倍，净利润却是2001年的11倍。也就是说这7年来，净利润率不但没随着营业收入增加而降低，而是逐步提升，原因在于它不断地提价，毛利进一步扩大，而固定的开销平均下来就相当小了，加之没有大的资本开支项目，这简直就是一座金山。想想有多少企业能有如此的经济特性，营业收入提高，居然能把利润率持续提高，只能用印钞机形容它了。

展望未来，我对贵州茅台更有信心。未来即使经济困难使提价不能实现，但销量的提高，还是在未来3年可以持续的事情，我调低其未来3年的复合增长，就每年25%的复合增长，3年也能翻一倍。今天28倍PE，在100元左右介入，可以说是相当合理的价格，未来3年翻一倍可能性是很大的。

2013年12月31日，贵州茅台的营业收入为309亿元，净利润为151亿元，股价最高为217元、最低为118元。

资料来源：http://guba.eastmoney.com/600519，guba.html。

结论

行业分析和公司分析是价值投资的核心。每个行业对经济周期的敏感度都不同。投资者可以利用行业的经济周期敏感度、行业的生命周期、行业的结构和行业的业绩进行行业分析，选择投资的行业。

优秀的上市公司具有制衡的公司治理结构、良好的经营管理能力；同时，公司的行业地位优势、产品竞争力、市场竞争策略也是优秀上市公司必备的特征。

公司财务报表中的会计收益是对实际经济收益的估算。公司的股权收益率是公司收益增长的决定因素，只有当公司的资产收益率高于贷款利率时，公司负债与股权比率的增长才会提高公司的股权收益率。与公司盈利能力有关的会计比率是固定资产增长率、存货周转率、流动比率、速动比率。主营利润增长率、净利润增长率、净资产增长率是公司成长能力的主要指标。市盈率也是衡量公司投资价值的重要条件之一。市盈率和市净率也是衡量股权投资安全边际的标志之一。

复习题

1. 行业对经济周期的敏感性分析对投资者的意义何在？

2. 行业的生命周期有哪几个阶段？各个阶段分别有什么特点？如何利用行业生命周期理论进行投资选择？

3. 一个具有投资价值的公司，其产品结构应该具有哪些特点？

4. 为什么说公司治理结构分析对于投资者具有重要意义？

5. 上市公司的基本财务报表有几张？对公司利润表的分析主要应关注哪些指标？

6. 如何利用财务报表对公司的成长能力进行分析？

问题与应用

1. 美味香面包店2013年1月1日—12月31日的现金流数据如表5—12所示。

表5—12　　美味香面包店的现金流

项目	金额（元）
现金红利	35 000
购买土地	14 000
利息费用	10 000

续前表

项目	金额（元）
工资费用	45 000
设备销售收入	38 000
普通股回购	25 000
购买设备	30 000
支付供应商费用	85 000
来自顾客的收入	260 000
年初现金	50 000

(1) 为该公司制作一份现金流量表。

突出以下内容：经营活动产生的现金流；投资活动产生的现金流；筹资活动产生的现金流。

(2) 从一个证券投资分析家的角度说明把现金流分成上述三类的目的。

2. 参见表 5—2，请你对茅台公司进行以下分析：

(1) 茅台公司盈利能力分析。

(2) 判断茅台公司的成长性。

(3) 投资收益分析。

(4) 如果茅台公司的股价为 120 元/股，请你根据市盈率、本益比两个指标分析茅台公司的投资价值。

项目六

证券投资技术分析的主要理论

学习要点

- 了解技术分析的基本假设和要素
- 掌握K线及K线理论
- 熟悉压力线、支撑线、趋势线、轨道线
- 掌握常见的持续整理形态和反转突破形态
- 了解道氏理论、量价关系理论和波浪理论

案例导入

相信技术分析，还是相信基本分析

技术派与基本派争吵了近百年，可是谁都没能说服对方。在美国华尔街，也许90%的分析师都自认为是基本分析派。但在中国股市上，或许90%的分析师都喜爱用技术图表来测评市场。为什么太平洋两岸的同行会有这么大的差异？技术图表到底是投资指南还是花拳绣腿？技术分析究竟是科学还是玄学？这些都是市场感兴趣的话题。

查尔斯·亨利·道所创立的理论就是分析平均线、研究市场状况进而预测市场发展的方法。但是本杰明·格雷厄姆对此不以为然，他经常批评道氏理论的运用。他觉得这种理论的风险太高，并且这种方法并不是一门科学，因为假定它是科学，其结论就可以作为可靠准则，但实际上并非如此。格雷厄姆自己通过研究显示，1938年到1968年的30年间，仅仅买入道·琼斯工业指数然后长期持有的人的投资报酬率，都比恪遵道氏理论的投资者要来得高。因此，依据市场短期变动进出也许看似简单，而且可以在短期获得利润，但投资者却不容易累积长期的利润，也不大可能长期持有至获利为止。

格雷厄姆也十分敬重道氏的学说，因为他们都认为股市危机四伏，唯有镇定的投资者才能赚钱。道氏经常告诫他同时代的投资者：股价的涨跌其实源于投资者对于企业未来获利率的认知，换言之，就是在于股票的内在价值。“毋庸置疑，长期而言，股票的价值会主导股票的价格走势。”

资料来源：http：//blog. sina. com. cn。

任务一　投资技术分析

活动一　认识证券投资技术分析

技术分析也是证券投资分析的一种方法，它是以证券市场过去和现在的市场行为作为分析对象，应用数学和逻辑的方法，通过对证券价格走势图形和相关技术指标的分析，探索出一些典型变化规律，并据此预测证券市场未来变化趋势的方法。

部分技术指标短期功效非常明显。根据技术指标计算公式及统计学原理可知，个股量价变动必然会导致与此相关的技术指标的变化；部分技术指标能及时捕捉到股价变动信息，所以技术分析的短期功效非常明显。

技术分析运用证券历史价格的数据资料，对证券价格采用各种不同的数据处理方法，进而总结出证券价格变动的某些规律。技术分析大量采用数字化、图表化的技术指标与技术图表，降低了学习的门槛，非常直观易学、简明易懂。由于技术分析的学习不需要专业基础知识，很多文化基础薄弱的人都能学习和掌握，故技术分析具有雄厚的群众基础。

技术分析围绕二级市场交易展开，以著名的道氏理论和K线理论为理论支撑，目前常用的有K线理论、波浪理论、形态理论、趋势线理论和技术指标分析等。

活动二　了解技术分析的基本假设

技术分析以市场行为涵盖一切信息、证券价格沿趋势移动和历史会重演为假设前提，借助于图形，从股票的成交量、价格、达到这些价格和成交量所用的时间、价格波动的空间等几个方面入手，通过证券价格的历史走势和技术指标来分析并预测证券价格的未来走势。

一、市场行为涵盖一切信息

这条假设是进行技术分析的基础。其主要思想是：任何一个影响证券市场的因素，最终都必然体现在股票价格的变动上。影响股票价格的所有因素，无论是外在的、内在的，还是政策的和心理的，都已经在市场行为中得到反映。技术分析人员只需关心这些因素对市场行为的影响效果，而不必关心具体导致这些变化的原因究竟是什么。

二、证券价格沿趋势移动

这一假设是技术分析最根本、最核心的条件。其主要思想是：证券价格的变动是有一定规律的，即具有保持原来运动方向的惯性，而证券价格的运动方向是由证券的供求关系决定的。技术分析法认为证券价格的运动反映了一定时期内供求关系的变化。供求关系一旦确定，证券价格的变化趋势就会一直持续下去。只要供求关系不发生根本改变，证券价格的走势就不会发生反转。

三、历史会重演

这个假设是从人的心理因素方面考虑的。市场中进行具体买卖的投资者都是鲜活的个体，他们的买卖行为必然要受到人类心理学中某些规律的制约。在证券市场上，一个人在某种情况下按一种方法进行操作取得成功，那么以后遇到相同或相似的情况，就会按照同一方法进行操作；如果失败了，他以后就不会按前一次的方法操作。证券市场的某个市场行为给投资者留下的阴影或快乐是会长期存在的。

技术分析法认为，根据历史资料概括出来的规律已经包含了未来证券市场的一切变动趋势，所以可以根据历史预测未来。

技术分析的三个假设有合理的一面，也有不尽合理的一面。例如，第一个假设是市场行为涵盖一切信息，但市场行为反映的信息与原始信息毕竟有一些差异，信息损失是必然的。正因为如此，在进行技术分析的同时还应该适当进行一些基本分析，以弥补不足。又如，一些基本因素的确是通过供求关系来影响证券价格和成交量的，但证券价格最终要受到其内在价值的影响。再如，第三个假设为历史会重演，但证券市场的市场行为是千变万化的，不可能有完全相同的情况重复出现，差异总是或多或少地存在。因此，技术分析法由于说服力不够强、逻辑关系不够充分，引起许多不同的看法与争论。

即问即答

复述证券投资技术分析的三个假设。

活动三　知道技术分析的要素

证券市场中，价格、成交量、时间和空间是进行投资分析的要素。理解这几个要素的具体情况和相互关系是进行正确分析的基础。

一、价、量关系

市场行为最基本的表现就是成交价和成交量。过去和现在的成交价、成交量涵盖了过去和现在的市场行为。技术分析就是利用过去和现在的成交价、成交量资料，以图形和指标分析工具来分析、预测未来的市场走势。在某一时点上的价和量反映的是买卖双方在这一时点上共同的市场行为，是双方的暂时均衡点。随着时间的变化，均衡会被不断地打破和重新建立，这就是价量关系的变化。

一般来说，买卖双方对价格的认同程度通过成交量的大小得到确认。认同程度小，分歧大，成交量小；认同程度大，分歧小，成交量大。双方的这种市场行为反映在价、量上就往往呈现出这样一种趋势规律：价升量增，价跌量减。根据这一趋势规律，当价格上升时，成交量不再增加，意味着价格得不到买方确认，价格的上升趋势就将会改变；反之，当价格下跌时，成交量萎缩到一定程度就不再萎缩，意味着卖方不再认同价格继续往下降了，价格下跌趋势就将会改变。

成交价、成交量的这种规律关系是技术分析的合理性所在，因此，价、量是技术分析的基本要素，一切技术分析方法都是以价、量关系为研究对象的，目的就是分析、预测未来的价格趋势，为投资决策提供服务。

二、时、空

在进行行情判断时，时间有着很重要的作用。一个已经形成的趋势在短时间内不会发生根本改变，中途出现的反方向波动，对原来趋势不会产生大的影响。一个形成了的趋势又不可能永远不变，经过一定时间又会有新的趋势出现。循环周期理论着重关心的就是时间因素，它强调了时间的重要性。

在某种意义上讲，空间可以认为是价格的一方面，指的是价格波动能够达到的极限。

技术分析的要素示例见图 6—1。

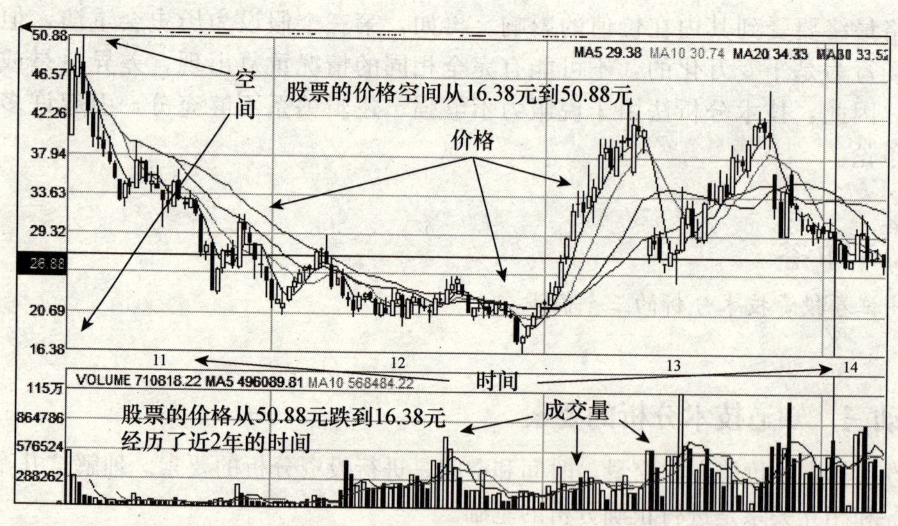

图 6—1 技术分析的要素示例

即问即答

技术分析的基本要素有哪些？

活动四　应用技术分析方法时应注意的问题

一、技术分析必须与基本分析结合起来使用

从理论上看，技术分析法和基本分析法分析股价趋势的基点是不同的。基本分析法的基点是事先分析，即在基本因素变动对证券市场发生影响之前，投资者已经在分析、判断市场可能的走势，从而做出顺势而为的买卖决策。但是基本分析法很大程度上依赖于分析者的知识水平、能力和经验，受投资者自身能力的制约较大。而技术分析法的基点是事后分析，以历史预知未来，用数据、图形、统计方法来说明问题，受投资者经验的影响，依赖于投资者对已有资料的分析和判断水平。但未来不会简单重复过去，所以仅依靠过去和现在的数据预测未来并不具有准确性。

为了提高技术分析的可靠性，投资者只有将技术分析法与基本分析法结合起来进行分析，才能既保留技术分析的优点，又考虑基本因素的影响，提高对证券价格未来走势预测的准确程度。

二、多种技术分析方法综合研判

技术分析方法多种多样，但每一种方法都有其独特的优势和功能，也有不足和缺陷，没有一种方法能概括股价走势的全貌。实践证明，单独使用一种技术分析方法有相当大的局限性和盲目性，甚至会给出错误的买卖信号。为了减少失误，只有将多种技术分析方法结合运用，相互补充、相互印证，才能减少出错的机会，提高决策的准确性。

三、理论与实践相结合

各种技术分析的理论和方法都是前人在一定的特殊条件和特定环境下得到的，随着环境的变化，投资者在使用别人的成功方法时却有可能失败。因此，在使用技术分析方法时，要注意掌握各种分析方法的精髓，并根据实际情况做适当的调整。同时，投资者只有将各种方法应用于实际的投资过程，并和自己的性格特点相结合，找出适合自身的投资方法，才能在证券市场立于不败之地。

需要特别说明的是，在技术分析中，至今还没有一条放之四海皆准的真理，也没有一种方法能通吃天下。

任务二　掌握K线理论

K线又称为日本蜡烛线，起源于200多年前的日本。当时日本没有证券市场，K线只用于米市的交易。经过上百年的运用和总结，目前已经形成了一整套K线分析理论，在实际中得到了广泛应用，受到了证券市场、外汇市场以及期货市场等各类市场投资者的喜爱。图6—2为上市公司万科A的月K线图。

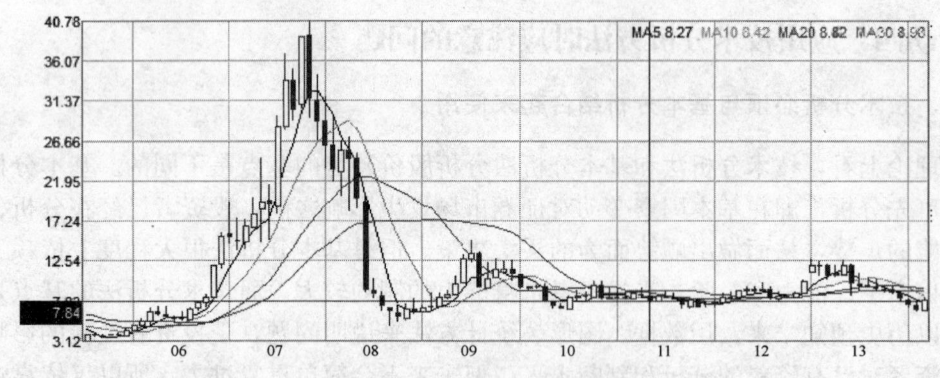

图 6—2 万科 A 月 K 线图

活动一 掌握 K 线的画法和主要形状

一、K 线的画法

K 线是一条柱状的线条，由影线和实体组成。影线在实体上方的部分叫上影线，下方的部分叫下影线。实体表示一日的开盘价和收盘价，上影线的上端顶点表示一日的最高价，下影线的下端顶点表示一日的最低价。根据开盘价和收盘价的关系，K 线又分为阳线（红/白）和阴线（蓝/黑）两种。收盘价高于开盘价时为阳线，收盘价低于开盘价时为阴线，如图 6—3 所示。

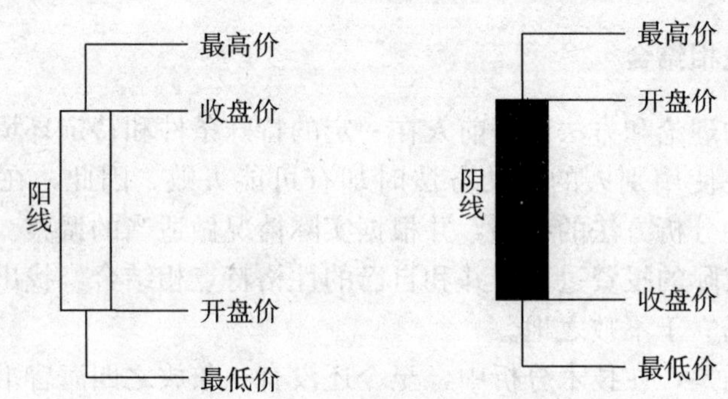

图 6—3 K 线的两种常见形状

日开盘价是指每个交易日的第一笔成交价格，日收盘价是指每个交易日的最后一笔成交价格，日最高价和日最低价是每个交易日成交股票的最高成交价格和最低成交价格。四个价格中，收盘价是最重要的，很多技术分析方法只关心收盘价，而不理会其余三个价格。人们在说到目前某只股票的价格时，说的往往是收盘价。

目前我国沪、深两地证券交易所均采用集合竞价方式产生开盘价，每个交易日的 9:15～9:25为开盘集合竞价时间。而收盘价的产生有所不同：上海证券交易所采取连续竞价方式，当天单个证券最后一笔成交价为其收盘价；深圳证券交易所则通过集合竞价方式产生收盘价，当天 14:57～15:00 为收盘集合竞价时间。

一条 K 线记录的是某一种股票一天的价格变动情况。将每天的 K 线按时间顺序排列在一起，就可反映该股票自上市以来每天的价格变动情况，这就叫日K线图。

除了日K线外，还可以画周K线和月K线。其画法与日K线几乎完全一样，区别只在四个价格时间参数的选择上。周K线是指这一周的开盘价、这一周之内的最高价和最低价以及这一周的收盘价。月K线则是用一根K线反映该月的这四个价格。周K线和月K线的优点是反映证券价格的运行趋势和周期比较清晰。

二、K线的主要形状

除了图6—3所画的K线形状外，由于四个价格的不同取值，还会产生其他形状的K线。概括起来，有如图6—4所示的几种形状。

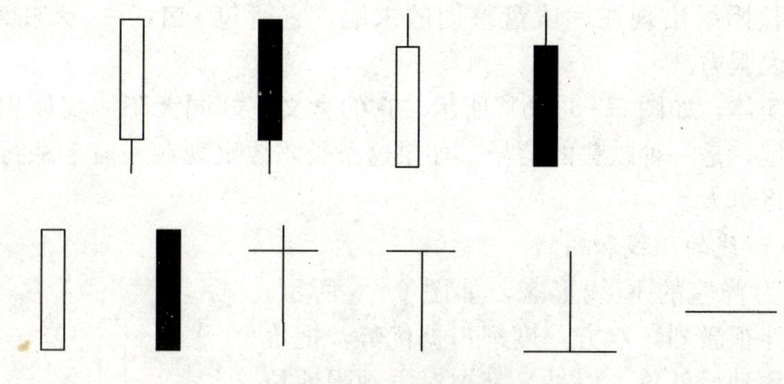

图6—4　K线的几种形状

（1）光头阳线和光头阴线。这是没有上影线的K线。当收盘价或开盘价正好与最高价相等时，就会出现这种K线。

（2）光脚阳线和光脚阴线。这是没有下影线的K线。当开盘价或收盘价正好与最低价相等时，就会出现这种K线。

（3）光头光脚的阳线和阴线。这种K线既没有上影线，也没有下影线。当收盘价和开盘价分别与最高价和最低价相等时，就会出现这种K线。

（4）十字形。当收盘价与开盘价相等时，就会出现这种K线，它的特点是没有实体。

（5）T字形和倒T字形。当收盘价、开盘价和最高价三价相等时，就会出现T字形K线图；当收盘价、开盘价和最低价三价相等时，就会出现倒T字形K线图。它们没有实体，也没有上影线或下影线。

（6）一字形。当收盘价、开盘价、最高价、最低价四价相等时，就会出现这种K线图。在存在涨跌停板制度的市场中，当一只股票一开盘就以涨停或跌停的价格进行交易，而且一天中都以该价格进行交易时，才会出现这种K线。

活动二　知道K线的组合应用

股票市场的买方和卖方永远站在对立的两边，不断进行较量，一方胜利了，另一方一定失败。股票投资者为了使自己获得利益，必须准确地看出在未来的日子里双方究竟是谁占上风，以便使自己正确地投入占优势的行列中。K线图反映的就是这段时间以来买卖双方实际战斗的结果，从中可以看到买卖双方争斗中力量的增减、风向的转变等。

一、单独一根 K 线的应用

应用单根 K 线研判行情，主要从实体的长短、阴阳，上下影线的长短以及实体的长短与上下影线长短之间的关系等几个方面进行分析。由于 K 线的类型很多，这里仅就几种具有典型意义的单根 K 线进行分析。

（一）大阳线实体和大阴线实体

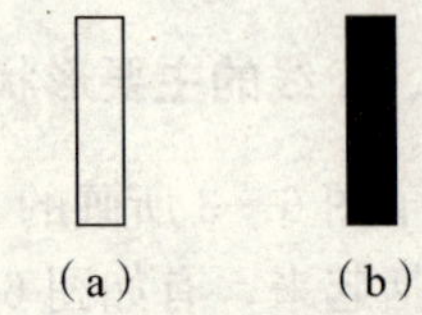

图 6—5　大阳线与大阴线实体

（1）大阳线实体，如图 6—5（a）所示。它是大幅低开高收的阳线，实体很长以至于可以忽略上下影线的存在。这种 K 线说明多方已经取得了决定性胜利，这是一种涨势信号。如果这条长阳线出现在一段盘整期的末端，它所包含的内容将更有说服力。

（2）大阴线实体，如图 6—5（b）所示。它的含义正好同大阳线实体相反。这时，空方已取得优势地位，是一种跌势的信号。如果这条长阴线出现在一段上涨行情的末端，行情下跌的可能性将更大。

（二）有上下影线的阳线和阴线

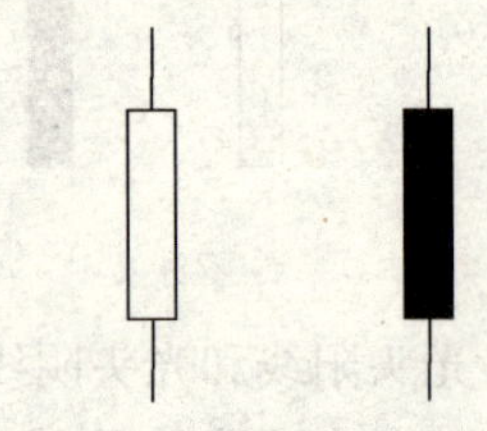

图 6—6　有上下影线的阳线与阴线

这是两种最为普遍的 K 线形态，如图 6—6 所示。说明多空双方争斗很激烈，双方一度都占据优势，把价格抬到最高价或压到最低价，但是又都被对方顽强地拉回。阳线是到了收尾时多方才勉强占优势，阴线则是到收尾时空方勉强占优势。

对多方与空方优势的衡量，主要依靠上下影线和实体的长度来确定。一般来说，上影线越长，下影线越短，阳线实体越短或阴线实体越长，越有利于空方占优；上影线越短，下影线越长，阴线实体越短或阳线实体越长，越有利于多方占优。上影线和下影线相比的结果，可以判断多方和空方的势力对比。上影线长于下影线，利于空方；下影线长于上影线，则利于多方。

（三）十字星

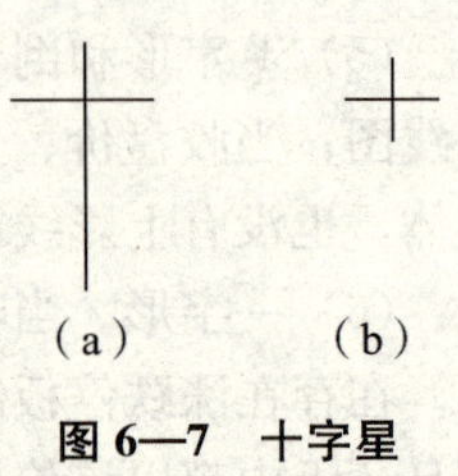

图 6—7　十字星

十字星的出现表明多空双方力量暂时平衡，使市场暂时失去方向，但却是一个值得警惕、随时可能改变趋势方向的 K 线图形。十字星分为两种：一种是大十字星，如图 6—7（a）所示，它有很长的上下影线，表明多空双方争斗激烈，最后回到原处，后市往往有变化；另一种为小十字星，如图 6—7（b）所示，它的上下影线较短，表明窄幅盘整，交易清淡。

总之，应用一根 K 线进行分析时，多空双方力量的对比取决于影线的长短与实体的大小。一般来说，指向一个方向的影线越长，越不利于股价今后朝这个方向变动；阴线实体越长，越有利于下跌；阳线实体越长，越有利于上涨。另外，当上下影线相对实体较短时，可忽略影线的存在。

二、多根 K 线的组合应用

K 线组合的情况非常多，要综合考虑各根 K 线的阴阳、高低、上下影线的长短等。无论是两根 K 线、三根 K 线乃至多根 K 线，都是以各根 K 线的相对位置和阴阳来推测行情的。将前一天的 K 线画出，然后将这根 K 线按数字划分成五个区域，如图 6—8 所示。

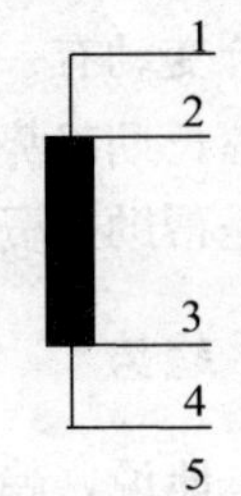

图 6—8　K 线区域划分

对于两根 K 线的组合来说，第二天的 K 线是进行行情判断的关键。简单地说，第二天多空双方争斗的区域越高，越有利于上涨；越低，越有利于下跌。也就是说，从区域 1 到区域 5 是多方力量减少、空方力量增加的过程。

例如，连续两阴两阳线的情况，如图 6—9 所示。这是多空双方的一方已经取得决定性胜利，今后将以取胜的一方为主要运动方向。图 6—9（a）是空方获胜，图 6—9（b）是多方获胜。第二根 K 线的实体越长，超出前一根 K 线越多，则取胜的一方优势越大。

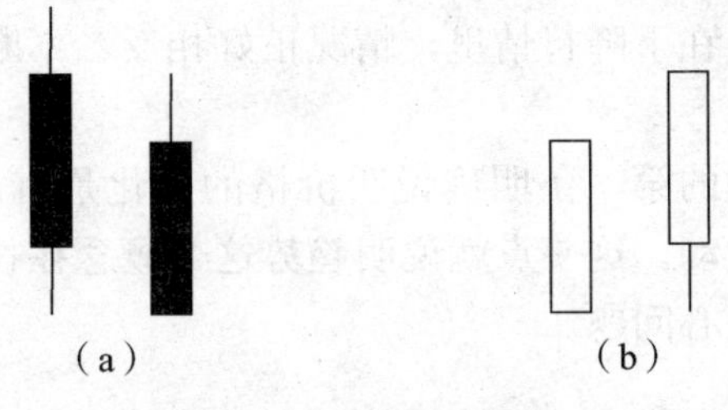

图 6—9　连续两阴阳

总之，无论 K 线的组合多么复杂，考虑问题的方式是相同的，都是由最后一根 K 线相对于前面 K 线的位置来判断多空双方的实力大小。由于三根 K 线组合比两根 K 线组合多了一根 K 线，获得的信息就多些，得出的结论相对于两根 K 线组合来讲要准确些，可信度更大些。也就是说，K 线多的组合要比 K 线少的组合得出的结论更可靠。

三、应用 K 线组合应注意的问题

无论是一根 K 线，还是两根、三根 K 线以至多根 K 线，都是对多空双方的争斗作出一个描述，由它们的组合得到的结论都是相对的，不是绝对的。对具体进行股票买卖的投资者而言，结论只是起一种建议作用。

在应用时，会发现运用不同种类的组合得到了不同的结论。有时应用一种组合得到明天会下跌的结论，但是次日股价没有下跌，而是出现相反的结果。这个时候的一个重要原则是尽量使用根数多的 K 线组合的结论，将新的 K 线加进来重新进行分析判断。一般来说，多根 K 线组合得到的结果不大容易与事实相反。

任务三　掌握切线理论

应用技术分析进行证券投资，关键在于认清形势，坚决奉行“顺势而为”，决不“逆势而动”的原则，而这一原则也已经成为投资者的共识。

活动一　熟悉趋势分析

股价变动有一定的趋势，在长期上涨或下跌的趋势中，会有短暂的盘旋或调整，投资者应把握长期趋势，不为暂时的回调和反弹所迷惑，同时也应及时把握大势的反转。切线理论就是帮助投资者识别大势变动方向的较为实用的方法。

一、趋势

简单地说，趋势就是股票价格运动的方向。一般来说，证券价格的变动不是朝一个方向直来直去，中间一定要有曲折，从图形上看就是一条曲折蜿蜒的折线，每个折点处就形成一个峰或谷。由这些峰和谷的相对高度，可以看出证券价格运行的趋势。

若确定了一段上升或下降的趋势，则股价的波动必然朝着这个方向运动。在上升的行情里，虽然证券价格也时有下跌，但不影响上升的大方向，不断出现的新高价会使偶尔出现的下跌黯然失色。同样，在下降行情里，情况正好相反，不断出现的新低价也会使偶尔出现的上涨黯然失色。

技术分析的三大假设中的第二条明确说明价格的变化是有趋势的，没有特别的理由，价格将沿着这个趋势继续运动。这一点就说明趋势这个概念在技术分析中占有很重要的地位，是投资者应该注意的核心问题。

二、趋势的方向

趋势的方向有三个：上升；下降；水平。

某证券价格上升趋势的K线如图6—10所示。在图中，每个后面的峰和谷都高于前面的峰和谷，证券价格逐步走高，这就是常说的上升趋势。在上升的趋势中，K线图的一底比一底高，也称底部逐步抬高。

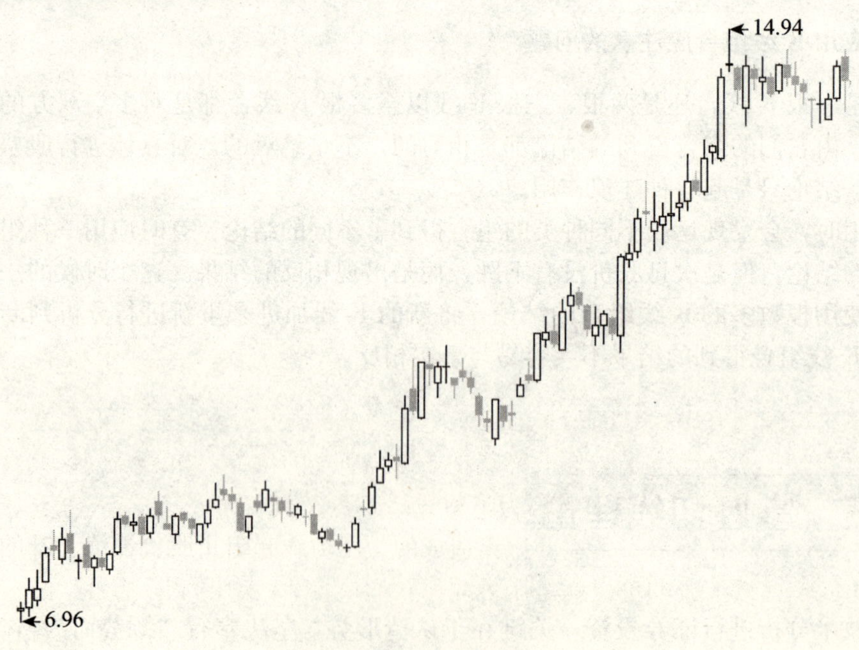

图6—10　上升趋势

某证券价格下降趋势的K线如图6—11所示。在图中，每个后面的峰和谷都低于前面的峰和谷，趋势是下降方向。这就是常说的一顶比一顶低或顶部降低。

图6—11 下降趋势

如果K线图中后面的峰和谷与前面的峰和谷相比，没有明显的高低之分，几乎呈水平延伸，这时的趋势就是水平方向。水平方向趋势是被大多数人忽视的一种趋势，然而，这种趋势在市场上出现的机会是相当多的。

就证券价格运行的水平趋势本身而言，也是极为重要的。大多数的技术分析方法，在对处于水平方向的趋势进行分析时，都容易出错。这是因为这时的市场正处在供需平衡的状态，股价下一步朝哪个方向走是没有规律可循的，可以向上也可以向下，面对这样的趋势，预测股票价格朝何方运动是极为困难的。

活动二 熟悉支撑线和压力线

一、支撑线和压力线的概念

支撑线（Support Line），又称为抵抗线。当股价跌到某个价位附近时，股价停止下跌，甚至还有可能回升，这是因为多方在此买入造成的。支撑线起阻止股价继续下跌的作用。这个起着阻止股价继续下跌的价格就是支撑线所在的位置，如图6—12所示。

压力线（Resistance Line），又称为阻力线。当股价上涨到某价位附近时，股价会停止上涨，甚至回落，这是因为空方在此抛出造成的。压力线起阻止股价继续上升的作用。这个起着阻止股价继续上升的价位就是压力线所在的位置。

有些人往往会产生这样的误解，认为只有在下跌行情中才有支撑线，只有在上升行情中才有压力线。其实，在下跌行情中也有压力线，在上升行情中也有支撑线。但是由于在下跌行情中人们最注重的是跌到什么地方，所以关心支撑线就多一些；在上升行情中人们更注重涨到什么地方，所以关心压力线多一些。

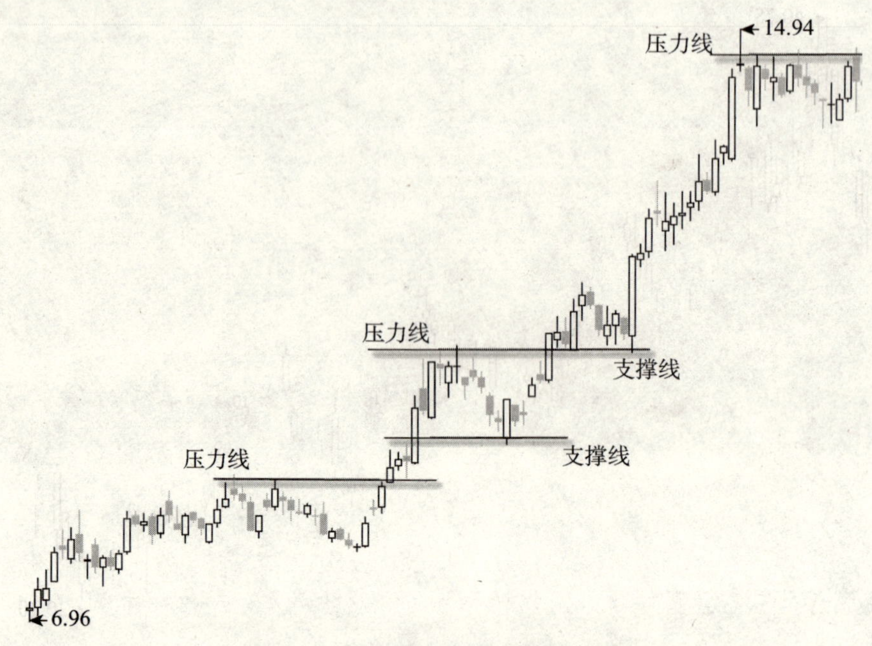

图 6—12　上涨行情中的支撑线与压力线

二、支撑线和压力线的作用

支撑线和压力线的作用是阻止或暂时阻止股价向一个方向继续运动。技术分析派认为，股价的变动是有趋势的，要维持这种趋势，保持原来的变动方向，就必须冲破阻止其继续向前的障碍。比如说，要维持下跌行情，就必须突破支撑线的阻力和干扰，创造出新的低点；要维持上升行情，股价就必须突破上升过程中的压力线的阻碍，创造出新的高点。由此可见，支撑线和压力线都会有被突破的可能，它们不足以长久地阻止股价保持原来的变动方向，只不过是使它暂时停顿而已。

同时，支撑线和压力线又有彻底阻止股价按原方向变动的可能。当一个趋势终结，它就不可能创出新的低价和新的高价，这样支撑线和压力线就显得异常重要。

在上升趋势中，如果股价未创新高，即未突破压力线，这个上升趋势就已经处在很关键的位置了。如果股价在回落的过程中，向下突破了这个上升趋势的支撑线，这就产生了趋势有变得很强烈的警告信号。这通常意味着，这一轮上升趋势已经结束。如图 6—12 所示。

同样，在下降趋势中，如果股价并未创新低，即未突破支撑线，这个下降趋势就已经处于很关键的位置，如果股价在接下来的走势中，向上突破了这次下降趋势的压力线，这就发出了这个下降趋势将要结束的强烈信号，股价的下一步极有可能是上升的趋势。

三、支撑线和压力线的相互转化

支撑线和压力线之所以能起支撑和压力作用，很大程度上是心理因素方面的原因，两者的相互转化也是如此，这就是支撑线和压力线理论上的依据。

一个市场里无外乎三种人：多头、空头和旁观者。旁观者又可分为持股的和持币的。假设股价在一个区域停留了一段时间后开始向上移动，在此区域买入股票的多头们肯定认为自己对了，并对自己没有多买入些而感到后悔；在该区域卖出股票的空头们这时认识到自己弄错了，他们希望股价再跌回他们卖出的区域时，将他们原来卖出的股票补回来；而旁观者中的持股者，其心情和多头相似，持币者的心情同空头相似。无论是这四种人中的哪一种，都有买入股票成为多头的愿望。正是由于这四种人决定要在下一个买入的时机出现时买入，所以才使股价稍一回落就会受到大家的关心，他们会或早或晚地进入股市买入股票，这就使价格还未下降到原来的位置，上述新的买进大军自然又会把价格推上去，使该区域成为支撑区。在该支撑区发生的交易越多，就说明很多的股票投资者在这个支撑区有切身利益，这个支撑区就越重要。

若股价在一个支撑位置获得支撑后，停留了一段时间开始向下移动，而不是像前面假设的那样向上移动。当股价跌破了该支撑区域时，此时的情况正好和前面的截然相反。在该支撑区买入的多头都意识到自己错了，而没有买入的或卖出的空头都意识到自己对了。买入股票的多头都有抛出股票逃离市场的想法，而卖空的空头则想进一步抛空，待股价下跌伺机补回。一旦股价有些回升，尚未到达原来的支撑位时，就会有一批抛压出来，再次将股价压低。这样，原来的支撑线就转化为压力线。

以上的分析过程对于压力线也同样适用，只不过结论正好相反。

这些分析的结论是支撑线和压力线可以相互转化。如果一条支撑线被跌破，那么这一支撑线将成为压力线；同理，一条压力线被突破，这个压力线将成为支撑线，如图6—12所示。

四、支撑线和压力线的确认与修正

在技术分析中，每一条支撑线和压力线的确认都是人为的。一般来说，一条支撑线或压力线对当前影响的重要性受以下三个方面的影响：一是股价在这个区域停留时间的长短；二是股价在这个区域伴随的成交量大小；三是这个支撑区域或压力区域发生的时间距离当前这个时期的远近。很显然，股价停留的时间越长，伴随的成交量越大，离现在越近，则这个支撑或压力区域对当前的影响就越大；反之就越小。上述三个方面是确认一条支撑线或压力线重要程度的依据。

然而，由于股价的变动，原来确认的支撑线或压力线可能并不真正具有支撑或压力的作用，这时就有一个对支撑线和压力线进行调整的问题，这就是支撑线和压力线的修正。

对支撑线和压力线的修正过程，其实是对现有各个支撑线和压力线的重要性的确认。这是因为每条支撑线和压力线在投资者心目中的地位是不同的。

即问即答

在上升趋势中，是否存在压力线？在下降趋势中，是否存在支撑线？

活动三　认识趋势线和轨道线

一、趋势线

趋势线（见图 6—13）是衡量价格运动方向的，由趋势线的方向可以清楚地看出股价未来的运行趋势。在上升趋势中，将两个低点连成一条直线，就得到上升趋势线。在下降趋势中，将两个高点连成一条直线，就得到下降趋势线。从图 6—13 中可看出，上升趋势线起支撑作用，下降趋势线起压力作用。也就是说，上升趋势线是支撑线的一种，下降趋势线是压力线的一种。

图 6—13　趋势线

从图上很容易画出趋势线，这并不意味着趋势线很容易掌握。当画出一条直线后，有很多问题需要分析者去回答。最迫切需要解决的问题是：画出的这条直线是否具有实用价值，以这条线作为今后预测股市的参考是否具有很高的准确性。解决这个问题的过程实际上就是对用各种方法画出的趋势线进行挑选评判，最终保留确实有效的趋势线。

实际上，要得到一条真正起作用的趋势线，需经多方面的验证才能最终确认。首先，必须确认有趋势存在。也就是说，在上升趋势中，必须确认出两个依次上升的低点；在下降趋势中，必须确认两个依次下降的高点，才能确认趋势的存在，连接两个点的直线才有可能成为趋势线。其次，画出直线后，还应得到第三个点的验证才能确认这条趋势线是有效的。

一般来说，所画出的直线被触及的次数越多，其作为趋势线的有效性越被得到确认，用它进行预测越准确有效。另外，这条直线延续的时间越长，就越具有有效性。

一般来说，趋势线有两个作用：

（1）对价格今后的变动起约束作用，使价格总保持在这条趋势线的上方（上升趋势线）或下方（下降趋势线）。

（2）趋势线被突破后，股价下一步的走势将要反转。越重要、越有效的趋势线被突破，其转势的信号越强烈。被突破的趋势线原来所起的支撑或压力作用，现在将相互交换角色。如图 6—14 所示。

二、轨道线

轨道线又称通道线或管道线，是基于趋势线的一种方法。在已经得到了趋势线后，通

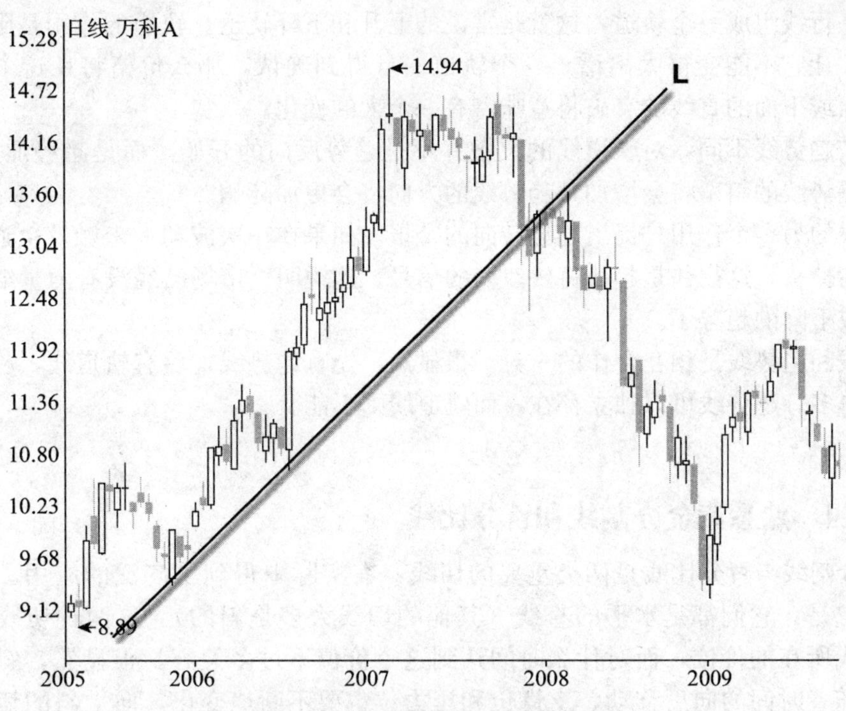

图 6—14　趋势线突破后起相反作用

过第一个峰和谷可以作出这条趋势线的平行线，这条平行线就是轨道线。轨道线是如图 6—15所示的两条平行线。

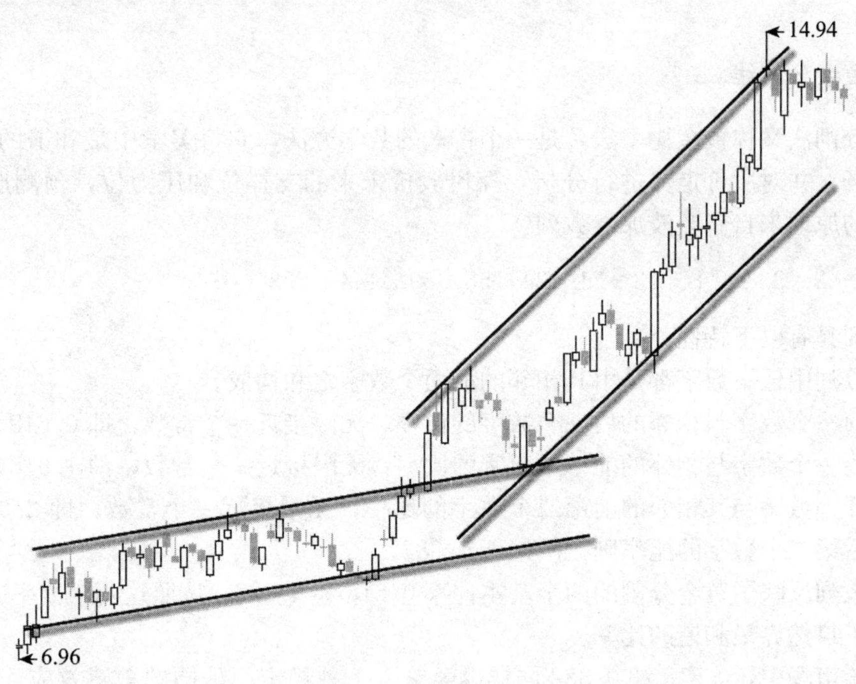

图 6—15　趋势的加速

两条平行线组成一个轨道，这就是常说的上升和下降轨道。轨道的作用是限制股价的变动范围，让它不能变得太离谱。一个轨道一旦得到确认，那么价格将在这个轨道里变动。对上面或下面的直线的突破将意味着有一个大的变化。

与突破趋势线不同，对轨道线的突破并不是趋势反向的开始，而是趋势加速的开始，即原来的趋势线的斜率将会增加，趋势线的方向将会更加陡峭。

轨道线的另一个作用是提出趋势转向的警报。如果在一次波动中未触及轨道线，离得很远就开始掉头，这往往是趋势将要改变的信号。这说明，市场已经没有力量继续维持原有的上升或下降的趋势了。

轨道线和趋势线是相互合作的一对。很显然，先有趋势线，后有轨道线，趋势线比轨道线重要得多。趋势线可以独立存在，而轨道线则不能。

活动四　熟悉黄金分割线和百分比线

黄金分割线与百分比线是两类重要的切线，在实际中得到了广泛的应用。这两条线的共同特点是：它们都是水平的直线（其他的切线大多是斜的）。这两种切线注重支撑线和压力线所在的价位，而对什么时间达到这个价位不过多关心。很显然，斜的支撑线和压力线随着时间的向后移动，支撑位和压力位也要不断地变化。向上斜的切线价位会变高，向下斜的切线价位会变低。对水平切线来说，每个支撑位或压力位相对来说较为固定。为了弥补它们的不足，往往在画水平切线时多画几条，并通过分析，最终确认一条支撑线或压力线。这条保留下来的切线就具有一般的支撑线或压力线所具有的全部特性和作用。

一、黄金分割线

黄金分割法又称黄金比率法，是一个古老的数学方法，它将美学中最和谐的比率应用于证券市场，并对股价走势进行分析，探讨股价未来的支撑位和压力位，预测股价的升、降幅。它的原理来自于斐波那奇数列：

1　2　3　5　8　13　21　34　55　89　144　233　…

该数列具有以下特性：

(1) 数列中任一数字都是由其相邻的前两个数字之和构成。

(2) 前一个数字与相邻的后一个数字的比率，无限接近一个常数，即0.618。

(3) 后一个数字与相邻的前一个数字的比率，无限接近一个常数，即1.618。

(4) 任一数字与其相邻的前第二个数字的比率，无限接近一个常数，即2.618；而与其相邻的后第二个数字的比率则无限接近0.382。

这一数列反映了黄金分割的两个基本比率0.618和0.382，按照这两个比率进行划分，从而构成了自然界最和谐的比率。

在股票市场中，0.618和0.382同样也会给人一种稳定、认同的美感效应，股价往往会在这两个比率的位置上受到支撑和反压。当股价脱离低位上涨，在涨幅接近或达到0.382或0.618时会遇到压力，有可能反转；当股价从高位下跌，在跌幅接近或达到

0.382 或 0.618 时会受到支撑，有可能反弹或反转向上。

应用黄金分割法对股价进行预测时，其应用步骤为：

第一，记住若干个特殊的数字。

0.191　0.382　0.500　0.618　0.809

1.191　1.382　1.618　1.809　2.000

第二，找到一个点，以便画出黄金分割线。

这个点是上升行情结束，调头向下的最高点，或者是下降行情结束，调头向上的最低点。当然，这里的高点和低点都是有一定的范围的，是局部的。只要能够确认一个趋势（无论是上升还是下降）已经结束或暂时结束，这个趋势的转折点就可以作为进行黄金分割的点，这个点一经选定，就可以画出黄金分割线了。

例如，在上升行情开始调头向下时，投资者极为关心这次下落将在什么位置获得支撑。假设这次上升的顶点价位为6 124.04点（2007 年 10 月 16 日沪市的最高点位），以2007 年 6 月 5 日最低点的该波的起涨点3 404.15计算，上涨2 719.89点，如图 6—16 所示，则应用上述黄金分割的第一行数据得到：

5 604.54＝6 124.04－2 719.89×0.191

5 085.04＝6 124.04－2 719.89×0.382

4 764.10＝6 124.04－2 719.89×0.500

4 443.15＝6 124.04－2 719.89×0.618

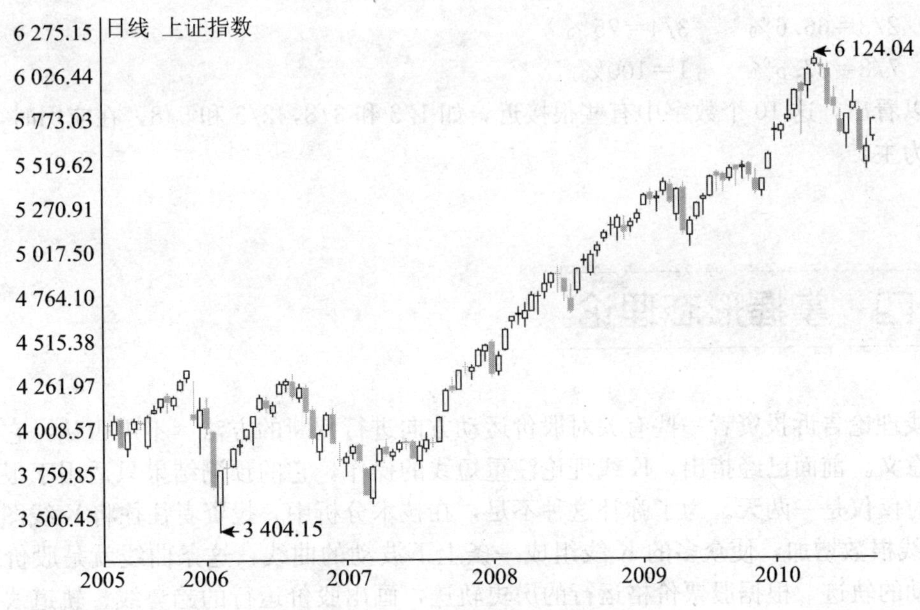

图 6—16　上证指数日 K 线图

理论上讲，以上几个价位极有可能成为支撑。实际运行中，上涨指数在 5 462.01、5 032.58、4 778.73 和 4 200 点位受到支撑，其中两个支撑点与按 0.382 和 0.500 计算的点位非常接近。

同样，在下降行情开始调头向上时，投资者关心这次上涨到什么位置遇到压力。黄金分割线为此提供了一些价位，它由这次下跌的幅度乘以上面第二行的数字得出。其中，以1.382、1.618和2.000的可能性最大。

二、百分比线

百分比线考虑问题的出发点是人们的心理因素和一些整数位的分界点。

当股价持续向上涨到一定程度，肯定会遇到压力，遇到压力后，就要向下回撤，回撤的位置很重要。黄金分割提供了几个价位，百分比线也提供了几个价位。

以这次上涨开始的最低点和开始向下回撤的最高点两者之间的差，分别乘以几个特殊的百分比数，就可以得到未来支撑位可能出现的位置。这些百分比数一共10个，它们是：

1/8　1/4　1/3　3/8　1/2　5/8　2/3　3/4　7/8　1

这里的百分比线中，1/2、1/3、2/3这三条线最为重要。在很大程度上，1/2、1/3、2/3是人们的一种心理倾向。如果没有回落到1/3以下，就好像没有回落够似的；如果已经回落了2/3，人们自然会认为已经回落够了。

上面所列的10个特殊的数字都可以用百分比表示，之所以用上面的分数表示，是为了符合取整的习惯。

1/8＝12.5％　　1/4＝25％
1/3＝33.3％　　3/8＝37.5％
1/2＝50％　　5/8＝62.5％
2/3＝66.6％　　3/4＝75％
7/8＝87.5％　　1＝100％

可以看出，这10个数字中有些很接近，如1/3和3/8，2/3和5/8，在应用时，以1/3和2/3为主。

任务四　掌握形态理论

K线理论告诉投资者一些有关对股价运动方向进行判断的方法。不可否认，它有很好的指导意义。前面已经指出，K线理论注重短线的操作，它的预测结果只适用于很短的时期，有时仅仅是一两天。为了弥补这种不足，在技术分析中，投资者往往将K线图中所包含的K线根数增加，使众多的K线组成一条上下波动的曲线，这条曲线就是股价在这段时间移动的轨迹。根据股票价格运行的历史轨迹，画出股价运行的趋势线、轨道线等，通过趋势线、轨道线等判断股票价格今后的运行趋势。

在技术分析中，还有一种根据股票价格运行轨迹所形成的图形的形态，判断股票价格未来的运行方向的理论，就是形态理论。这门重要的技术分析学问，正是通过研究股价所走过的历史轨迹的形态，分析和挖掘出K线所构成的图形形态背后多空双方力量的对比，试图找出股价未来的行动方向。

活动一　熟悉股价移动规律和两种形态类型

一、股价移动规律

股价的移动是由多空双方力量的大小决定的。一个时期内，多方处于优势，力量增强，股价就向上移动；如果空方处于优势，则股价将向下移动，这是众所周知的。其实，在证券市场中，多空双方的一方占据优势的情况又是多种多样的。有时多方只是稍强一点，股价向上走不了多远就会遇到阻力；有时多方的优势大一些，可以把股价向上抬得多一些；有时多方的优势是决定性的，这种优势完全占据主动，对方几乎没有什么力量与之抗衡，股价向上移动势如破竹，空方失去任何阻挡的能力。

股价的移动是完全按照多空双方力量对比大小和所占优势的大小而行动的。一方的优势大，股价将向这一方移动。如果这种优势不足以摧毁另一方的抵抗，则股价不久还会回来。这是因为另一方只是暂时退却，随着这种不大的优势影响的消失，另一方还会站出来收复失地。再者，如果这种优势足够大，足以摧毁另一方的抵抗，甚至把另一方的力量转变成本方的力量，则此时的股价将沿着优势一方的方向移动很远的距离，短时间内肯定不会回来，甚至永远也不会回来。这是因为此时的情况发生了质变，多空双方原来的平衡位置发生了变化，已经向优势一方移动了。

根据多空双方力量对比可能发生的变化，可以知道股价的移动应该遵循这样的规律：第一，股价应在多空双方取得均衡的位置上下来回波动；第二，原有的平衡被打破后，股价将寻找新的平衡位置。可以用下面的表示方法具体描述股价移动的规律：持续整理，保持平衡→打破平衡→新的平衡→再打破平衡→再寻找新的平衡→……股价的移动就是按这一规律循环往复、不断地进行的。

股市中的胜利者往往是在原来的平衡快要打破之前或者在打破的过程中采取行动而获得收益的。原平衡已经打破，新的平衡已经找到，这时才开始行动，就已经晚了。

二、股价移动的两种形态类型

股价的移动主要是保持平衡的持续整理和打破平衡的突破这两种过程。这样，股价曲线的形态有两大类型：持续整理形态，反转突破形态。前者保持平衡，后者打破平衡。平衡的概念是相对的，股价只要在一个范围内变动，都属于保持了平衡。

同支撑线、压力线被突破一样，平衡的打破也有被认可的问题。刚打破一点，不能算真正打破。反转突破形态存在种种假突破的情况，假突破有时给某些投资者造成的损失是很大的。

虽然股票价格 K 线的形态只有两类，但是这两类形态中，有时很难判断某一形态究竟是属于哪一类的。例如，一个局部的三重顶（底）形态，在一个更大的范围内有可能被认为是矩形形态的一部分。一个三角形形态有时也可以被当成反转突破形态，尽管多数时间认为它们属于持续整理形态。

活动二　认识反转突破形态

反转突破形态是投资者应该花大力气研究的一类重要的形态。这里将分别介绍双重顶

(底)、三重顶（底）、头肩顶（底）和圆弧顶（底）四种反转形态。对这四种形态的正确识别和正确运用将使股票投资者受益匪浅。

一、头肩顶和头肩底

头肩顶和头肩底是实际股价形态中出现得最多的形态，是最著名和最可靠的反转突破形态。这种形态的简单形式如图 6—17 所示。

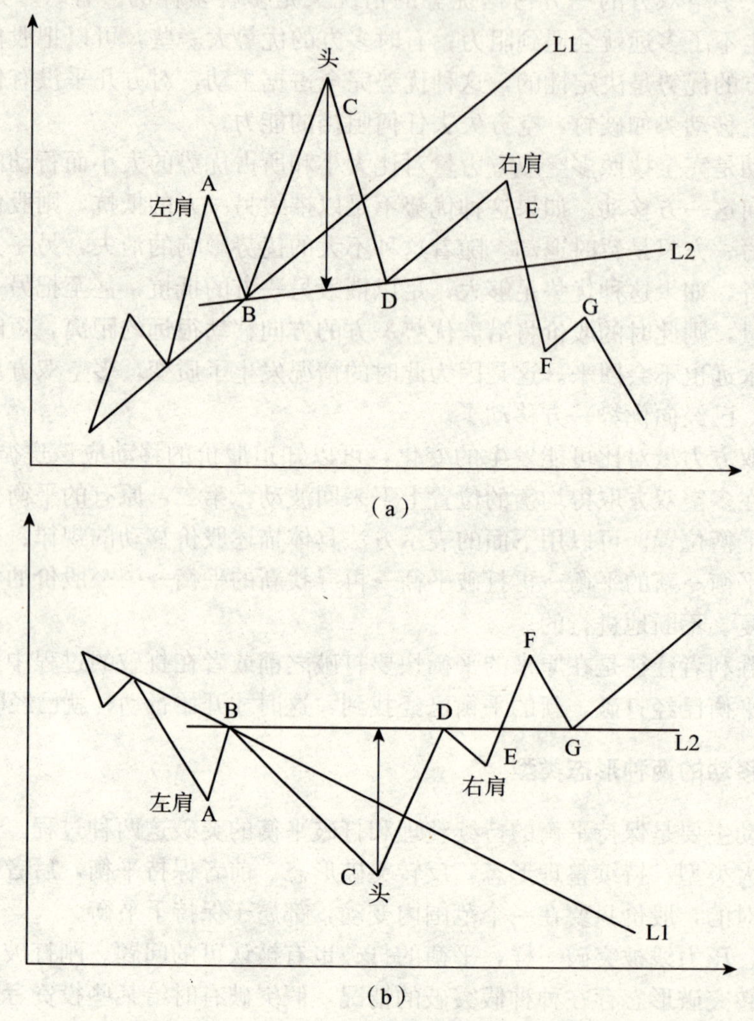

图 6—17　头肩顶和头肩底

从图中可以看出，这种形态一共出现三个顶或底，也就是要出现三个局部的高点或局部低点。中间的高点（低点）比另外两个都高（低），称为头；左右两个相对较低（高）的高点（低点）称为肩，这就是头肩形名称的由来。以下以头肩顶为例对头肩形进行具体介绍。

在上升趋势中，不断升高的各个局部的高点和低点保持着上升的趋势，然后在某一个区域中，趋势的上涨势头将放慢。图 6—17（a）中 A 点和 B 点还没有放慢的迹象，但在 C 点和 D 点已经有了势头受阻的信号，这说明这一轮上涨趋势可能已经出了问题。最后，股价走到了E点和F点，这时反转向下的趋势已势不可挡。

这种头肩顶反转向下的道理与支撑线和压力线的内容有密切关系。图6—17（a）中的直线L1和直线L2是两条明显的支撑线。在C点到D点突破直线L1说明上升趋势的势头已经遇到了阻力，E点和F点之间的突破则是趋势的转向。另外，E点的反弹高度没有超过C点，也是上升趋势出了问题的信号。

图中的直线L2其实就是头肩顶形态中极为重要的直线——颈线。在头肩顶形态中，它是支撑线，起支撑作用。

头肩顶形态走到了E点并调头向下，只能说是原有的上升趋势已经转化成了横向延伸，还不能说已经反转向下了。只有当图形走到了F点，即股价向下突破了颈线，才能说头肩顶反转形态已经形成。

同大多数的突破一样，这里颈线的被突破也有一个被认可的问题。百分比原则和时间原则在这里都适用。

颈线被突破，反转确认之后，股价下一步的大方向是下跌，而不是上涨或横盘。下跌的深度，投资者可以借助头肩顶形态的测算功能进行。

从突破点算起，股价将至少要跌到与形态高度相等的距离。

形态高度的测算方法是这样的，量出从头到颈线的距离，即图6—17（a）中从C点向下的箭头长度，这个长度就是头肩顶形态的形态高度。上述原则是股价下落的最起码的深度，是最近的目标，价格实际下落的位置要根据很多别的因素来确定。上述原则只是给出了一个范围，只对投资者有一定的指导作用。预计股价今后将跌到什么位置能止住或将要涨到什么位置而调头，永远是进行股票买卖的人最关心的问题，也是最不易回答的问题。

以上以头肩顶为例，对头肩顶形态进行了介绍。对头肩底而言，除了在成交量方面与头肩顶有所区别外，其余可以说与头肩顶一样，只是方向正好相反。例如，上升改成下降，高点改成低点，支撑改成压力。

值得注意的是，头肩顶形态完成后，向下突破顶线时，成交量不一定扩大，但日后继续下跌时，成交量会放大。头肩底向上突破颈线，若没有较大的成交量出现，可靠性将降低，或者会再跌回底部整理一段时间，积蓄一定力量才可能上升。

二、双重顶和双重底

双重顶和双重底就是市场上众所周知的M头和W底，这种形态在实际中出现得非常频繁。图6—18是这种形态的简单形状。

从图中可以看出，双重顶（底）一共出现两个顶（底），也就是两个相同高度的高点和低点。下面以M头为例讲解双重顶（底）形成的过程。

在上升趋势过程的末期，股价在第一个高点A建立了新高点之后进行正常的回落，受上升趋势线的支撑，这次回落将在B点附近停止。然后，股价继续上升，但是力量不够，上升高度不足，在C点（与A点几乎等高）遇到压力，股价向下，这样就形成A和C两个顶的形状。

M头形成以后，有两种可能的前途：第一，未突破B点的支撑位置，股价在A、B、C三点形成的狭窄范围内上下波动，演变成矩形；第二，突破B点的支撑位置继续向下，

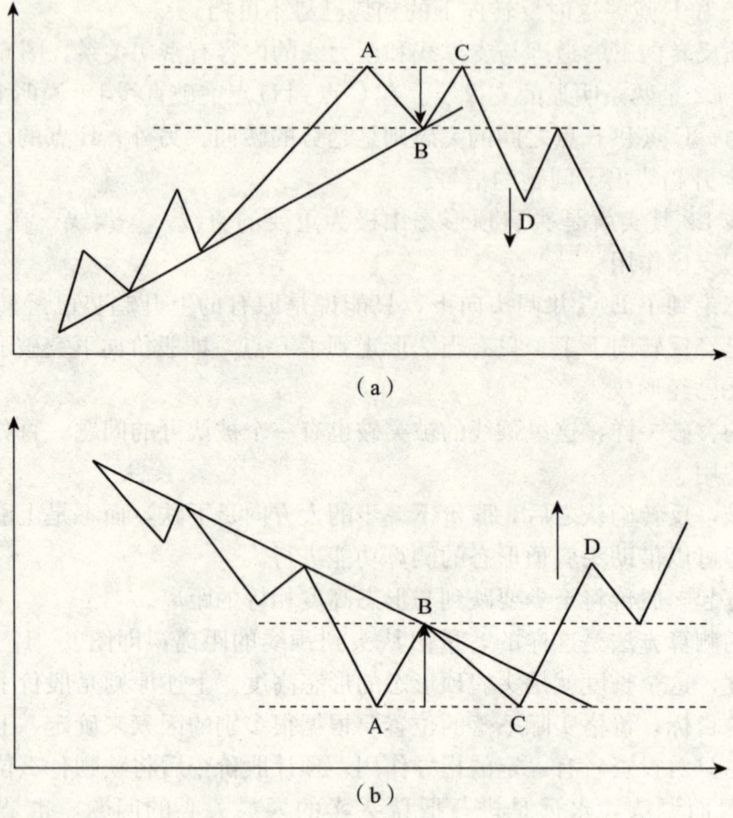

图 6—18　双重顶和双重底

这种情况才是双重顶反转突破形态的真正出现。前一种情况只能说是一个潜在的双重顶反转突破形态出现了。

以 B 点作平行于 A、C 连线的平行线（图 6—18 中的一条虚线），就得到一条非常重要的直线——颈线。A、C 连线是趋势线，颈线是与这条趋势线对应的轨道线，轨道线在这里起的是支撑作用。

一个真正的双重顶反转突破形态的出现，除了必要的两个相同高度的高点以外，还应该向下突破 B 点支撑。

突破颈线就是突破轨道线、突破支撑线，所以也有突破被认可的问题。前面介绍的有关支撑压力线被突破的确认原则在这里都适用，主要的是百分比原则和时间原则。前者要求突破到一定的百分比数，后者要求突破后至少是两日。

双重顶反转突破形态一旦得到确认，就可以用它进行对后市的预测了。它的主要功能是测算功能，从突破点算起，股价将至少要跌到与形态高度相等的距离。

所谓的形态高度就是从 A 或 C 到 B 的垂直距离，亦即从顶点到颈线的垂直距离。图 6—18（a）中右边箭头所指的将是股价至少要跌到的位置。换句话说，股价必须在这条线之下才能找到像样的支撑，它之前的支撑都不足取。

以上是以双重顶为例，对于双重底，有完全相似或者说完全相同的结果。只要将对双重顶的介绍反过来叙述就可以了。

三、三重顶（底）形态

三重顶（底）形态是头肩形态的一种小的变体，它由三个一样高或一样低的顶和底组成。与头肩形的区别是头的价位回缩到与肩差不多相等的位置，有时甚至低于或高于肩部一点。从这个意义上讲，三重顶（底）与双重顶（底）也有相似的地方，前者比后者多“折腾”了一次。三重顶（底）的简单图形如图 6—19 所示。三重顶（底）的颈线差不多是水平的，三个顶（底）也是差不多相等高度的。

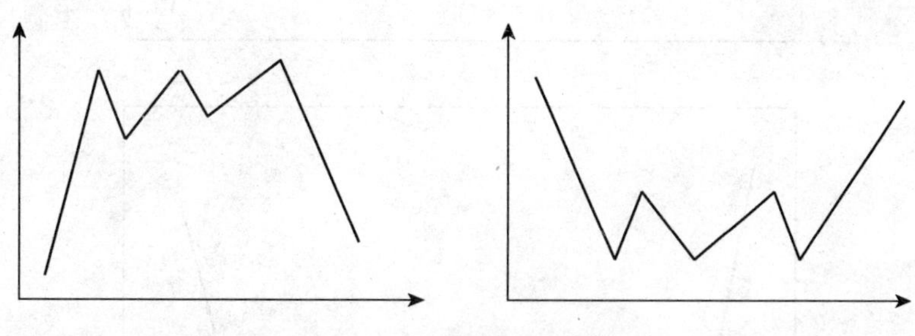

图 6—19　三重顶和三重底

应用和识别三重顶（底）主要是用识别头肩形的方法，直接应用头肩形的结论和应注意的事项。头肩形适用的原则三重顶（底）都适用，这是因为三重顶（底）从本质上说就是头肩形。有些资料甚至不把三重顶（底）单独看成一类形态，而直接纳入头肩形态。

与一般头肩形最大的区别是，三重顶（底）的颈线和顶部（底部）连线是水平的，这就使得三重顶（底）具有矩形的特征。比起头肩形来说，三重顶（底）更容易演变成持续形态，而不是反转形态。另外，如果三重顶（底）的三个顶（底）的高度依次从左到右是下降（上升）的，则三重顶（底）就演变成了直角三角形态。这些都是投资者在应用三重顶（底）时应该注意的地方。

四、圆弧形态

将股价在一段时间的顶部高点用折线连起来，每一个局部的高点都考虑到，投资者有时可能得到一条类似于圆弧的弧线，盖在股价之上；将每个局部的低点连在一起也能得到一条弧线，托在股价之下，如图 6—20 所示。

圆弧形又称为碟形、圆形、碗形等，这些称呼都很形象。不过应该提醒大家的是：图中的曲线不是数学意义上的圆，也不是抛物线，而仅仅是一条曲线。

圆弧形在实际中出现的机会较少，但是一旦出现则是绝好的机会，它的反转深度和高度是不可测的，这一点同前面几种形态有一定区别。

圆弧的形成过程与头肩形中的复合头肩形有相似的地方，只是圆弧形的各种顶或底没有明显的头肩的感觉。这些顶部和底部的地位都差不多，没有明显的主次区分。这种局面的形成在很大程度上是一些机构大户炒作的产物。这些人手里有足够的股票，如果一下抛出太多，股价下落太快，手里的货可能不能全出手，只能一点一点地往外抛，形成众多的来回拉锯，直到手中股票接近抛完时，才会大幅度打压，一举使股价下到很深的位置。如果这些人手里持有足够的资金，一下子买得太多，股价上得太快，也不利于今后的买入，

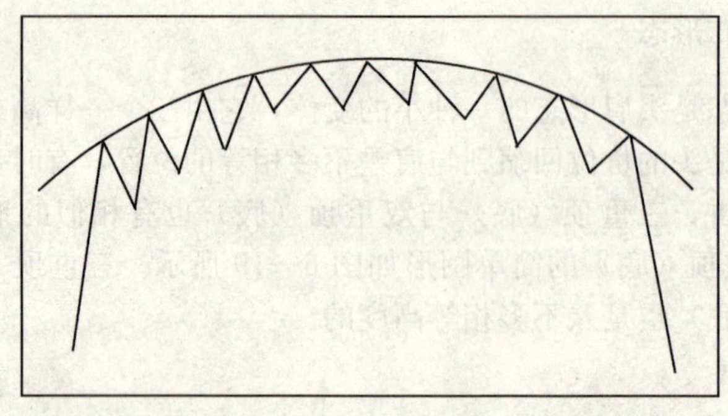

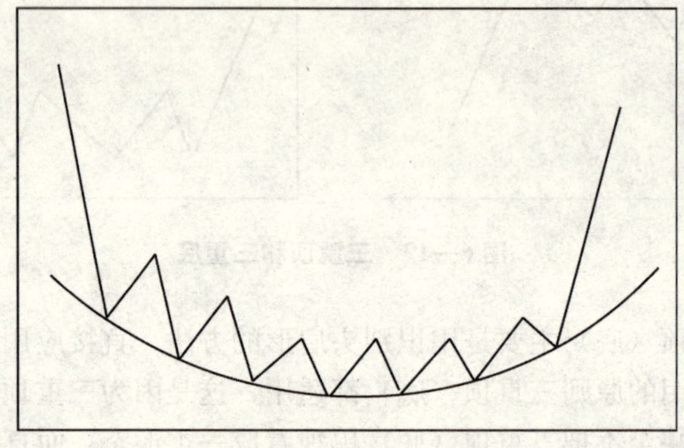

图 6—20 圆形顶（底）

要逐渐地分批建仓，直到股价一点一点地来回拉锯，往上接近圆弧缘时，才会用少量的资金一举往上提拉到一个很高的高度。因为这时股票大部分在机构大户手中，别人无法打压股价。

在识别圆弧形时，成交量也是很重要的。无论是圆弧顶还是圆弧底，在它们的形成过程中，成交量的变化都是两头多、中间少。越靠近顶或底，成交量越少；到达顶或底时，成交量达到最少（圆弧底在达到底部时，成交量可能突然大一下，之后恢复正常）。在突破后的一段时间内，都有相当大的成交量。

圆弧形的形成时间越长，今后反转的力度就越强，也就越具有实践上的意义。

五、喇叭形

喇叭形的正确名称应该是扩大形或增大形。因为这种形态酷似喇叭，故得名。这种形状其实也可以看成是一个对称三角形倒转过来的结果，所以投资者可以把它看做是三角形的一个变形体。如图 6—21 所示。

从图 6—21 可以看出，由于股价波动的幅度越来越大，形成了越来越高的三个高点，以及越来越低的两个低点。这说明当时的交易异常地活跃，成交量日益放大，市场已失去控制，完全由参与交易的公众的情绪决定。在这个混乱的时候进入股市是很危险的，进行交易也十分困难。在经过了剧烈的动荡之后，人们的热情会渐渐平静，远离这个市场，股价将逐步地往下运行。三个高点和两个低点是喇叭形已经完成的标志。股票投资者应该在第三峰（图 6—21 中的 5）调头向下时就抛出手中的股票，这在大多数情况下是正确的。

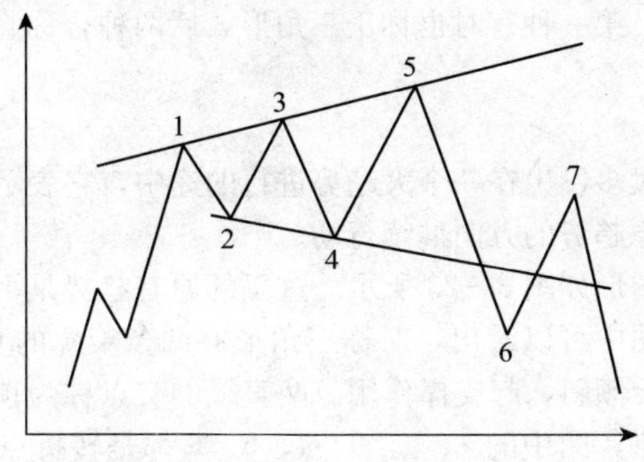

图 6—21　喇叭形态

如果股价进一步跌破了第二个谷（图 6—21 中的 4），则喇叭形完成得到确认，抛出股票更成为必然。

股价在喇叭形之后的下调过程中，肯定会遇到反扑，而且反扑的力度会相当大，这是喇叭形的特殊性。但是，只要反扑高度不超过下跌高度的一半（图 6—21 中的 7），股价下跌的势头还是应该被保持的。

六、V 形反转

V 形是一种反转形态，它出现在市场进行剧烈的波动之中。它的顶或底只出现一次，这一点同其他反转形态有较大的区别。V 形的反转一般事先没有明显的征兆，投资者只能从别的分析方法中得到一些不明确的信号，如已经到了支撑区、压力区等。如图 6—22 所示。

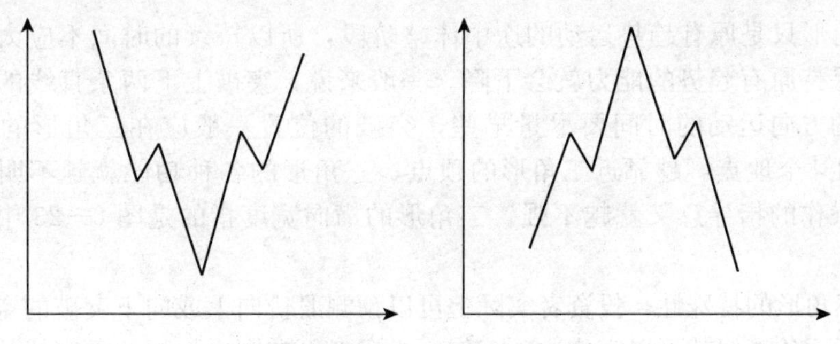

图 6—22　V 形和倒 V 形

就沪、深市场而言，V 形反转同消息的出现有密切关系。上海市场最明显的 V 形反转的例子是 1994 年 8 月 1 日的从低谷 325 点的反转。V 形是一种失控的形态，在应用时要特别小心。

活动三　认识持续整理形态

一、三角形态

三角形态是属于持续整理形态的一类形态。三角形主要分为三种——对称三角形、上升三角形和下降三角形。第一种有时也称正三角形，后两种合称直角三角形。以下分别对这三种形态进行介绍。

（一）对称三角形

对称三角形的情况大多发生在一个大趋势进行的途中，它表示原有的趋势暂时处于休整阶段，之后还要沿着原趋势的方向继续行动。

对称三角形的简化图形如图 6—23 所示。这里的原有趋势是上升，所以，三角形态完成以后是突破向上。从图中可以看出，对称三角形有两条聚拢的直线，上面的向下倾斜，起压力作用；下面的向上倾斜，起支撑作用。两直线的交点称为顶点。另外，对称三角形要求至少应有四个转折点，图中的 1、2、3、4、5、6 都是转折点。四个转折点的要求是必然的，因为每条直线的确定需要两个点，上下两条直线就至少要求有四个转折点。正如趋势线的确认要求第三点验证一样，对称三角形一般应有六个转折点，这样，上下两条直线的支撑压力作用才能得到验证。

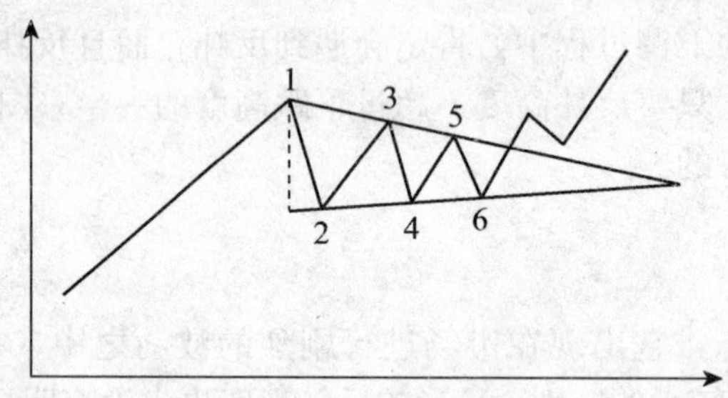

图 6—23　对称三角形

对称三角形只是原有趋势运动的途中休整阶段，所以持续的时间不应太长。持续时间太长了，保持原有趋势的能力就会下降。一般来说，突破上下两条直线的包围，继续沿原有既定的方向运动的时间要尽量早些，突破的位置一般应在三角形的横向宽度的 1/2 到 3/4 的某个地点。越靠近三角形的顶点，三角形的各种功能就越不明显，对投资者进行买卖操作的指导意义就越不强。三角形的横向宽度指的是图 6—23 中顶点到虚线的距离。

由对称三角形的特殊性，投资者实际上可以预测股价向上或向下突破的空间区域，只要得到了上下两条直线就可以完成这项工作。投资者可在图上根据两条直线找到顶点，然后计算出三角形的横向宽度，标出 1/2 和 3/4 的位置。这样，这个区域就是股价在未来可能要突破并保持原来趋势的区域。这对于投资者进行投资是很有指导意义的。不过这里有个大前提，必须认定股价一定要突破这个三角形。

突破是真是假，也可采用百分比原则、日数原则或收盘原则确认。对称三角形被突破后，也有测算功能。这里介绍两种测算价位的方法。以原有的上升趋势为例：

方法一：如图 6—24 所示，从 C 点向上带箭头直线的高度是未来股价至少要达到的高度，箭头直线长度与 AB 连线长度相等，AB 连线的长度称为对称三角形形态的高度。从突破点算起，股价至少要运动到与形态高度相等的距离。

方法二：如图 6—24 所示，过 A 点作平行于下边直线的平行线，图中的斜虚线是股价今后至少要达到的位置。

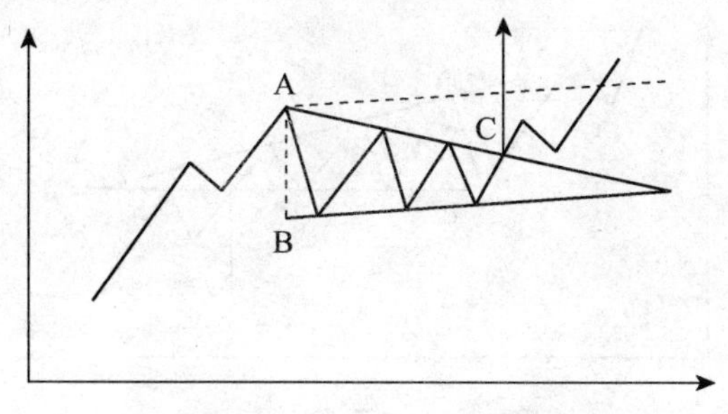

图 6—24　三角形的测算功能

（二）上升三角形

上升三角形是对称三角形的变形体。对称三角形有上下两条直线，将上面的直线逐渐由向下倾斜变成水平方向就得到上升三角形。除了上面的直线是水平的以外，上升三角形同对称三角形在形状上没有什么区别。

在上升三角形中，上面的直线起压力作用，下面的直线起支撑作用。在对称三角形中，压力和支撑都是逐步加强的。一方是越压越低，另一方是越撑越高，看不出谁强谁弱。在上升三角形中就不同了，压力是水平的，始终都是一样，没有变化，而支撑都是越撑越高。由此可见，上升三角形比起对称三角形来，有更强烈的上升意识，多方比空方更为积极。通常以三角形的向上突破作为这个持续过程终止的标志。

如果股价原有的趋势是向上，则很显然，遇到上升三角形后，几乎可以肯定今后是向上突破。一方面要保持原有的趋势，另一方面形态本身就有向上的愿望。这两方面的因素使股价很难逆大方向而动。如果原有的趋势是下降，则出现上升三角形后，股价的趋势判断起来有些难度。一方要继续下降，保持原有的趋势，另一方要上涨，两方必然发生争执。如果在下降趋势处于末期时（下降趋势持续了相当长一段时间），出现上升三角形还是以看涨为主，这样，上升三角形就成了反转形态的底部。上升三角形被突破后，也有测算的功能，测算的方法同对称三角形类似。上升三角形的简单图形表示以及测算方法如图 6—25 所示。

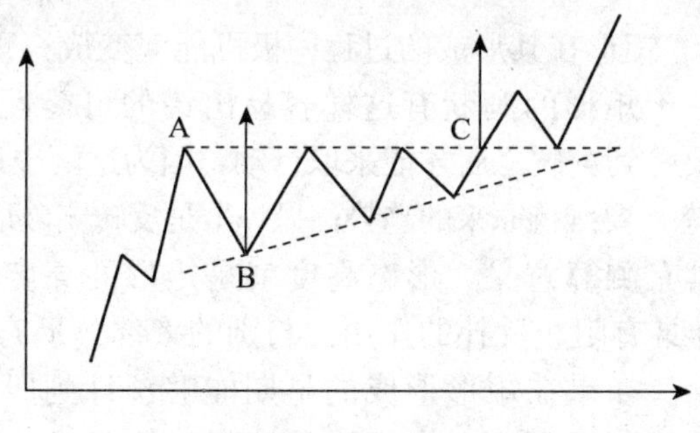

图 6—25　上升三角形

（三）下降三角形

下降三角形同上升三角形正好反向，是看跌的形态。它的基本内容同上升三角形相似，只是方向相反。从图 6—26 可以很明白地看出下降三角形所包含的内容。

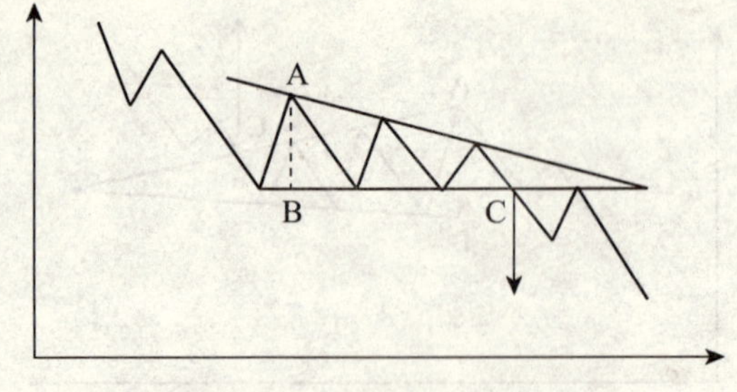

图 6—26　下降三角形

二、矩形

矩形又叫箱形，也是一种典型的整理形态。股票价格在两条横着的水平直线之间上下波动，做横向延伸的运动。

矩形在形成之初，多空双方全力投入，各不相让。空方在价格高上去后，在某个位置就抛压，多方在股价下跌后到某个价位就买入。时间一长就形成两条明显的上下界线。随着时间的推移，双方的战斗热情会逐步减弱，市场趋于平淡。如果原来的趋势是上升，那么经过一段矩形整理后，会继续原来的趋势，多方会占优势并采取主动，使股价向上突破矩形的上界。如果原来是下降趋势，则空方会采取行动，突破矩形的下界。矩形的简单图示如图 6—27 所示。

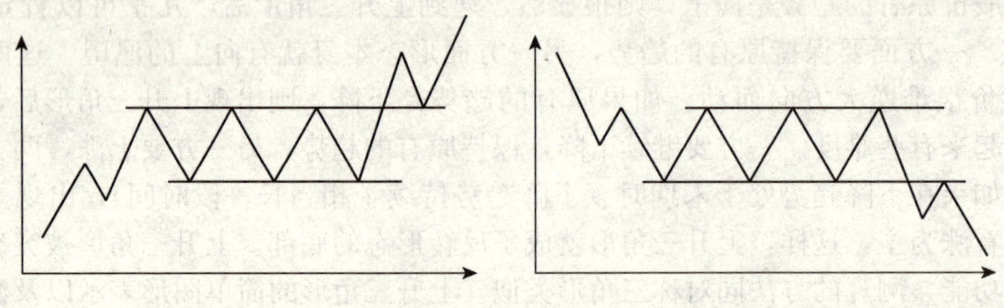

图 6—27　矩形

从图 6—27 可以看出，矩形在其形成的过程中极可能演变成三重顶（底）形态，这是投资者应该注意的。正是由于矩形的判断有这样容易出错的可能性，在面对矩形和三重顶（底）进行操作时，一定要等到突破之后才能采取行动，因为这两个形态今后的走势方向完全相反。一个是持续整理形态，要维持原来的趋势；另一个是反转突破形态，要改变原来的趋势。

矩形被突破后，也具有测算意义，形态高度就是矩形的高度。面对突破后股价的反扑，矩形的上下界线同样具有阻止反扑的作用。与别的大部分形态不同，矩形为投资者提供了一些短线操作的机会。如果在矩形形成的早期能够预计到股价将进行矩形调整，那么，就可以在矩形的下界线附近买入，在矩形的上界线附近抛出，来回做几次短线的进出。如果矩形的上下界线相距较远，那么，这样短线的收益也是相当可观的。

三、旗形和楔形

旗形和楔形是两个最为著名的持续整理形态。在股票价格的曲线图上，这两种形态出现的频率最高，一段上升或下跌行情的中途，可能出现好几次这样的图形。它们都是一个趋势的中途休整过程，休整之后，还要保持原来的趋势方向。这两个形态的特殊之处在于它们都有明确的形态方向，如向上或向下，并且形态方向与原有的趋势方向相反。例如，如果原有的趋势方向是上升，则这两种形态的形态方向就是下降。

（一）旗形

从几何学的观点看旗形应该叫平行四边形，它的形状是一个上倾或下倾的平行四边形，如图 6—28 所示。

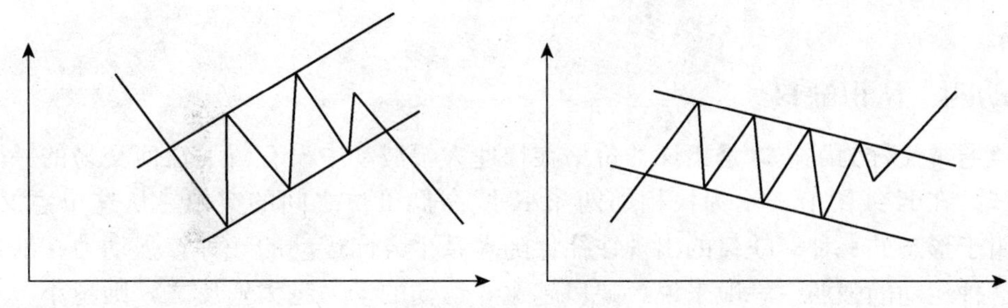

图 6—28 旗形

旗形大多发生在市场极度活跃，股价的运动是剧烈的、近乎于直线上升或下降的情况下。这种剧烈运动的结果就是产生旗形的条件。由于上升、下降得过于迅速，市场必然会有所休整，旗形就是完成这一休整过程的主要形式之一。旗形的上下两条平行线起着压力和支撑作用，这一点有些像轨道线。这两条平行线的某一条被突破是旗形完成的标志。旗形也有测算功能。旗形的形态高度是平行四边形左右两条边的长度。旗形被突破后，股价将至少要走到形态高度的距离，大多数情况是走到旗杆高度的距离。

应用旗形时，有几点要注意：

第一，旗形出现之前，一般应有一个旗杆，这是由于价格做直线运动形成的。

第二，旗形持续的时间不能太长，时间一长，它的保持原来趋势的能力将下降。经验告诉投资者，应该短于 3 周。

第三，旗形形成之前和被突破之后，成交量都很大。在旗形的形成过程中，成交量从左向右逐渐减少。

（二）楔形

如果将旗形中上倾或下倾的平行四边形变成上倾或下倾的三角形，投资者就会得到楔形，如图 6—29 所示。

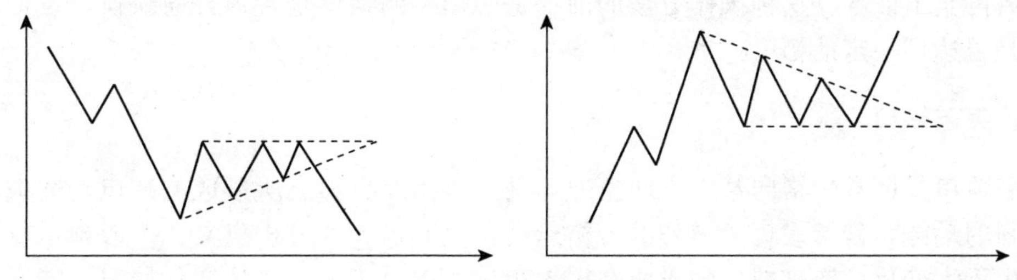

图 6—29 上升楔形和下降楔形

从图 6—29 可以看出，三角形的上下两条边都朝着同一个方向倾斜。这与前面介绍的三角形态不同。

与旗形和三角形一样，楔形有保持原有趋势方向的功能。股价运行趋势的途中会遇到这种形态。与旗形和三角形不同的是，楔形偶尔也可能出现在顶部或底部而作为反转形态。这种情况一定是发生在一个趋势经过了很长时间接近尾声的时候。投资者可以借助很多别的技术分析方法，从时间上判断趋势是否可能接近尾声。尽管如此，当投资者看到一个楔形后，首先还是把它当成中途的持续形态。在形成楔形的过程中，成交量是逐渐减少的；形成之前和突破之后，成交量都很大。

活动四　认识缺口

缺口通常又称为跳空，是指证券价格在快速大幅波动中没有留下任何交易的一段价格真空区域。在K线图上表示为：相邻两条K线高低价位之间的空白。从这个意义上说，缺口也属于形态的一种。缺口的出现往往伴随着某个方向运动的一种较强动力。缺口的宽度表明这种运动的强弱。一般来说，缺口越宽，运动的动力越大；反之，则越小。不论向何种方向运动所形成的缺口，都将成为日后较强的支撑或阻力区域，不过这种支撑或阻力效能依不同形态的缺口而定。

缺口分析是技术分析的重要手段之一。有关的技术分析著作常将缺口划分为普通缺口、突破缺口、持续性缺口和消耗性缺口四种形态。由于缺口具有不同形态，而每种形态各具特点，人们可以根据不同的缺口形态预测行情走势的变化方向和变化力度，因此，缺口分析已成为当今技术分析中极其重要的技术分析工具。

一、普通缺口

普通缺口经常出现在股价整理形态中，特别是出现在矩形或对称三角形等整理形态中。由于股价仍处于盘整阶段，因此，在形态内的缺口并不影响股价短期内的走势。普通缺口具有的一个比较明显的特征是，它一般会在3日内回补；同时，成交量很小，很少有主动的参与者。如果不具备这些特点，就应考虑该缺口是否属于普通缺口形态。普通缺口的支撑或阻力效能一般较弱。

普通缺口的这种短期内必补的特征，给投资者短线操作带来了一个简便机会，即当向上方向的普通缺口出现后，在缺口上方的相对高点抛出证券，待普通缺口封闭之后再买回证券；而当向下方向的普通缺口出现之后，在缺口下方的相对低点买入证券，待普通缺口封闭之后再卖出证券。这种操作方法的前提是必须判明缺口是否为普通缺口，且证券价格的涨跌是否达到一定的幅度。

二、突破缺口

突破缺口是证券价格向某一方向急速运动，跳出原有形态所形成的缺口。突破缺口蕴涵着较强的动能，常常表现为激烈的价格运动，具有极大的分析意义，一般预示行情走势将要发生重大变化。突破缺口的形成在很大程度上取决于成交量的变化情况，特别是向上的突破缺口。若突破时成交量明显增大，且缺口未被封闭，则这种突破形成的缺口是真突破缺口。若突破时成交量未明显增大，或成交量虽大，但缺口短期内很快就被封闭，则这缺口很可能是假突破缺口。

一般来说，突破缺口形态确认以后，无论价位（指数）的升跌情况如何，投资者都必须立即做出买入或卖出的指令：即向上突破缺口被确认立即买入，向下突破缺口被确认立即卖出。因为突破缺口一旦形成，行情走势必将向突破方向纵深发展。

三、持续性缺口

持续性缺口是在证券价格向某一方向有效突破之后，由于急速运动而在途中出现的缺口，它是一个趋势的持续信号。在缺口产生的时候，交易量可能不会增加，但如果增加的话，则通常表明一个强烈的趋势。

持续性缺口的市场含义非常明显，它表明证券价格的变动将沿着既定的方向发展变化，并且这种变动距离大致等于突破缺口至持续性缺口之间的距离，即缺口的测量功能。持续性缺口一般不会在短期内被封闭，因此，投资者可在向上运动的持续性缺口附近买入证券或者在向下运动的持续性缺口附近卖出证券，而不必担心是否会套牢或者踏空。

四、消耗性缺口

消耗性缺口一般发生在行情趋势的末端，表明股价变动的结束。若一轮行情走势中已出现突破缺口与持续性缺口，那么随后出现的缺口就很可能是消耗性缺口。判断消耗性缺口最简单的方法就是看缺口是否会在短期内封闭。若缺口封闭，则消耗性缺口形态就可以确认。消耗性缺口容易与持续性缺口混淆，它们的最大区别就是：消耗性缺口出现在行情趋势的末端，而且伴随着大的成交量。

由于消耗性缺口形态表明行情走势已经接近尾声，因此，投资者在上升行情出现消耗性缺口时应及时卖出证券，而在下跌趋势中出现消耗性缺口时买入证券。

图 6—30 为华昌化工 2014 年一季度的日 K 线图。

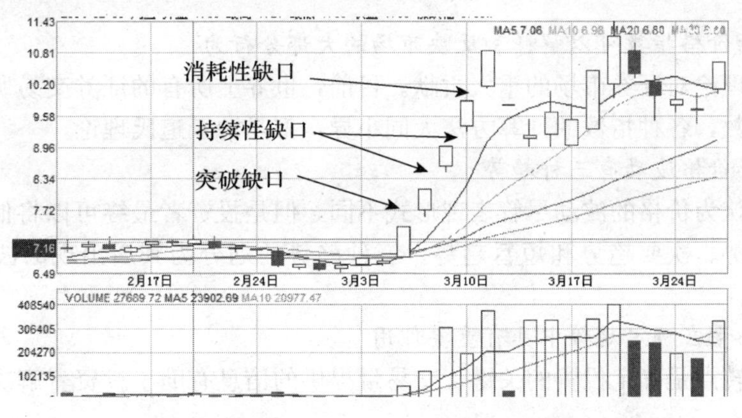

图 6—30　华昌化工 2014 年一季度日 K 线图

阅读材料

炒股不是科学而是艺术

炒股是科学吗？炒股不是科学，炒股是艺术。否则，证券交易所门口卖茶蛋的老太太不可能偶尔也在股市上露一手；而至今，还从未见过有老太太偶尔客串设计卫星导弹什么的。

炒股有保证赚钱的技术指标吗？第一，没有；第二，它不存在；第三，如果有，也不告诉你——这么容易赚钱的方法我自己留着。

华尔街有个说法："你如果能在股市熬十年，你应能不断赚到钱；你如果熬了二十年，你的经验将极有借鉴的价值；如果熬了三十年，那么你退休的时候，定然是极其富有的人。"

听听索罗斯的话：市场是愚蠢的，你也用不着太聪明。你不用什么都懂，但你必须在某一方面懂得比别人多。

资料来源：陈江挺：《炒股的智慧》，北京，三联书店出版社，2007。

任务五　了解道氏理论、波浪理论和量价关系理论

活动一　了解道式理论

道氏理论是技术分析的基础。该理论的创始人是美国人查尔斯·亨利·道（Charles H. Dow）。为了反映市场总体趋势，他与爱德华·琼斯创立了著名的道·琼斯平均指数。他们在《华尔街日报》上发表的有关股市的文章，经后人整理，成为投资者今天看到的道氏理论。

一、道氏理论的核心内容

（一）市场价格指数可以解释和反映市场的大部分行为

这是道氏理论对证券市场的重大贡献。目前，世界上所有的证券交易所都采用一个本市场的价格指数，各种指数的计算方法大同小异，都是源于道氏理论。

（二）市场价格波动有三种趋势

道氏理论认为价格的波动尽管表现形式不同，但是投资者最终可以将他们分为三种趋势，即主要趋势、次要趋势和短暂趋势。三种趋势的划分为其后出现的波浪理论打下了基础。

（三）交易量在确定趋势中具有重要作用

趋势的反转点是确定投资的关键。交易量提供的信息有助于投资者解决一些令人困惑的市场行为。

（四）收盘价是最重要的价格

道氏理论认为所有价格中，收盘价最重要，甚至认为只需用收盘价，不用别的价格。

二、道氏理论的应用及应注意的问题

道氏理论对大形势的判断有较大的作用，对于每日每时都在发生的小波动则显得有些无能为力。道氏理论甚至对次要趋势的判断作用不大。

道氏理论的另一个不足是它的可操作性较差。一方面，道氏理论的结论落后于价格变

化，信号太迟；另一方面，理论本身存在不足，使得一个很优秀的道氏理论分析师在进行行情判断时，也会因得到一些不明确的信号而产生困惑。

道氏理论的存在已经上百年了，对今天的投资者来说相当部分内容已经过时，不能照搬老方法。近三十年来，出现了很多新的技术，有相当部分是道氏理论的延伸，这在一定程度上弥补了道氏理论的不足。

阅读材料

技术派开山祖师：查尔斯·亨利·道和道氏理论

查尔斯·亨利·道生于1851年。在进入新闻界之前，至少干过20份工作，显然他没受过什么正统的学校教育。道和爱德华·琼斯合伙在1882年成立了道·琼斯公司，该公司的主要业务是传播消息和分析资本市场新闻。此后，道干了两件大事，使其成为技术分析的开山鼻祖。一是道于1884年7月30日首创股票市场平均价格指数，到了1897年原始的股票指数才衍生为道·琼斯工业指数和道·琼斯铁路指数，道指至今仍是测试股市走势的最权威数据。二是他创立了"道氏理论"。1885年，道·琼斯公司把其原先办的《午间新闻通讯》改名为《华尔街日报》，此报被后人誉为"富人的圣经"。

道在任《华尔街日报》总编的13年间，发表了一系列社论，表达了他对股市行为的研究心得。直到1903年，也就是他逝世一年后，这些文章才被收编到纳尔逊所著的《股市投机常识》一书中，正是在此书中首次使用了"道氏理论"的提法。在为该书撰写的序言中，理查德·罗素把道氏对股市理论的贡献同弗洛伊德对精神病学的影响相媲美。

在出版的《股市晴雨表》一书中，汉密尔顿将道氏理论系统化并发扬光大。

有人做了统计分析，从1920年到1975年，道氏理论成功地揭示了道·琼斯指数所有大幅波动中的68%，以及标准普尔500种股指大波动的67%。道氏传人汉密尔顿于1929年10月21日在一篇题为"转潮"的社论中，预测20年代的大牛市已濒近死亡。10月25日，华尔街股市盛极而衰，开始了绵延3年自386点到41点暴跌89%的大熊市。

其实，汉密尔顿从1927年1月（200点左右）起就大肆唱空了，由此错失了飙升1倍左右的大行情，但最终算来还是得大于失。正如绝大多数顺应趋势系统的设计精神一样，道氏理论的目的是捕捉市场重要运动中幅度最大的中间段。

对道氏理论最常见的批评是嫌信号来得太迟。另外，道氏理论主要是定性分析，缺乏定量分析，对时间问题缺乏研究，对主要趋势的三个阶段的分析比较粗糙。

当然，对任何新生事物及新理论都不能求全责备。

资料来源：http://www.sina.com。

活动二 了解波浪理论

波浪理论是所有技术分析方法中最为神奇的方法。用波浪理论得出的一些结论和预测，在开始时总是被认为很荒唐，但过后都不可思议地被事实所证实。从技术的角度讲，波浪理论不容易掌握，敢说自己能很熟练地应用波浪理论的人，目前还不多。但是，由于波浪理论的神奇性，使得它流行的范围很广，每个人都希望自己是掌握这把神奇钥匙的人。

波浪理论的全称是艾略特波浪理论（Elliott Wave Theory），是以美国人艾略特（R. N. Elliott）的名字命名的一种技术分析理论。波浪理论的形成经历了一个较为复杂的过程。艾略特首先发现并将其应用于证券市场，但是他的这些研究成果没有形成完整的体系，在艾略特在世的时候没有得到社会的广泛承认。直到 20 世纪 70 年代，柯林斯的专著《波浪理论》出版后，才使波浪理论正式确立。

波浪理论的形成经过一个较长的时间过程。在艾略特之后、柯林斯之前，也有很多的研究人员为波浪理论的建立作出了突出贡献。柯林斯正是在总结艾略特及其后人的研究结果的基础上，逐步完善和发展了波浪理论。

一、波浪理论的基本思想

艾略特最初发明波浪理论是受到股价上涨、下跌现象不断重复的启发，力图找出其上升和下降的规律。投资者大都知道，社会经济的大环境有一个经济周期的问题，股价的上涨和下跌也应该遵循这一周期发展的规律。不过股价波动的周期规律同经济发展的循环周期是不一样的，要复杂得多。艾略特最初的波浪理论是以周期为基础的，他把大的运动周期分成时间长短不同的各种周期，并指出在一个大周期之中可能存在一些小周期，而小的周期又可以再细分成更小的周期。每个周期无论时间长短，都是以一种模式进行。这个模式就是要介绍的 8 个过程，即每个周期都是由上升（或下降）的 5 个过程和下降（或上升）的 3 个过程组成。这 8 个过程完结以后，投资者才能说这个周期已经结束，将进入另一个周期。新的周期仍然遵循上述模式。以上是艾略特波浪理论的最核心的内容，也是艾略特作为波浪理论奠基人所做出的最为突出的贡献。

二、波浪理论的主要内容

波浪理论考虑的因素主要是三个方面：第一，股价走势所形成的形态；第二，股价走势图中各个高点和低点所处的相对位置；第三，完成某个形态所经历的时间长短。三个方面中，股价的形态是最重要的，它是指波浪的形状和构造，是波浪理论赖以生存的基础。高点和低点所处的相对位置是波浪理论中各个波浪的开始和结束位置。通过计算这些位置，可以弄清楚各个波浪之间的相互关系，确定股价的回撤点和将来股价可能达到的位置。完成某个形态的时间可以让投资者预先知道某个大趋势即将来临。波浪理论中各个波浪之间在时间上是相互联系的，用时间可以验证某个波浪形态是否已经形成。

以上三个方面可以简单地概括为：形态、比例和时间。这三个方面是波浪理论首先应考虑的，其中，以形态最为重要。

艾略特认为证券市场应该遵循一定的周期，周而复始地向前发展。股价的上下波动也是按照某种规律进行的。通过多年的实践，艾略特发现每一个周期（无论是上升还是下降）可以分成 8 个小的过程，这 8 个小过程一结束，一个大的周期就结束了，紧接着是另一个大的周期。现以上升为例，说明这 8 个小过程。一个上升阶段的 8 个波浪的全过程如图6—31 所示。

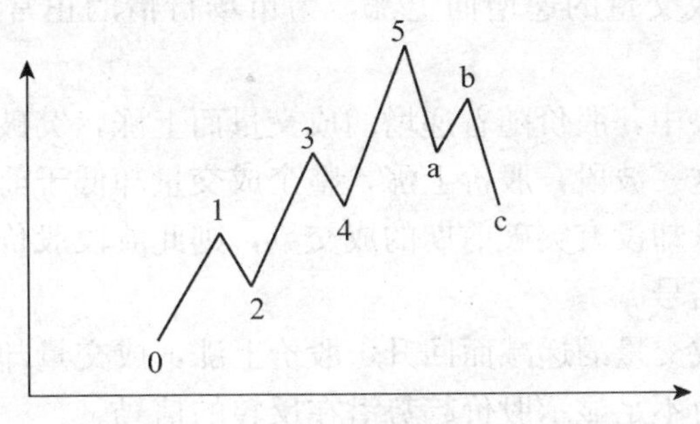

图 6—31　八浪结构的基本形态图

0～1 是第一浪，1～2 是第二浪，2～3 是第三浪，3～4 是第四浪，4～5 是第五浪。这 5 浪中，第一浪、第三浪和第五浪称为上升主浪，而第二浪和第四浪是对第一浪和第三浪的调整浪。上述 5 浪完成后，紧接着会出现一个 3 浪的向下调整，这 3 浪是：从 5 到 a 为 a 浪、从 a 到 b 为 b 浪，从 b 到 c 为 c 浪。

波浪理论认为，一个完整的上升或下降周期由 8 浪组成，其中 5 浪是主浪，3 浪是调整浪。

8 个波浪可以合并成一个高层次的浪，一个波浪也可以细分成时间更短、层次更低的若干小浪。这就是所谓的浪中有浪。

波浪的细分和合并应遵循一定的规则。完整周期的波浪数目与斐波那奇数列有密切关系。所有的浪由两部分组成——主浪和调整浪，即任何一浪，要么是主浪，要么是调整浪。

三、应用波浪理论应注意的问题

前面简单介绍了波浪理论的主要内容，从表面上看，波浪理论会给投资者带来利益，但是波浪理论高深莫测，如果使用者过分机械、过分教条地应用波浪理论，肯定会招致失败。

波浪理论最大的不足是应用上的困难，也就是学习和掌握上的困难。首先，波浪理论从理论上认为八浪结构完成一个完整的过程。但是，主浪的变形和调整浪的变形会产生复杂多变的形态，波浪所处的层次又会产生大浪套小浪、浪中有浪的多层次形态，这些都会使应用者在具体数浪时发生偏差。其次，浪的层次的确定、浪的起始点的确认是应用波浪理论的两大难点。最后，波浪理论面对同一个形态，不同的人会有不同的数法，而且都有道理，谁也说不服了谁。不同的数浪法产生的结果可能是相差很大的。

在应用波浪理论时，投资者会发现，当事情过去以后，回过头来观测已经走过的图形，用波浪理论的方法是可以很完美地将其划分出来的。但是，在形态形成的途中，对其进行波浪的划分是一件很困难的事情。

波浪理论从根本上说是一种主观的分析工具，这给投资者增加了应用上的困难。在对波浪理论的了解不够深入之前，最好仅仅把它当成一种参考工具，而以别的技术分析方法为主。

活动三　了解量价关系理论

量价关系理论也称葛兰碧九大法则。成交量是股价的先行指标。关于价和量的趋势，一般来说，量是价的先行者。当量增时，价迟早会跟上来；当价升而量不增时，价迟早会掉下来。从这个意义上，投资者往往说“价是虚的，而只有量才是真实的”。

法则一：股价随着成交量的递增而上涨，为市场行情的正常特性，此种量增价涨关系，表示股价将继续上升。

法则二：在一波涨势中，股价随着递增的成交量而上涨，突破前一波的高峰，创下新高后继续上涨。如果在这一波段，股价上涨，整个成交量却低于前一波段上涨过程中的成交量，股价创了新高，量却没有突破前期的成交量，则此波段股价涨势令人怀疑，同时也是股价趋势潜在的反转信号。

法则三：股价随着成交量的递减而回升，股价上涨，成交量却逐渐萎缩，成交量是股价上涨的原动力，原动力不足显示股价趋势潜在反转的信号。

法则四：有时股价随着缓慢递增的成交量而逐渐上涨，渐渐地走势突然成为垂直上升的喷发行情，成交量急剧增加，股价暴涨。紧随着此波走势，继之而来的是成交量大幅度萎缩，同时股价急速下跌。这种现象表示涨势已到末期，上升乏力，走势力竭，显示出趋势反转的现象。反转所具有的意义将视前一波股价上涨幅度的大小及成交量扩增的程度而定。

法则五：股票长期下跌，形成谷底后股价回升，成交量并没有因股价上涨而递增，股价上涨欲振乏力，然后再度跌落至先前谷底附近，或高于谷底。当第二谷底的成交量低于第一谷底时，是股价上涨的信号。

法则六：股价下跌，向下跌破股价形态趋势线或移动平均线，同时出现大成交量，是股价下跌的信号，强调趋势反转形成空头市场。

法则七：股价跌相当长的一段时间，出现恐慌性卖出，随着日益扩大的成交量，股价大幅度下跌，继恐慌性卖出之后，预期股价可能上涨，同时恐慌性卖出所创的低价，将不可能在极短时间内跌破。恐慌性大量卖出之后，往往是空头的结束。

法则八：当市场行情持续上涨很久，出现急剧增加的成交量，而股价却上涨乏力，在高档盘旋，无法再向上大幅上涨，显示股价在高位大幅震荡，卖压沉重，从而形成股价下跌的因素。股价连续下跌之后，在低档出现大成交量，股价却没有进一步下跌，价格仅小幅变动，是进货的信号。

法则九：成交量作为价格形态的确认。如果没有成交量的确认，价格形态将是虚的，其可靠性也就差一些。

在量价关系理论中，时间在进行行情判断时也有着很重要的作用。量价关系理论也关心时间因素，强调时间的重要性。

任务六　分析涨跌停板制度下的量价关系

由于涨跌停板制度限制了股票一天的涨跌幅度，使多空的能量得不到彻底的宣泄，容易形成单边市。很多投资者存在追涨杀跌的意愿，而涨跌停板制度下的涨跌幅度比较明确，在股票接近涨幅或跌幅限制时，很多投资者可能经不起诱惑，挺身追高或杀跌，形成涨时助涨、跌时助跌的趋势。而且，涨跌停板的幅度越小，这种现象就越明显。目前，在沪、深证券市场中，ST 板块的涨跌幅度由于被限制在 5%，因而它的投机性也是非常强的，涨时助涨、跌时助跌的现象最为明显。

在实行涨跌停板制度下，大涨（涨停）和大跌（跌停）的趋势继续下去，是以成交量大幅萎缩为条件的。拿涨停板时的成交量来说，在以前，看到价升量增，投资者会认为价量配合好，涨势形成或会继续，可以追涨或继续持股；若上涨时成交量不能有效配合放大，说明追高意愿不强，涨势难以持续，应不买或抛出手中股票。但在涨跌停板制度下，如果某只股票在涨停板时没有成交量，那是卖主目标更高，想今后卖出好价，因而不愿意以此价抛出，买方买不到，所以才没有成交量。第二天，买方会继续追买，因而会出现续涨。然而，当出现涨停后中途打开，而成交量放大，说明想卖出的投资者增加，买卖力量发生变化，下跌有望。

类似的，在以前，价跌量缩说明空方惜售，抛压较劲，后市可看好；若价跌量增，则表示跌势形成或继续，应观望或卖出手中的筹码。但在涨跌停板制度下，若跌停，买方寄希望于明天以更低价买入，因而缩手，结果在缺少买盘的情况下成交量小，跌势反而不止；反之，如果收盘仍为跌停，但中途曾被打开，成交量放大，说明有主动性买盘介入，跌势有望止住，盘升有望。

在涨跌停板制度下，量价分析的基本判断为：

第一，涨停量小，将继续上扬；跌停量小，将继续下降。

第二，涨停中途被打开次数越多、时间越久、成交量越大，反转下跌的可能性越大；同样，跌停中途被打开的次数越多、时间越久、成交量越大，则反转上升的可能性越大。

第三，涨停关门时间越早，次日涨势可能性越大；跌停关门时间越早，次日跌势可能性越大。

第四，封住涨停板时买盘数量大小和封住跌停板时卖盘数量大小说明买卖盘力量大小。这个数量越大，继续当前走势的概率越大，后续涨跌幅度也越大。

不过，要注意庄家借涨停板制度反向操作。比如，他想卖，先以巨量买单挂在涨停位，因卖盘大量集中，抛盘措手不及而惜售，股价少量成交后收涨停。自然，原先想抛的就不抛了，而这时有些投资者以涨停价追买，此时庄家撤走买单，填卖单，自然成交。当买盘消耗差不多时，庄家又填买单接涨停价位处，以进一步诱多；当散户又追入时，他又撤买单再填卖单……如此反复操作，以达到高挂买单虚张声势诱多，在不知不觉中悄悄高位出货。反之，庄家想买，他先以巨量在跌停价位处挂卖单，吓出大量抛盘时，他先悄悄撤除原先卖单，然后填写买单，吸纳抛盘。当抛盘吸纳将尽时，他又抛巨量在跌停价位处，再恐吓持股者，以便吸纳……如此反复。所以，在此种场合，巨额买卖单多是虚的，不足以作为判断后市继续先前态势的依据。判断虚实的依据为是否存在频繁挂单、撤单行为，涨跌停是否经常被打开，当日成交量是否很大。若回答为是，则这些量必为虚；反之，则为实，从而可依先前标准做出判断结论。

结论

技术分析以著名的道氏理论和K线理论为理论支撑。目前常用的有K线理论、波浪理论、形态理论、趋势线理论和技术指标分析等。

股票价格沿趋势线运动。支撑线阻碍股票价格的下跌，压力线阻碍股票价格的上涨。压力线和支撑线可以互相转化。股票价格运行的K线有两种形态，持续整理形态和反转突破形态。股票价格技术分析的常见理论有道氏理论、波浪理论、量价关系理论等。

复习题

1. 简述支撑线和压力线的作用，并说明压力线和支撑线是如何相互转化的。
2. 试叙述M头形成后，股价的可能走势。
3. 为什么在看股票的K线图时，一定要重视股票价格和成交量的配合？
4. 简述道氏理论的核心内容。

问题与应用

小张是一个纯技术派的老股民，他投资从不做基本分析，只看K线。在股市的多年摸索中，他付出了沉重的代价，也获得了丰富的投资经验。

最近，小张的朋友小刘刚交了一位漂亮的女朋友，他想把自己8万元的积蓄投入股市中，一年后好用投资股票赚来的钱去南非旅游。他一直在关注贝因美（002570）股票，经过几个月的观察，他觉得现在（26元）就是买入的时机。因为他原来想在34元的价位时买入而没有买成，现在股票价格已经从45元多跌到了26元，他认为现在买很划算。K线图如图6—32所示。

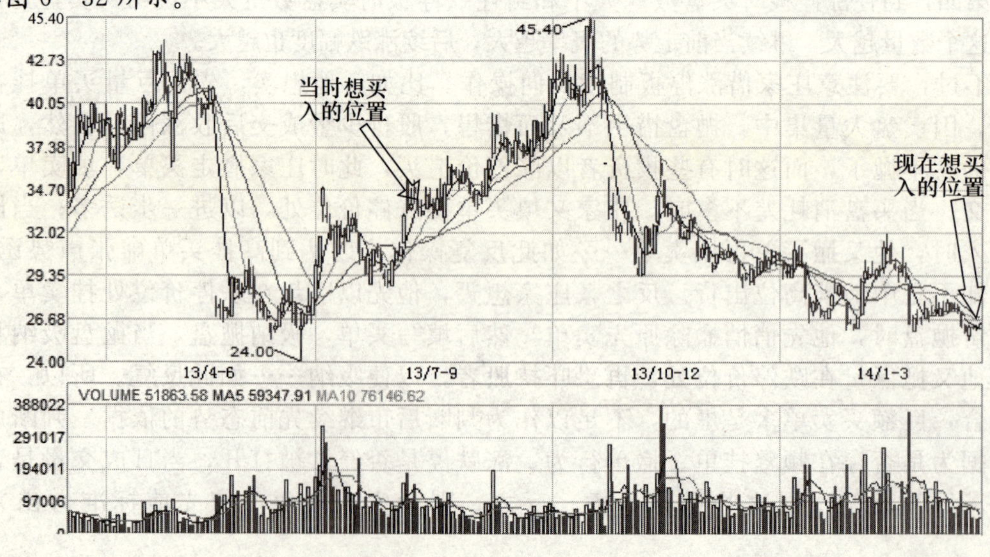

图6—32 贝因美K线图

如果你是小张，请你为小刘分析和判断一下：

(1) 小刘能否把自己的8万元投入股市中？为什么？

(2) 根据股票走势，请你给小刘说明可以在原来34元处购买而不能在当前26元处购买的理由。

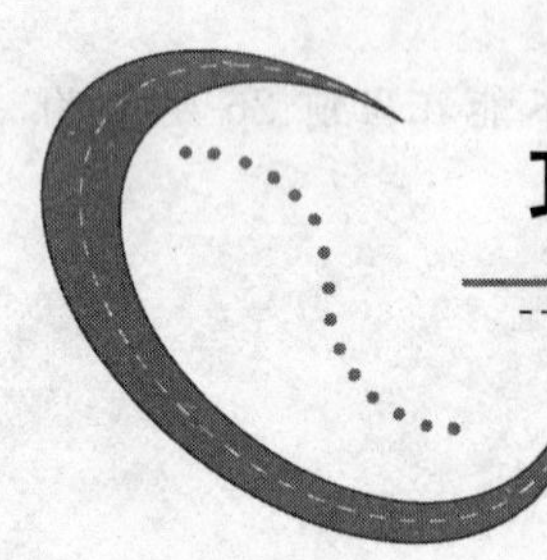

项目七

证券投资的方法与技巧

学习要点

- 掌握证券行情图的解读方法
- 掌握盘面的观察和操作方法
- 了解盘面的常见操作技巧
- 熟悉常见的证券投资操作策略

案例导入

炒股的四个阶段

我在这里粗略地将学炒股分成蛮干阶段、摸索阶段、体验风险阶段和久赌必赢阶段。不算业余炒股的经验，这四个阶段花了我近六年的时间。我研究过很多炒家的传记，他们的描述各有不同，但经历是相似的，能到久赌必赢的阶段是学炒股的里程碑。到了这个阶段，你就能在这行待下去，等待大机会。假如运气好，被你抓到几个大机会，你便从炒手升格为炒家。你可以就我的描述估计一下自己现在处于什么阶段，还要多久才能毕业。你如果有一定的悟性及对人性的认识，克服人性中的弱点应该不需要花很多时间，因为你很清楚什么是需要做到的，你只要尽力照做就可以了。最花时间的是怎么学着找临界点。每个人对风险的承受力都不一样，找到的临界点也不一样。你必须综合考虑股价、交易量、走势、新闻、大市、公司盈利、产品等因素。

我希望我能更详细地解释怎样寻找临界点及应怎样在临界点附近操作，但这实在是一门艺术，只可意会，难以言传。而且没有放之四海而皆准的做法。

我给你指了方向，你可以从这个方向摸着石头过河。寻找临界点没有捷径，只有实验、失败、再实验，无数次地循环往复。直到有一天，你能凭直觉抓住临界点，凭直觉运用书中所讲的所有规则，不再怀疑有无违反这、违反那，你就从有招的新手进步成了无招的高手。

资料来源：陈江挺：《炒股的智慧》，北京，经济科学出版社，2004。

任务一　解读证券行情图

进入证券市场，首先接触的就是各种各样的证券信息与图表。只有对这些信息和图表进行正确的认识，透过这些信息和图表，分析其背后买卖双方的较量，投资者才能有的放矢。

活动一　收集与分析证券信息

一、信息收集

一般来说，进行证券投资分析的信息主要来自于三个方面。

（一）公开发布的信息资料

公开发布的信息资料主要是指通过各种书刊、报纸、其他公开出版物以及电视、广播、互联网等媒体公开发布的信息。比如《中国证券报》、《上海证券报》和《证券时报》，它们是我国三大权威证券报；东方财富网、新浪财经等是我国知名的财经网站。

（二）互联网和相关交易软件

证券投资分析所需信息的第二个来源是证券交易所、上市公司网站和互联网。例如，上海证券交易所和深圳证券交易所能够查询到在该交易所上市的所有上市公司的历史财务报表和其他信息，以及上市公司的以往股票价格记录等。此外，在证券交易软件中，也能够查到所有上市公司的基本信息，但是更详细的信息还是要到证券交易所的官方网站进行查询。

（三）实地访查

实地访查是证券投资分析信息的又一个来源。它是指证券投资分析人员直接到有关的证券公司、上市公司、交易所、政府部门等机构去实地考察，掌握进行证券投资分析所需的第一手信息资料。通过这种方式收集的数据是最可靠的，但是成本高、效率低。

大多数人都是采用第一种和第二种方式进行信息的收集，实地访查一般只有机构投资者才会使用。

二、信息分析

当今社会正处于信息时代，信息对股票的影响是非常大的。上市公司披露的信息能够改变投资者对公司未来业绩的预期，从而会引起股票价格的变动。所以，投资者要做的就是对影响证券市场波动的信息进行分析，具体有以下几点：

第一，浏览各种媒体所公布的信息。

我国的证券市场是一个新兴的、不太成熟的市场，或者说是一个弱势有效市场。因此，国家不断出台各种政策来规范和发展证券市场，这些规章制度会影响证券市场，从而引发证券市场的波动。此外，上市公司每天都会产生大量新的信息，这些信息也会对这些公司的股票价格产生一定的影响，严重时会引起暴涨暴跌。所以，投资者每天的一项重要工作就是浏览电视、报纸、网络上的各种信息。这些信息往往非常庞杂，大到国家政策、经济政策、时事新闻、利率变化，小到股票价格的变动、公司公告、财务披露等。面对这些信息，初涉股市的投资者往往感觉无所适从。所以，浏览标题是一种很好的方法，通过浏览新闻标题，基本上就可以把握这一天的主要信息，再对个别信息进行进一步阅读。

第二，谨慎选择信息。

证券市场每天的信息多如繁星，令人目不暇接。但大量的信息却会让投资者不知所措，无法准确地找到真实的信息。所以，谨慎选择信息，在众多信息中辨认出虚假的信息，就显得非常重要。在这方面，投资者可以选择一些权威的报纸，比如《中国证券报》、《上海证券报》和《证券时报》以及它们的网站，还有证券交易所的官方网站等。长期浏览这些网站和报纸的信息，一是可以得到及时、有用的信息，二是可以得到中肯的分析。但是投资者自己也要有清醒的认识，不要人云亦云，切忌跟风。

第三，妥善对待谣言与小道消息。

由于我国证券市场的不完善，所以市场上充满了各种各样的消息，一般投资者很难分辨它们的真假。投资者分析证券市场中的这类消息，实质上是分析机构投资者和庄家会如何利用这个消息。有经验的投资者会利用这类消息，揣测谁会放出这样的消息，其目的何在，机构投资者和庄家会如何利用这个消息。

在一个信息严重不对称的市场中，不能够正确分析和理解所获得的信息是很危险的。而且真真假假的信息背后，是投资者之间的博弈。例如，当大多数投资者都发现基础行业效益蒸蒸日上的时候，钢铁、石化股的主力机构已经功成身退了。因此，作为一个投资者应该了解关于股票投资的信息，知道股票主力的心理，揣摩其行动规律。

活动二　解读证券行情图

一、大盘行情图的解读

对证券行情的解读，主要通过图表的形式进行。这些图表可以在证券交易大厅或者证券交易软件上看到。上证指数的分时走势如图 7—1 所示。

（一）粗横线

位于行情图中间的粗横线（图 7—1 上，在 3 021.46 的位置或 0.00%）表示上一交易日指数的收盘点数，它是当日大盘上涨和下跌的分界线。它的上方是大盘的上涨区域；下方是大盘下跌区域。

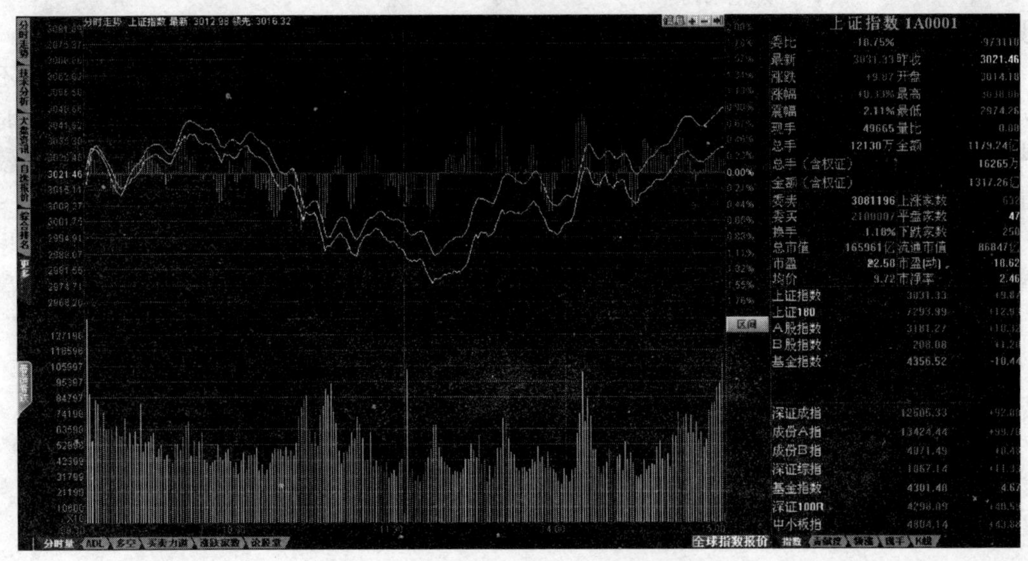

图 7—1　上证指数的分时走势图

（二）红绿柱

粗横线上有与其垂直的很多细线，它上边的线叫红色柱状线，下边的线叫绿色柱状线。大盘向上运行时，在粗横线上方会出现红色柱状线，红色柱状线出现得越多、越高，表示上涨力度越强；若渐渐减少、缩短，表示上涨渐渐减弱。大盘向下运行时，在横线下方会出现绿色柱状线，同样，绿色柱状线出现得越多、越长，表示下跌力度越强；若渐渐减少、缩短，表示下跌力度渐渐减弱。

（三）指数的解读

图 7—1 上有白色和黄色曲线，这两条曲线是表示指数的。白色曲线表示的是加权指数，黄色曲线表示的是不加权指数。所谓加权不加权，前者考虑的是股票的总股本大小，后者不考虑股票的总股本大小，即将所有股票对指数的影响看做是相同的。在综合指数中，上市公司总股本越大，在整个股票市场上所占的市值比例就越大，所以权重就越大。如中石油，每上涨 1 元，上证指数就会上升 10 点。这样一来，这类公司的股价变动会对大盘指数产生很大的影响。反之，小盘股每上涨或下跌 1 元，整个市场总值变动不大，因而对大盘指数影响就非常小。因此，一般认为白色曲线代表的是大盘股，黄色曲线代表的是小盘股。当白色曲线领先黄色曲线上涨时，表示大盘股在领先小盘股上涨；同样的道理，当白色曲线领先黄色曲线下跌时，表示大盘股在领先小盘股下跌。一般来说，观察白色曲线、黄色曲线的变化，对分析和把握市场热点有一定的帮助。

关于两条曲线的解读，要注意以下几点：

首先，当白线运行于黄线下方时，说明市场当中小盘股的走势从整体上强于大盘，如果白线偏离黄线下方很远，则往往会出现市场当中涨幅较大的股票较多，而股指涨幅却不大的情况。如果连续几日都出现这种情况的话，则不仅说明当期是小盘的行情，同时也说明市场主力资金投入有限或者对后市的信心尚有不足，主要把精力集中在便于操作的小盘个股的炒作中，尚无意推动大的行情产生。同样的道理，如果白线运行于黄线的上方，则说明市场当中大盘个股的整体走势较强。

其次，投资者需要特别留意一种极端情况，即当盘中白线急速上冲而黄线却涨幅不大时，说明市场在拉高指标股，刻意拉抬指数（这时不需要在盘面中一只只去翻）。这时需要考虑两种情况：一是在弱市之中，是否政策面有托市的要求；二是在累计涨幅已经较大的情况下，是否是在掩护市场主力的联手出逃。

同样，在白线急速下跌而黄线却跌幅不大的情况下，也要考虑两种可能：一是当累计跌幅已经较大时，是否是市场主力在刻意打压指数以制造恐慌气氛；二是在高位横盘较久，迟迟无法再度向上攻关的情况下，是否有大盘破位的先兆。

如果盘中的黄白线走势基本同步，拟合得较好，则表明市场资金的流向是均衡的，大多数投资者的思路较为一致。

（四）黄色柱状线

大盘行情图下面的黄色柱状线表示成交量。一条黄色柱状线代表一分钟的成交量。成交量大时，黄色柱状线就拉长；成交量小时，黄色柱状线就缩短。

（五）红色框、绿色框

大盘行情图最下边的红色框、绿色框是用来表示买卖盘的变化的，多空双方的争斗在此一览无余。红色框比绿色框长度越长，表示买气越强，大盘指数往上运行力度越大；绿色框比红色框长度越长，表示卖压越大，大盘指数往下运行力度越大。

（六）显示框

图 7—1 右侧的显示框从上往下依次排列主要有以下内容：

(1) 成交总额。日交易的总金额，以万元为单位。

(2) 成交手数。一日交易的股票总数，以手为单位，1 手＝100 股。

(3) 委买手数。当前所有个股委托买入前五挡的手数之总和。委托买入的手数比委托卖出的手数多，表示买气比卖压强，指数向上的概率偏大。

(4) 委卖手数。当前所有个股委托卖出前五挡的手数之总和。委托卖出的手数比委托买入的手数多，表示卖压比买气强，指数向下的概率较大。

(5) 委比。委比是委买手数、委卖手数之差与之和的比值，它是衡量一段时间内场内买、卖强弱的一种技术指标。其计算公式为：

委比＝(委买手数－委卖手数)÷(委买手数＋委卖手数)×100%

委比值的变化范围为－100%到＋100%。一般而言，当委比值为正值，尤其数值很大的时候，表示买方比卖方力量强，指数上升概率大；当委比值为负值，特别是其绝对值很大的时候，表示买方比卖方力量弱，指数下跌概率大。

二、个股行情图的解读

在键盘上输入某只股票的股票代码，按下 Enter 键，即可调出这只股票的分时走势图曲线，如图 7—2 所示。图中右边栏中内容的含义如下所述。

（一）委比

委比出现在右上方第二行，其大小每时每刻都随买入手数与卖出手数变化。

委比＝(A－B)÷(A＋B)×100%

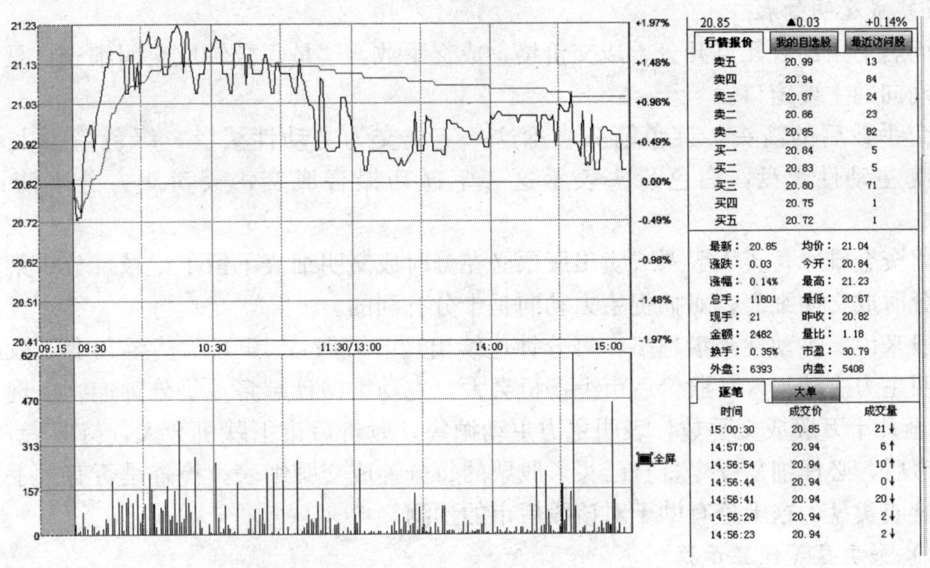

图 7—2 个股分时走势行情图

其中：A 为某股票当前委托买入五档（买一、买二、买三、买四、买五）手数之和；B 为某股票当前委托卖出五档（卖一、卖二、卖三、卖四、卖五）手数之和。当委比数值为正值时，表示委托买入手数大于委托卖出手数。换言之，买盘比卖盘大，股价上涨概率比较大。

当委比数值为负值时，表示委托卖出手数大于委托买入手数。换言之，卖盘比买盘大，股价下跌概率比较大。

（二）外盘与内盘

成交价为卖出价叫外盘。当成交价为卖出价时，将成交手数量加入外盘累计数量中。当外盘累计数量比内盘累计数量大很多，而此时股价又上涨时，表示很多人在抢盘买入股票。

成交价为买入价叫内盘。当成交价为买入价时，将成交手数量加入内盘统计数量中。当内盘累计数量比外盘累计数量大很多，而此时股价又下跌时，表示很多人在抛售股票。

（三）量比

量比是衡量相对成交量的指标。它是开市后每分钟平均成交量与过去 5 个交易日每分钟平均成交量之比。其计算公式为：

$$量比＝现成交总手/(5 日平均总手\div 240)\times 当前已开市多少分钟$$

若量比数值大于 1，表示现在这时刻的成交总手放大，量放大。若量比数值小于 1，表示现在这时刻成交总数萎缩，量缩小。

（四）均价

均价的计算公式为：

$$均价 = \sum(分时成交的量\times 成交价)\div 总成交股数$$

（五）成交明细表

画面右下角出现几点几分、成交价格、成交手数，这是每分钟成交明细表，是观察主力资金动向的主要窗口。

成交手数后的箭头，红色箭头表示这一笔成交为主动性买盘，绿色箭头表示这一笔成交为主动性卖盘，白色箭头表示这一笔碰巧撮合成交，买卖双方分不清谁主动被动。

主力资金雄厚，买入股票或卖出股票必在分时成交明细表下留下记录。分析某只股票每天的分时成交明细表，对捕捉主力动向是十分有利的。

一般来说，主动性买盘越多，每分钟连续出现5万股或10万股甚至几十万股成交手数，表明主力主动买入，股价后市上扬机会大。主动性抛盘越多，每分钟连续出现5万或10万甚至几十万股成交手数，表明主力主动抛售，股价后市下跌机会大，持股者宜卖出。每天收市后，必仔细复查今日自己买入股票的每分钟成交明细表，检查是否有大手笔的主动性买盘或卖盘，这十分有助于对该股后市的预测。

（六）买卖盘等候显示栏

画面右边买一、买二、买三、买四、买五表示已委托但尚未成交的委托价由高到低的依次等候的五笔买入委托价格及数量。谁买进的报价高，谁就排在前面。相同价格下，谁先报价谁就排在前面。

与之对应的卖一、卖二、卖三、卖四、卖五表示已委托但尚未成交的委托价由低到高的依次等候的五笔卖出委托价格及数量。谁卖出的报价低，谁就排在前面。相同价格下，谁先报价谁就排在前面。

当股价看涨时，主动性买盘积极买入，若投资者真想买入，填写卖一价格往往买不到，应比卖一价格多几分钱，甚至数角，才能保证买到。

当股价看跌时，主动性抛盘涌入，若持股者真想卖出，填写买一价格往往卖不出去，应少填几分钱，甚至数角，才能在跌势中及时卖出。

（七）成交价格、成交量显示栏

开盘价，即当日的开盘价。开盘价是这样确定的：每天9:15～9:25是集合竞价时间，在这一时间段投资者可以在前一交易日收盘价的基础上涨跌10%申报委托，在9:25时系统自动撮合出开盘价，开盘价的撮合原则是满足最大成交量。

最高价，即开盘到现在买卖双方成交的最高价格。收盘时“最高”后面显示的价格为当日成交的最高价格。

最低价，即开盘到现在买卖双方成交的最低价格。收盘时“最低”后面显示的价格为当日成交的最低价格。

收盘价，即每个交易日的收盘前最后一笔成交价。

成交价，即买卖双方的最新一笔成交价。当日收盘时的最后一笔成交价，为当日收盘价。

涨跌幅度，即当日该股上涨和下跌的绝对值幅度，以元为单位。

现手，即当时最新一笔成交的量，计量单位为手。收盘时的“现手”实际上就是当日最后一笔成交的量。

任务二　观察与操作盘面

活动一　观察盘面的要素

对中短线的投资者来说，投资股票的关键在于对盘面的观察和分析。投资者在观察盘面时，不仅要掌握盘面的观察方法和程序，而且需要运用经验、技巧来正确研判大盘或个股的走势。

一、看盘的要素

看盘就是对盘面信息的综合研判，既要细致地观察盘面的一举一动，又要将它融入历史走势和市场环境的整体之中。具体来说，看盘时要将大盘或个股在交易过程中出现的委比、外盘、内盘、成交价、均价、涨跌幅度、量比，以及图中所出现的黄、白色曲线，红、绿色柱状线等变化情况记录下来，或记在脑子里。只有把它们看清楚后，投资者才能对盘面作出分析、比较，正确判断大盘或个股即时走势会朝什么方向发展。看盘包括以下几个因素。

（一）股价

股价是看盘的重要并且不可缺少的元素。股市中有开盘价、收盘价、最高价、最低价，这些价格都十分重要，所含的意义也不同，开盘价预示着一定时间内行情的发展，一天的开盘价对分析一天的行情有重要意义；一个月的开盘价对一个月的行情有重要意义，以此类推。如果大势处于低位，当天的股价高开又不回落，而且成交量放大，那么这一天可能是一个涨势，这只股票也可能要上涨。反之，如果大盘指数或个股股价开得太低，则可能是一天跌势。最高价的上影线为投资者提供了“指南针”，预示了股价的上涨趋势；最低价则为股价的调整提供了空间。每一个价位都为投资者提供了很多信息，关键是看投资者的看盘功夫，能否读懂。

（二）外盘、内盘

看外盘、内盘和股价变化。这可从三个方面进行分析：第一，当外盘比内盘数量大出很多而股价下跌处于低位时，就要想到是否是主力庄家在做盘。如果在当日成交明细表中查到很多大买单时，大致可以判断出主力庄家正在趁股价下跌时主动性买入。第二，当外盘比内盘数量大出很多而股价处于高位时，就要想到是否是主力庄家在拉高出货。如果在当日成交明细表中发现大卖单不断出现，则极有可能是主力庄家在主动性卖出，对倒出货；如果在当日成交明细表中发现大卖单很少，表明现在跟风买进的中小散户居多，主力庄家暂时还没有考虑出货，故股价仍有继续上涨的可能。第三，当内盘比外盘数量大很多，而股价还在上涨，则表明主力庄家在震仓洗盘。盘中主动性买盘多半来自主力庄家，主动性抛盘则多半来自中小散户。

（三）涨跌幅排名

每日看盘要关注“涨跌幅排名”一栏，留意居涨跌幅前列的个股，观察居涨跌幅前列的个股是哪个板块，是否具有领涨作用，能否引发整个板块产生整体启动，能否引发具备同类题材的个股群产生整体联动，不同板块之间是否产生联动，从而找出投资机会和介入时机。一轮上扬行情，仅一个板块整体上扬，这种推动力往往只能形成反弹行情。这个领涨股掉头下行则意味着反弹行情的结束。若盘整形成 2～3 个板块轮番启动上扬，人气被有效激活，大盘则形成主升浪，形成反转行情。每轮行情的上扬都容易引发市场到底是反弹还是反转的争论，其实只要从盘面上观察板块启动的数目，便知市场是反弹还是反转了。面对反弹与反转行情应采取截然不同的操作策略，学会观察板块启动数目来识别反弹或反转就显得很重要。

（四）时间

在一天的交易时间中，有 4 个时间段投资者要特别注意：上午 10:00、11:15～11:30；下午 1:00～1:30、2:30～3:00。第一，通常庄家拉高出货会选择在上午 10 点左右这一时间段。无论大盘还是个股，当日短期的高位经常在上午 10 点左右出现。如果随成交量放大，股价飙升，一定要小心主力随时出货。此时可用分时图结合成交量和技术指标来分析股价走势，当短线指标背离时应该果断出货，这种方法经多次验证，效果比较明显。第二，上午收盘和下午开盘是买入、卖出股票的较好时机。

（五）技术指标

看盘是离不开技术指标的。一天之中随着股价的变化，移动平均线、趋势线等各种主要技术指标也在不断发生变化，提供做多或做空的提示。因此要随时观察其变化，分析、预测发展趋势。

（六）成交量

没有成交量，股价是不会上涨的，因此，成交量是不可缺少的一个看盘的要素。成交量是一种供需的表现，当股票供不应求时，人潮汹涌，都要买进，成交量自然放大；反之，股票供过于求，市场冷清无人，成交量势必萎缩。而将人潮加以数值化，便是成交量。广义的成交量包括成交股数、成交金额、换手率；狭义的也是最常用的是指成交股数。股票只要上市交易，每日都会有或多或少的成交量。一般而言，向上突破颈线位、强压力位需要放量攻击，即上涨要有成交量的配合；但向下破位或下行时却不需要成交量的配合，无量下跌天天跌，直至再次放量，显示出有新资金入市抢反弹或抄底为止。价涨量增、价跌量缩称为量价配合，否则为量价不配合。

二、观察盘面的关键点

投资市场变化莫测，如何看盘是操盘的最高境界。买好股票的前提，首先是选好股票，选好股票则必须在看盘的基础上产生。因此，需要把握以下几个关键点：

第一，大盘跳空低开。

开盘后，并且一波低于一波，上涨时成交量缩小，反映买盘渐弱，下跌时成交量放大，反映抛售者增加。指数分时走势图呈 9 个小波浪下跌，每个波峰越走越低，表明大盘开始转弱，出货的特征明显。此时，投资者应趁每次盘中反弹分批减磅。若当日大盘行情无法上扬到前一日收市价以上，即无法回补当日留下的一个向下跳空缺口，表明大盘走弱。特别是大盘大幅上扬末期出现跳空下跌走势，更意味着卖方力量强大，大盘掉头下跌，主力出货坚决，行情将发生转变，即由升势转为跌势。有时大盘分时走势图呈现 13 个波浪下跌，更表明大盘走弱。

一般大盘跳低下跌，若在当日下午 2:00 或 2:30 不能大幅上扬回补缺口，可视为大盘走弱会成为今后一段时间的主流。若大盘以最低价收市，往往导致第二天继续跳低开盘。

第二，若大盘下跌，应观察哪些个股领跌。

若龙头股或领涨股率先掉头下跌，则意味着炒作热点将降温，短线投资者要考虑逢盘中反弹卖出。龙头股或领涨股一般是一轮行情的“火车头”，“火车头”走下坡路往往意味着这轮行情将结束。领头股掉头下行，群龙无首，自然难以大幅推动行情冲高。因此，看盘的关键之一是紧盯龙头股或领涨股板块的动向。

观察领跌股或领涨股主要是通过关注主力资金流向来判断的。因为股价是靠资金来推高的，通过资金流向的排名，可直接发觉当日市场资金流向哪些个股、哪个板块。若该股或板块上扬，资金流向大，反映主力坚决介入，特别是在行情由底部启动之初，主力资金向哪只个股或板块流动，哪只个股或板块就往往会成为龙头股或领涨股。若连续观察几天，某个股或板块每日资金流向排名均靠前，便可确认该股或板块为领涨动力板块股。

若每日资金流向排名的个股不断变化，很难持续 2 天～3 天，便可确认市场主力无心恋战，没有形成合力推动行情发展，大盘呈盘局或盘跌走势居多，表明市场无热点，即使有热点，但转换快，难以引发投资者产生共鸣，个股行情以一两天短线反弹为主，仍难以推动大盘大幅上扬，仅仅起到维持人气的作用。若每日资金不断减少，表明市场主力且战且退，是市场走弱的信号，持股者应高度警惕。

第三，关注每日巨幅震荡的个股股价的异常波动。

震荡幅度大但仍大幅上扬的个股往往表明该股走势较坚挺，后市上扬机会大；若股价大幅下挫，表明抛售压力大，要谨防主力出货，后市下跌机会大，持股者应警惕。

第四，关注每日成交量与成交金额异常放大的个股。

若股价处于低价区，放量上扬，可视为有主力建仓，是考虑是否及时跟进的关键时刻。若股价处于高价区，成交量异常放大，反映抛售的人数增多，甚至主力出货，应引起持股者高度警惕，是考虑出货控制风险的时刻了。

第五，观察内盘、外盘、委比和量比时，要防止主力造假。

内盘、外盘、委比和量比都是表达当日场内多、空力量对比的指标。但是，主力也可以利用内盘、外盘、委比、量比造假，或是用来进行反技术操作，以此来蒙蔽中小散户。例如，外盘大于内盘，表明主动买进股票的量比主动卖出股票的量多，而股价却在下跌；内盘大于外盘，表明主动卖出股票的量比主动买入股票的量多，而股价却在上升，这种现象的产生很有可能是主力在其中操纵。又如主力利用“虚假委托买卖”来影响委比的大小，以及用“对敲”来增加量比，制造场内活跃气氛，然后对跟风者“一网打尽”等。因此，投资者在观察内盘、外盘、委比和量比时，要结合大盘和个股的K线、均线形态，对其走势做出全面分析后才可买进或卖出，以免陷入主力的圈套。

即问即答

如何根据内盘、外盘的对比，判断股票短期中的走势？

活动二　操作盘面

股市历来“重势不重价”，顺势而为是进行股市操作的精髓。因此，一个成功的投资者必须能抓住盘面的变化，寻找机会，顺势而为。

一、眼观六路、耳听八方

证券市场变化莫测，谁也无法百分之百准确地预测未来的行情。市场的股评又因分析师的水平高低而良莠不齐，广大中小散户普遍缺乏证券知识，他们信息来源少，主要通过看股评文章、听股评报告会、看电视股评节目等方式来获悉相关信息。大量的信息通过各种渠道汇集到投资者面前，投资者一定要通过自己独立思考，去伪存真，寻找真正影响市场变化的内因与外因，抓住市场的主要热点，从而制定好自己的投资策略。制定一套符合当前市场状况的投资组合方案，学习看懂每日市场交易的盘面变化是必不可少的。

以著名的“5·19”行情为例，1999年5月19日后沪、深两市双双突然止跌暴涨，成交量迅速大幅暴增，每日涨停的股票多达10余只，一改往日沉闷的情况。信息产业板块股票如东方明珠、广电股份、真空电子、厦门信达等股连续3～5个涨停，股价火箭式上升。只要有抛单，买单毫不犹豫全盘通吃，可见主力庄家有备而来，实力雄厚。数天后盘面又出现一个显著特征：沪、深两市昔日龙头股四川长虹、深发展大幅上扬，成交量屡创新高。深发展流通股为当时市场流通股最大10.71亿股，在1999年5月31日、6月1日、6月2日，连续3天暴涨，成交金额分别为19亿元、16亿元、20亿元。可见有超级主力入市大举吸纳，一举扭转了低迷市场，挥走投资者担忧资金不足、不敢炒大盘股的顾虑。这两只龙头股率先被推高，从而引发回落调整两年的绩优股板块全面启动。当时恐绩优、恐大盘症很快就被市场的变化所治愈。市场已经发生与以往两年不同的变化，意味着市场行情将不同以往市场，每日数百亿资金流入，已彻底改变两年成交金额不大的局面，大盘已发生逆转。

大盘暴涨初期，精明的看盘高手早就研判大行情来临果断满仓买入。不懂得或不精通看盘要诀的部分股评人士却认为是反弹行情，建议逢高卖出。不少缺乏看盘经验的股民盲目采纳这个建议，在大牛市启动之初抛售手中的股票，错失一次难得的大牛市良机，重蹈一次买入就跌、卖出就涨的覆辙。因此，听股评仅可作为参考。投资者只有提高自己的看盘本领，才能把握住大势。

对大势判断的准确度高低，关键在于分析与观察实际交易过程中什么板块会成为主流上升动力板块。一般情况下，市场围绕主流板块展开行情。短线的投资者要揣摩市场的炒作思路，是炒题材、炒业绩，还是炒成长性；市场主力的投资理念是否发生变化；每日资金主要流向哪一板块；当天市场的成交量、换手率如何；市场价格处于低谷、高位、盘整的哪一段；等等。只有抓住以上诸多具体问题进行综合研究，才能比较好地把握大势走向。

在证券市场中，信息来源是多方面、多渠道的，而且真假难辨、轻重有别。这些信息对市场的刺激与作用，只有通过市场盘面的交易变化才能体现出来。一听到消息便贸然采取行动，往往得不偿失。一定要先观察市场上绝大多数投资者的反应，观察市场行为的变化，抓住市场趋势的变化，顺势而为，只有这样才能抢占先机。

二、掌握股市动向，把握买卖时机

投资者即时买进或卖出股票要重点关注以下问题：

一般来说，下降之中的股票不要急于买，而要等它止跌以后再买；上升之中的股票可以买，但不要在它涨升时买进，而要等它回档时买进；反之，上升之中的股票不要急于卖，等其冲高回落时再卖出，下跌之中的股票可以卖，但不要在它狂跌时卖出，而要等它反弹时卖出。

一日之内股价常常有几次升降的波动。投资者可以看自己所要买的股票是否和大盘的走向一致，如果是的话，那么最好的办法就是盯住个股，在股价上升到高点回落时卖出，在股价下降到低点回升时买入。这样做虽然不能保证买卖完全正确，但至少可以卖到一个相对的高价和买到一个相对的低价，而不会买一个最高价和卖一个最低价。

通过量比、内外盘、买卖手数多少的对比，投资者可以看出是买方的力量大还是卖方的力量大。如果卖方的力量远远大于买方，最好不要买。如果连续出现成交量温和放大而股价又不断上涨的局面，说明有很多人看好该股，这就值得注意。

从换手率上也可以判断主力操作的意图。如果股价处于低位，换手率突然升高，说明买卖的人多，容易上涨；但如果股价处于高位，换手率突然升高，就需要对该股进行仔细分析，判断是主力坚决出货还是换庄。特别是对于有一定涨幅的股票，出现了特大换手率，如果换手率超过15%，就要警惕主力在搞对倒出货，这时也不宜买进。因为主力出货的目的一旦实现，后市就凶多吉少。

通过主动性买盘、主动性卖盘也可以判断股价未来的走势。主动性买盘就是对着卖盘一路买，委卖单不断减少，股价不断往上走，也可以把主动性买盘理解为买方主动去买。同样，主动性卖盘就是卖方积极主动。通过主动性买盘和主动性卖盘，可以看出投资者对股价后市走向的判断。尤其是在庄家股行情中，总有对倒的成交量出现，如果仅在收盘以后看成交量，投资者往往会被迷惑。此时，投资者可以通过主动性买盘和主动性卖盘来判断主力的真正动向。一般而言，盘中出现主动性买盘时，投资者可顺势买进做多；反之，盘中出现主动性抛盘时，投资者可以顺势卖出做空。在这里，投资者要注意不要逆势操作，否则很容易吃亏。

即问即答

1. 如何从盘面来判断资金的流向？
2. 在观察盘面时，为何要注意成交量的变化和涨跌股票家数的比例？

任务三　操作盘面的技巧

证券投资者有了丰富的知识，有了科学的投资理念，具备良好的心理素质，这些还不够。尤其对于中线和短线的投资者，投资成功的关键因素还取决于盘面的操作过程。这就需要投资者有一个良好的投资习惯，建立一个相对科学的作业流程，掌握一定的操作技巧。

股市总是涨跌交替，周而复始的。如果投资者能够抓住上升过程的顶部和下跌过程的底部，则可以实现投资者追求利润最大化的梦想。

活动一　识别与操作顶部与底部

一、行情顶部的特征

形成行情顶部时，市场都出现乐观论调，头部总是出乎绝大多数投资者的意料之外。若市场大多数投资者都预料到出现头部，这个头部一定不是大头部，仅仅是个小头部而已。正所谓“行情在犹豫中上升，在欢乐中死亡”。行情顶部的具体特征如下：

（一）市场人气

行情大幅上扬后出现极其乐观的景象，市场评论几乎一片看涨，个股出现疯狂涨停。众多投资者对利空消息出现麻木状况，利空当利好，对政策面上出现的利空视而不见，这一般意味着行情见顶。

（二）放量滞涨

成交量是行情最重要的标志之一，当股市在高位运行一段时间，成交量会逐步放大，创下天量。但在成交量放大甚至创出天量，而股价上涨幅度反而不大时，意味着后市介入资金有限，行情缺乏上升动力，此时，天量几乎形成天价。正所谓“高位久盘不上必下行”。尤其是在行情大幅上扬后，成交量却出现背离现象，呈价升量缩的特点，反映市场上扬并没有受到场外资金的追捧，只不过场内持股者信心较强，持股惜售，导致上档抛压小，资金不大也可能推高行情。但这样的行情不会持续很久，形成头部的机会很大。

（三）领涨股下跌

一波行情总会有一个热点作为领涨股，例如“9·11”行情的网络板块。几乎每一轮行情都有领涨大盘、诱发市场热点的领涨股。它们通常是市场主力介入较深、控盘较好的个股，其对大盘的走势也有领头的作用。它们的走势往往与大盘不同步，但却能揭示主力的意图。而主力在对这些领涨个股进行出货时，为了使指数和市场人气得到维持，常会拉抬指标股或大盘股来进行出货的动作。而在大盘还上升，市场还一片看好时，先于大盘启动的热点龙头股已开始下跌，主力已开始出货。

（四）非主流板块补涨

主力为了掩护出货，需要制造其他热点留住人气，使已在高位接货的投资者产生幻觉。另外，获利出场的主力有时也会在冷门股中打一个短平快。

（五）个股涨跌比例变化

个股涨跌比例反映市场的整体人气强弱，大盘在高位出现指数上涨而大部分个股下跌的情况，特别是连续两三天出现这种情况时，则短线见顶的可能性较大。

（六）技术上出现顶部信号

日K线图上出现三个以上跳空缺口，则有90%以上的概率易形成头部区。若见三个以上跳空缺口则坚决卖出，这样几乎每次都可以顺利逃离头部区。

指数周K线图上，6周相对强弱指标RSI进入80超买区内，逢高卖出、增持货币、减持股票是一项明智、谨慎、规避风险的做法。

指数日 K 线图上，6 天 RSI 出现顶背离现象，行情易出现急跌，形成头部。

其实，一波行情结束时会表现出很多顶部的特征，而且其表现也很明显，并且投资者也很容易识别，但是却有很多投资者视而不见，逃不出顶部。

二、避免常见错误操作的方法

股价在低位时，许多投资者往往犹豫不决，不敢买入。待到股价已涨到高位，市场火暴，许多中小投资者便头脑发热，不顾一切追高入市。也有的投资者已在高位出货，但经不起余波的诱惑，在最高位又追入。结果在股价见顶时左右为难，卖出无利甚至微亏，不卖则被套，最后往往选择被套的路。

第一，制订止损计划，放弃心中幻想。

有的投资者在大盘见顶回落之前，因没有把握确定大盘是否见顶，在犹豫不决中错过最佳出货时机。因在顶部没有出逃，认为现在出逃会使厚利变薄利甚至亏损，结果选择继续持有，在股价反弹之际也不出货，并且内心存在幻想："回落不会深，若出货会踏空"；"回落只是短暂调整，大盘还会拉起甚至创出新高"等。对于传媒的言论，也会觉得多头的意见更中听、更受用，结果一错再错。因此，制订止损计划，放弃心中的幻想，正确把握大势，是短线投资者获取投资成功的关键。

第二，坚决果断，该出手时就出手。

股市运行是有规律的。证券价格的走势呈现波浪式运动。股价跌了一段时间就会上涨，涨了一段时间也一定会下跌。牛市和熊市的区别只是每次涨跌的幅度不同而已。牛市中会有幅度较深的下跌，熊市中一年也会有一两次中级或次级的反弹行情。因此，投资者在对大势做出准确的判断后，就不要计较一分一毛的得失，而要坚决果断，该出手时就出手。

三、行情底部的特征

一般来说，行情底部具有如下几个方面的特征：

（1）市场领跌板块跌无可跌，成交量极度萎缩。

（2）大盘成交量大幅萎缩，大盘开始止跌，上涨股票家数开始大于下跌股票家数，市场信心开始恢复。

（3）市场调整的时间和空间均有一定的长度与幅度。

（4）市场中蔓延恐慌和失望情绪。

（5）技术指标低位钝化或出现"底背驰"信号。

（6）大盘跌穿重要的心理支撑位，导致市场中众多评论看空后市等。

以上这些特征往往预示着大盘即将见底。此时，一旦市场出现利好预期或利好传闻，一轮大的行情便喷薄而出。

活动二　把握市场热点

一、领涨股的含义

所谓领涨股是指一轮上升行情启动中和启动后，在市场中表现出最具活力，具备同一或类似题材或概念的股票。这类股票备受市场主力资金追捧，股价短期大幅上扬，上扬的速度与幅度均超过市场其他股票的平均幅度。领涨股的升与跌常常成为左右大盘上升与下跌的“主心骨”，其余板块股票的升与跌大多以领涨股上扬的幅度、持续的时间、放大的成交量与换手率为参照对象。

在波段炒作过程中，投资者要想跑赢大盘，获得超过市场收益的超额回报，关键就是要在领涨股启动之初大胆建仓买入，做足波段行情。

股票的短线炒作就是要及时抓住领涨股。然而，在实际买卖股票的过程中，投资者要想抓住领涨股却不是一件简单的事。实际上，在每一轮行情启动之初，领涨股并不容易被识别。当行情持续上升一段时间后，市场领涨股逐步明朗，此时投资者也就很容易看出领涨股，但该股已经上扬了较大幅度，风险也开始积聚。

二、领涨股的形成过程

一轮上升行情的启动一定是由一个或数个板块股轮番上扬，形成局部或全面的赚钱效应，不断吸引场外资金的持续涌入。一个或数个领涨股的形成一般都包括以下几个方面的原因：一是股票价值被市场低估，股市较长时间被冷落；二是股票的投资价值被市场发现；三是舆论或政策导向发生明确变化。

一个板块要形成这轮行情的领涨股，内因是这些股票的市场价值被低估，而且这些股票具备一些容易引发投资者想象的题材或概念，从而刺激投资者对该题材或概念产生投资兴趣，或者对公司业绩改善的预期增强，从而吸引众多投资者跟风买入。外因往往是市场主力率先捕捉或制造这个题材或概念，或者是政策与舆论的推波助澜。

主力资金的流入率先推动股价领先大盘上扬，一个领涨股将带领一个板块上扬，一个领涨板块上扬能持续多久，往往要看这个题材概念能否深入人心，引发市场大多数投资者产生共鸣，吸引中小投资者跟风。

三、领涨股在启动初期的盘面特征

一般情况下，领涨股在启动初期往往具有以下几个方面的特征：

(1) 市场投资者普遍持观望或怀疑态度，普通投资者看空后市。

(2) 政策倾斜、利好出台或媒体集中报道。某些重要政策或经济生活热点的持续或转变，是某个市场炒作热点容易形成的信号标志。

(3) 在长期低迷的市场中，某些股票率先出现底部放量，大笔主动性买盘不断出现。在某只股票的分时交易记录明细表中，该股票连续或间断出现较大的买单，在主动性买盘的推动下，股票的价格不断上扬。在股票的涨幅排行榜中，该类股票居涨幅榜前列。在每日或每周资金流排行榜中，该类股票也居资金流入排行榜前列。

(4) 领涨股启动之时常常出现跳空高开，迅速上扬，成交量短期暴增，买单很大，甚至封住涨停。

(5) 市场评论开始关注领涨股，随着领涨股股价的上扬，评论也开始升温。

若具备以上5个交易特征，则可以肯定领涨股初步形成。在领涨股初步形成之际，有经验的投资者会及时买入，或果断追高买入。

活动三　涨停板与T+0操作

证券市场交易价格的涨跌停制度，目的是防止一些市场主力无限制地哄抬或打压股价，保护投资者尤其是中小投资者的利益。然而，由于涨跌停制度会引起很多的常用技术指标以及量价分析指标失真，使投资者感到很难把握。

通过对众多涨停股票后市的跟踪、观察和分析，发现涨停股票的操作也有一定的规律可循：

第一，如果某只股票前期已有一定涨幅，此时忽有利好消息公布，次日开盘即拉至涨停板位置，且随即涨停被打开，此时理应卖出。此类股一般是前期的明星股、强庄股，主力在明处借利好发出做多信息，一般往往是引诱散户追涨，借机出货。

第二，如果某只股票在一个相对低位缩量整理多时后，某日开盘突然拉至涨停板位置，而且一直封死在涨停位置到闭市，一般次日还有冲高。如果在第二个和第三个交易日，成交量能够继续放大而且股价能够维持稳定，后市往往继续做多。如果次日即缩量回调则很可能是主力的试探行情，投资者尚须等待一段时间。

第三，对于一只连续涨停的股票，投资者一般可以连续持有。对于出货时机的判断，可以按照天量出货的原则，即某两个交易日连续出现近一段时间内所未见的天量，一般就应在第三个交易日内果断出局。

第四，对于ST板块，由于震荡比较激烈，往往会出现涨跌停交替的情况，如果出现在突破形态中，投资者可以坚持首根阴线出局的方式；如果出现在整理形态当中，建议最后当日即出局观望。一般来说，个人投资者不适合做过于频繁的短线操作，花细致的功夫去研究股市，选择一只长期看好的股票是比较合理的操作方法。但是，一味地做单纯中长线投资往往会只着眼于买入和卖出两个点位，而忽略了中间波段性的过程。实际上，在不愿意改变持仓结构和持股品种的情况下做盘中T+0的短线操作也是可以的。

由于我国的证券市场实行的是T+1制度，所以这里所说的T+0操作只有在特定情况下才能够实现：一是投资者手中持有一只自己看好的股票，不想更换筹码，而且手中有一定的资金，这样投资者就可以在一个交易日内以不同的价位同时买入和卖出一只股票来实现T+0效果。例如，现在一只股票的价格在今天开盘后不久就升到了20.17元的位置，盘中又随大盘回落至18.34元的最低价，闭市时收盘19.48元。投资者如果在开盘时就察觉到此股升势过急而大盘也不稳固，则可在20元附近将手中持有的该股票卖出，再以19元左右的价格买入，买回的原因是基于对这只股票继续看好，想长期持有。这样投资者不仅打出了1元的差价，而且还可继续持有这只股票。另一种操作方法是投资者虽然看好这只股票，但是不想改变持仓结构而继续买入，那投资者就可以在19元以下挂单买入，在收市之前再挂单卖出同样数量的该股，这样不仅没有增加持股数量，而且还降低了持股成本。

最后还需要强调一点，盘中T+0操作一般只在股指震荡剧烈时才有实用价值，而且投资者在操作的当天需要自始至终关注盘面的变化，同时还要有一定的短线技术分析能力。否则，最好不要采用。

任务四　证券投资的策略与技巧

证券市场是一个充满风险的投资场所，没有风险的证券投资是不存在的。因此，进入证券市场的投资者，都想在尽可能降低风险的情况下取得较好的收益。这就需要学习一定的方法和技巧。

活动一　了解分散、组合投资方法

证券投资的相关理论和实践都证明，有效的分散组合投资，能够实现在既定收益率的情况下降低风险的目的。分散组合投资方法通常有如下几种类型。

一、投资资金“三分法”

在美国等西方国家，最为流行的投资三分法是：1/3 存银行以备不时之需；1/3 购买债券、股票等有价证券作为长期投资；1/3 购置房产、土地等不动产。一般来说，房地产只会增值，不会贬值，可以作为准备金和后备基金。在有价证券的投资上，人们也往往把 1/3 用来购买安全性较高的债券或优先股，1/3 购买有发展前景的成长性股票，1/3 购买普通股。在我国，对广大中小投资者来说，在购买过一套房子以后，可以 1/3 持有银行存款或现金，1/3 投资债券，1/3 投资股票。上述三分法在理论上并无足够依据，但实践中行之有效。

二、对不同企业进行分散投资

这包括以下几个方面：

(1) 企业种类的分散，不宜集中购买同一行业企业的股票和债券，以免遇上行业性不景气，投资者无法逃脱重大损失。

(2) 企业单位的分散，不宜把全部资金集中购买某一个企业的证券，即便该企业业绩很好。

(3) 投资时间上的分散，投资股票前应先了解派息时间，一般每年 3 月开股东大会，4 月派息，也有半年派息一次的，可岔开派息时间来选择投资。按照惯例，派息前股价都会升高，即使某种股票因利率、物价变动而一时遭受系统风险，还可以期待到另一种股票派息时获利。

(4) 投资区域的分散，企业不可避免会受地区市场、法律、政策及自然条件等诸方面因素的影响，所以分区域投资同样可以分散风险。

三、按风险等级和获利大小的分散组合投资

虽说投资风险变化莫测，但现代证券理论越来越倾向于对风险进行定量分析，即在可能的条件下将证券风险计算出来。例如，计算本利比，便可推算出不同证券不同的风险等级。本利比越低，投资风险越大。再如，报酬率（收益率）也可以加以测算，投资债券可

以很容易按公式计算出年收益率，投资股票也可以根据公司的财务报表及股价变动记录，预测每年报酬率。最理想的组合形式，就是投资者在测定自己希望得到的投资报酬和所能承担的投资风险之间，选择一个最佳组合。例如，投资者希望得到的投资报酬率为20%，那么，应在报酬为20%的上市证券中，选择风险最小的品种；如果投资者能承担的风险为20%（即可承担20%的损失），那么应在那些同样分析等级的证券中，尽量选择投资报酬率较高的品种。

四、长、中、短线的比例分散组合投资

长线投资是指买进股票以后不立即转售，持有时间起码在半年以上的投资方式，主要对象是目前财务良好又有发展前景的公司股票；中线投资是指把数月内暂时不用的资金投放出去，投资对象是估计几个月内即可能提供良好盈利的股票；短线投资是指那些股价起伏很大，在几天内可能有大涨大落的股票。投资者应将资金分成较长时期内不会动用以待获利、中期内不用以及随时可能动用的三部分，分别用于长线投资、中线投资和短线投资。

活动二　掌握买入和卖出证券的常见技巧

一、顺势投资法

顺势投资法认为，证券市场的某种趋势一旦建立，便会持续相当长的时期，直到出现某种信号，表示趋势业已转变，于是投资者才应改变投资策略。一般来说，顺势投资法关心的是市场的基本趋势或长期趋势，而不利用短期的股价波动来获利。顺势投资法要求证券投资者采取“顺势而为”的投资法则，也就是顺着股价的趋势而做出投资的决策。当整个股市大势向上时，宜买进股票；而当股市大势向下时，则应抛出手中股票，然后再等待合适的入市时机。采用这种顺势的操作方法，可以大大提高获利的几率。而如果逆势操作，即使资金雄厚，也会得不偿失，甚至遭受巨大损失。采取顺势投资方法有两个基本前提：一是股市的涨跌趋势必须明确；二是必须及早确认趋势，否则就达不到预期的效果。因为股价涨势被确认时，已接近了顶峰，此时若顺势买进，就可能抢到高价，甚至接到最后一棒。同样，当股价被确认时，但已到了止跌回升的边缘，这时若顺势卖出，就可能卖到最低价。所以，当股价趋势无法及早确认时，就失去了跟随的价值。

二、“拔档子”法

所谓“拔档子”就是投资者卖出资金持有的股票，等价位下降以后再补回来。投资者“拔档子”并非对股市看坏，也并非真正有意获利了结，主要目的是希望趁价位高时，先行卖出，以便资金赚自己的一段差价。通常“拔档子”的卖出与买入之间，相隔时间一般不会太长，最短期可能只有一两天，最长也不过一两个月时间。这是多头降低成本，保持实力的操作方式之一。

“拔档子”有两种操作方法：一是行情上涨一段后卖出、回降后补进的“挺升行进间拔档”，这是多头在推动行情上升时，见价位已涨不少，或者遇到沉重的压力区，就自行

卖出，使股价略为回跌来化解上升阻力，以便于行情再度上升。二是行情下跌时，投资者趁价位仍高时卖出，等股价跌低后再买回的“滑降行进间拔档”，这是套牢的多头或多头自知实力不如空头时，在股价尚跌低之前先进行卖出，等股份跌落之后再买回反攻。

三、保本投资操作法

投资者为了避免自己的本金遭受损失，在市场股价走势脱节、行情变化难以捉摸时，可用保本投资法。采用保本投资法，首先要正确估计自己的“本”。此时所指的“本”，并不是投资者用于购买股票的总金额，而是指投资者主观认为在最坏的情况下不愿被损失的那部分金额，也即处于停止损失点的基本金额。

保本投资的关键在于如何做出卖出决策。首先要聚集自己心目中的“本”；其次要确定卖出或停止损失点。获利卖出点是指股票投资者在获得一定数额的投资利润时，决定卖出的那个点。但这时的卖出，并不一定是将所持有的股票全部售出，而是卖出其所保“本”的那一部分。

四、金字塔投资法

金字塔投资是证券投资，尤其是股票买卖中最常用的一种方法。其包含买和卖两方面的金字塔。

（一）金字塔式买股票

金字塔式买股票又分为股价上升和股价下跌时的购买。

(1) 在股价上升时，采用越买越少的方法。即在行情刚刚发动的初始阶段大量买入股票，随着股价上扬，再逐渐递减地买入股票，价格越高，买入越少，直到将资金用完。这便形成一个正金字塔式的购买。同时，万一判断失误，股价下跌，由于投资者在高价建仓较少，可以减少因此带来的损失。但金字塔式的购买方式没有在低位一次全部投入资金的这种办法获利丰厚。

(2) 在股价下跌时，采用越买越多的方法。虽然在股市中有买涨不买跌的说法，但从投资者尤其是大笔资金投资者建仓的角度来看，可在股价下跌中先买入少量股票，随着股价不断下跌，逐渐加码购入股票，直到将仓建满。这样形成一个倒金字塔购买。这种购买的优点在于随着股价的下跌，加码买进，可以不断降低成本。同时，万一行情反转上扬，可增加获利，但这样的购买方法极容易因判断失误造成建仓太满，或全部资金被悉数套牢。

（二）金字塔式卖股票

(1) 在股价上升阶段，采用越卖越多的方式。即第一次是少量卖出股票，随着股价上涨，第二次卖出更多的股票，依此进行，越卖越多，直到全部抛出。这样形成倒金字塔式卖出。这种卖法的好处在于：随着股价上涨可以不断扩大盈利，避免一次性全部卖出而股价继续上扬造成的踏空风险。其缺点是，一旦行情突然反转下跌，由于持仓太重而造成较大的损失。

(2) 在股价下跌阶段，采用越卖越少的方法，即第一次卖出大量股票，随着股价下跌逐渐减少股票的卖出，直到将股票卖尽。这样形成一个正金字塔式的卖出。这种卖出方式的优点在于，随着股价下跌，已完成了大部分利润的兑现（若是亏损状态则是大部分已止损）；如果行情有所反转，手中仍持有一定数量的股票。其缺点是股价不断下跌，将造成利润不断减少或无法迅速彻底止损。

金字塔投资法实质上是一种不论股价涨跌都努力降低风险的做法，这样的做法不但能不断增加获利，还可避免全军覆没或踏空的危险。它建立在股票价格不可能久涨不跌的基础上，采用这种操作的前提是投资者能准确把握市场趋势，顺势而为。大笔资金投资者更适合采用金字塔投资法。

五、反向操作法

反向操作法的基本思想是：在正常情况下，当大多数人对股市看好时，则应该卖出；当大多数人对股市看淡时，则应该买入，这样才能获得较好的收益。这种操作法符合人们常讲的“股市中赚钱的是少数”的说法。

反向操作法依据的是钟摆原理，即在正常情况下，当大多数人都在买进时，卖方的力量也将迅速增加，而买方的力量会逐渐耗尽，最终使市场发生转折。反过来，当大部分人在卖出时，买方力量也会加速增加，最终使股市逆转。由于大多数人都有顺势操作的思维，看到周围人（尤其是中小散户）的买卖行为，便认为是顺势从众。因而，当行情处于白热化，人们踊跃购买之机，实质也就是股市即将崩溃之时。而当人们对股票消极冷淡，远离市场，交易所门可罗雀时，是购入股票的最佳时机。由于大多数投资者的思维还不能立即转向，故称为反向操作法。

使用反向操作法必须在股市变化持续一段时间之后，各种分析方法基本上都发出即将转折的信号时进行比较安全。此外，还必须注意基本面的情况，反向操作法本身就带有一些逆势操作性质，时机把握得好，可获得比一般投资方法大得多的利润，这是优点。而时机把握得不好，则可能招致踏空或套牢。因此，在使用反向操作法时必须谨慎。实际操作时，反向操作法一般遵循的原则是：天量天价，地量地价，地价时买进，天价时卖出。其含义是当成交量创天量时应卖出，此时显示出大多数人对后市看好，所以交易活跃。而成交量创地量时应买进，此时显示出大多数人对股市看淡，成交萎缩。天量、地量一般定义为一段行情内的相对最高量和最低量。反向操作法的使用时机在股市变化的末期，这与其他操作法操作的时段不同。

活动三　熟悉常见回避风险的操作方法

回避风险指事先预测风险产生的可能程度，判断导致其实现的条件和因素，在行动中尽可能地驾驭它，改变行动的方向避开它。证券投资新手尤其应注意回避投资风险的问题。

一、买卖证券的基本原则

（1）当判断了股价上升进入高价圈，随时有转向跌落的可能时，应卖出手中股票，等待新的投资时机。

（2）当股价处于盘整阶段，难以判断股价将向上突破还是向下突破时，不要采取投资行动，先观望一下。

（3）多次投资失误，难以做出冷静判断时，应暂时放弃投资活动，做一下身心调整。

(4) 当对某种股票的性质、特点、发行公司状况、市场供求状况没有一定了解时，不要急于购进。

(5) 将部分投资资金作为准备金，其目的是：第一，等待更好的投资时机，当时机到来时，将准备金追加进去，以增强获利能力；第二，作为投资失利的补充，一旦预测失误导致投资受损，将准备金补充进去，仍可保持一定的投资规模。

(6) 不做"帽客"和短线客。帽客是在股市中当天买进卖出，赚取差价收益的"抢帽子"者。短线客是在几天内赚得差价收益就做了结的短线投资者。利用股价的日常波动，在很短的时间内买进卖出的做法适合于经验丰富、精通操作艺术、反应机敏的投资者，不是一般投资者能够胜任的，因此一般投资者最好不要涉足。

(7) 不碰过冷的股票。过分冷门的股票虽然价格低，但价格不易波动，上涨乏力，成交量小，变现困难，购入后长期持有本身就是个损失，所以不宜购买过冷的股票。

二、分段投资法

在股票长期投资中，有一种分段购买股票的操作方法，即按一定时间间隔逐次购买某种股票。具体有两种情况：一种是看准某种股票价格的上升趋势，用全部资金在上涨的不同阶段分次买进；另一种是估计某种股票可能出现下跌，按股票价格下跌的不同阶段分次投入资金。前者当股价上升超过最后一次买入股票的价格时，就成批卖出股票，可获得较高的利润；而后者必须在价格回升超过购买价格时，才能获得好利润。因此，两者都是为了获取利润，并都是分次投资，但投入资金时的价格走向刚好相反，这就决定了两者获利的时间并不一致。前者被称为买平均高投资法，后者被称为买平均低投资法。

从上述两者的投资过程可以看出，买平均高投资法在股价突然下跌时就会失去获利机会；而买平均低投资法如果在股价不能回升比原来价格更高的时候，也无法取得利润。

三、低吸高抛与追涨杀跌

投资者涉足股市，最关心的莫过于制胜的谋略。股市的实践证明，一方面，低吸高抛永远是获利的法宝；另一方面，追涨杀跌也是顺应时势的一种良策。两者看似矛盾，其实联系密切，有着异曲同工之妙。

低吸高抛的道理人人都懂，但要真正做到却非易事。杰出的投资者在相当长的一段时间内仅做几次大规模的买卖，而把大部分时间用来研究宏观经济、股市政策和上市公司业绩及前景，从而正确地把握股市大势，在阶段性底部区域从容地吸纳绩优价廉的筹码，即使被套，也坚信这只是暂时的现象，日后必有丰富的回报。一旦进入阶段性头部区域，又能果断地清仓派发，将纸上富贵变成实际的利润，落袋为安。错误的操作策略往往幻想日进斗金，致力于捕捉每一个交易日里的最低点与最高点，一相情愿地希望买了就得涨。而低点和高点往往是时过境迁之后才明白的。频繁进出的结果，或许是抱着低吸高抛的宗旨，但却落得高吸低抛。因为能够捕捉到短期内稍纵即逝的机遇的人毕竟是少数，而较长时间内的低点区域和高点区域则相对容易寻找。投资者如果能够将操作周期适当放宽，不去计较一时得失，则低吸高抛就不至于那么难做到。

追涨杀跌从表面上看是一种博傻行为。追涨的人总希望会有更多的人步其后尘，从而达到自己"低吸"的目的；而杀跌的人则希望大家来"痛打落水狗"，那么抛得最早的人便是高抛了。其实，成功与否，同样离不开对大势的正确研判。如果不看经济发展状况，政策是否稳定，上市公司的业绩及发展前景如何，一味地去博，就可能弄巧成拙，成为高位追涨被套和低位杀跌割肉的牺牲品。其实，从本质上看，追涨是为了将来的“高抛”，杀跌则是为了日后能“低吸”。一些投资者往往忽略了其最终目的，只知追涨而没有及时高抛，或是杀跌后没有在低位补进，落得为别人做嫁衣的结果。

从上述分析可知，低吸高抛需要耐心，追涨杀跌需要勇气，两者都需要投资者的深谋远虑。无论采用哪种策略，投资者只有全面领会其含义，才能在众多的机遇中获益。

四、定额投资法

定额投资法又称为“定额法”或“固定金额计划法”。这种方法是投资者将投资资金划分为攻势部分和守势部分，攻势部分用于购买某种价格易于波动的股票，守势部分用于购买价格平稳的债券。该方法将投资于股票的资金确定在一个固定的金额上，并在固定金额的基础上确定一个调整的百分比。当投资者购入的股票价格上升到这个百分比的上限时，则卖出部分股票，用所得资金购买债券；当股价跌落达到这个百分比的下限时，则卖出部分债券，用所得资金购买股票，使股票的市价总额始终保持固定不变。

例如，投资者投资资金为10 000元，其中6 000元投资于股票，4 000元投资于债券，并确定股价每涨跌10%，即卖出和买进股票。当股价上涨10%时，投资者持有股票的市价总额增加至6 600元，此时应卖出600元股票，购入600元债券，股票的市价总额仍保持在6 000元，债券的市场总额则上升到4 600元。反之，当股价下跌10%时，投资者持有股票的市价总额减至5 400元，则卖出600元的债券，购进600元的股票，股票市价总额仍保持在6 000元，债券的市场总额则减少到了3 400元。采用定额法进行投资，投资者不必顾及买卖时间，只是根据价格变化是否达到一定的幅度自动操作。在正常情况下，股票价格变动要比债券价格变动大，而以股价变动为操作内容的定额法，其实施过程正是顺应了“逢低进，逢高出”的交易原则，即股价高时卖出股票，股价低时买进股票。在如此不断循环反复的买卖中，投资者是有机会盈利的。当股价普遍上升时，市场利率一般也会上升，从而引起债券价格的下跌；因此，这时卖出股票和买进债券还可能获得价格差额。反之，股价下跌、债券涨价时，卖出债券和买进股票同样可以获得利益。当然，如果购买的股票的行情是持续上升的，当在上升过程中达到了预定的幅度，投资者就会将其部分出售，那就失去了可能以更高价格出售从而获得更多利益的机会。同样，如果股价持续下跌，投资者因不断出售债券以补进股票，也会失去股价继续下跌后有可能以更低价购进股票的机会。所以定额法不适合买卖价格持续上涨或持续下跌的股票。

五、挂单操作法

挂单操作法主要适用于短线操作。“抢帽子”的基本思路是，在正常情况下，若无外部消息的刺激，则某种股票价格的突升或突降，必将很快回到原来价格的附近。由于这种价格的突变幅度一般较大，只要能做到，必然有利可图。因此，当某种股票发生价格突变时，必将吸引大批的买单或卖单，此时投资者（尤其是中小投资者）很难在这种突变的价位上买进或卖出。这就要求投资者采用挂单技术使买、卖成功，即在价格突变前，预先将预计的低价买单或高价买单下到股市交易系统中进行等待。投资者采用挂单操作时，最好已持有一定数量的欲采用挂单法操作的股票。这样，在目前 T+1 的交易规则下，可实现 T+0 的操作，从而创造出更好、更多的收益机会。

挂单法的好处在于见效特别快，一天之内甚至几分钟内就能有所收益。尤其在市场成交量放大、股价产生大幅震荡，或大户故意制造多头陷阱或空头陷阱时，采用挂单操作更是好机会。但这种方法也存在缺点，当市场受到外部突发消息的影响，行情迅速发生变化，或股市价格真的产生了有效突破，市场转势，而投资者未能及时撤掉挂单，则成交后会立即带来亏损（包括买入后价格下跌的亏损和卖出后价格继续上涨而减少的利润）。因此，使用挂单法操作时，动作要十分迅速。由于股价突变时成交的数量一般不大，所以中小散户更适于采用此法。

最后需要指出的是，上述任何一种投资方法，其效果都是有限的，都不能将其视为法宝而盲目使用，投资者在考虑选用这些方法时，必须结合资金的实际情况和可能条件。首先，要充分考虑自己的资金力量和来源；其次，要分析自己对收益的依赖程度和承担风险的能力；最后，要增强对证券市场的判断能力，提高判断的准确程度，这是选用某种投资方法获得成功的关键。为此，投资者应该具备一定的证券知识、投资分析能力、证券买卖时间和经验，切不可盲从于某种投资方法，这样才能成为一个成功的投资者。

阅读材料

证监会拟打击尾市操纵等案件

由于反复发生不以成交为目的、频繁申报和频繁撤销申报的涉嫌短线操纵行为，上海证券交易所于 2009 年 6 月 2 日对涉嫌短线操纵行为的个人投资者吴宝珍的账户进行了限制交易。

事实上，证券市场上类似的短线操纵行为不在少数。那么，不法分子究竟如何进行短线操纵？这里以证监会立案查处的另一案例——张建雄操纵 ST 源药（现 ST 方源）进行详解，以帮助投资者认清这一行为。

2008 年 7 月 3 日，ST 源药由跌停板到涨停板，这就是张建雄操纵所为。当日 11 时 7 分 22 秒至 32 秒，张以当时 ST 源药的跌停价 4.91 元买入 180 万股股票。其后的 11 时 15 分 33 秒，张以 4.99 元、申买挡位的第 3 挡挂单 69 万股，其时成交价为 5.03 元，尚未成交买单 213 万股。2 分 18 秒后，张撤销委托申报。11 时 18 分 10 秒，张以 5.1 元、申买挡位第 4 挡挂单 36 万股，其时成交价 5.13 元，未成交买单 225 万股。4 分 35 秒后撤销申报。11 时 19 分 16 秒，以 5.14 元、申买挡位第 3 挡挂单 60 万股，其时成交价 5.17 元，未成交买单 270 万股。3 分 23 秒后撤单。上述 4 分钟内，张不断挂出大单，给人以买单汹涌的假象，吸引其他投资者跟进，造成股价不断上涨，而根据不断上涨的股价，张再继续挂出大单，如此往复。

当天下午开盘后，张在 13 时 1 分 50 秒、13 时 2 分 50 秒和 13 时 3 分 48 秒，先后以 5.34 元、5.38 元和 5.43 元的当日涨停价挂出 60 万股、90 万股和 99 万股的大单，其时该股的跟风买入者不断增多，三笔单子挂出时的未成交买单分别为346万股、468万股和591万股，张也“根据盘面量价的变化”加快了撤单速度，三笔单子的驻留时间缩短为21秒、34秒和23秒。至此，通过频繁申报和撤销，股价被成功地推到涨停板。2008年7月4日9时18分22秒，正值开盘集合竞价时，张又以涨停价5.7元挂出99万股买单，继续制造无量涨停的格局，40秒后撤单。9时24分53秒，张建雄将180万股ST源药股票以5.68元、略低于涨停价的价格全部卖出，共获利1 342 008元。

如今在证券市场上，不法分子之所以能成功操纵，正是利用了散户喜欢跟风的心理。查实的证据显示，2008年7月3日11时14分55秒至13时3分48秒之间，张的6笔合计买委托申报高达414万股，是这一时段第一笔买委托申报前市场待成交买量的4倍多，到13时3分48秒，买委托申报市场待成交买量已经急剧增加到492万股。而上述6笔买单中，除封死涨停板的一单外，其余5单均在委买扫挡位的第3挡或第4挡，正是属于可以被看到并影响买卖心理而不会成交的挡位。

由此可见，短线买卖所奉行的量价指标、买卖力道、追涨杀跌等经典手法，恰恰可以被不法分子加以利用。

然而，不少跟风投资者有时还沾沾自喜，认为自己有门道看清机构的操作，殊不知，大多都为不法分子埋了单。仍以ST源药此后走势为例，虽然在2008年7月4日后，该股股价仍有不小涨幅，但于7月30日开始，其股价连续大幅下挫，最低时一度达到2.53元，股价的跌幅约达300%。即使以张建雄抛出的股价计算，股价也被腰斩，大量的跟风投资者被套其中。

对此，证监会有关部门负责人表示，对这些新型操纵，证监会给予坚决打击。根据市场出现的新情况、新问题，证监会积极研究打击尾市操纵、开盘价操纵等新型操纵。张建雄操纵ST源药案，正是2008年以来证监会对29起市场操纵线索开展非正式调查立案15起中的一起。

结论

对于中短线的投资者来说，掌握证券投资的方法和技巧尤其重要。从正规的渠道搜集证券市场的可用信息，正确解读证券市场的行情，是证券投资者必备的功底。投资者买卖证券时，时机的把握非常关键。通过对股价、成交量、涨跌幅、股价所处的历史空间等盘面各种要素的观察，判断市场行情所处的阶段，是决定买卖操作的依据。

在市场行情的顶部，有一系列特征，包括市场人气异常旺盛、股票放量滞涨、领涨板块下跌、非主流板块补涨等。市场行情的底部，也可以从市场人气、量价的配合、成交量的大小等方面来判断。正确的操作策略和操作方法是确保投资成功的关键。

复习题

1. 证券市场中的信息来源主要有哪几个方面？投资者如何判断所获取信息的真伪？

2. 观察大盘的行情时，投资者如何判断是权重股表现得好，还是小市值股票表现得好？

3. 常见的盘面操作技巧有哪些？

4. 如何判断个股的顶部和底部？

5. 中短线的投资者如何把握市场的热点？

6. 常见的买入和卖出股票的技巧有哪些？

问题与应用

沃伦·巴菲特投资的时间跨度很难模仿，但他的思路很有参考价值。要在投资领域成功，他相信以下六点素质是必备的：第一，你要有点贪念，但不能太多。太多的话，贪念就会控制你；但太少的话，你失去了动力。你必须对投资过程充满好奇心。第二，你必须有耐心。你买一家公司的股票，应该打算永远拥有这一股票。你不应随大流而动。你如果对公司的判断正确且在适合的价位进场，你最终会看到股票价值。第三，你必须独立思考。如果你自认为不具备足够的知识来做判断，最好就不要做任何判断。第四，你必须有自信，这自信必须来自知识和经验，而非一时的头脑发热。第五，不要不懂装懂，要有自知之明。对自己不懂的东西，要承认自己不懂。第六，对投资的对象可以有弹性。什么生意都可以买，但不要付出超出其价值的价格。

他每年给他的投资者的年度报告都强调两点：一是我们的投资将基于股票的价值而不是股票是否热门；二是我们的管理将尽量使损失降至最低（有别于股价的短期波动）。一位成功投资者的重要素质之一便是市场情况不允许时，离开市场。1969 年，当巴菲特认为“便宜”股票已很难找到的时候，他决定暂离市场。当时他是这样给投资者们解释的：“我对现今的情况有失落之感……但有一点我很清楚，我将只能进行我所熟悉的投资方式。这样做或许会失去一些巨额且容易的盈利机会，但我不能进行我不熟悉的投资方式，因为这可能导致巨额的损失。”一位优秀的投资者，只有在获胜概率很大的情况下才会将资金投入股市。巴菲特便是其中的佼佼者。

问题：

（1）巴菲特的炒股技巧有哪些？对投资者有何借鉴作用？

（2）巴菲特在找不到便宜股票的时候，采取了怎样的行动？

（3）投资者应该向巴菲特学习什么？

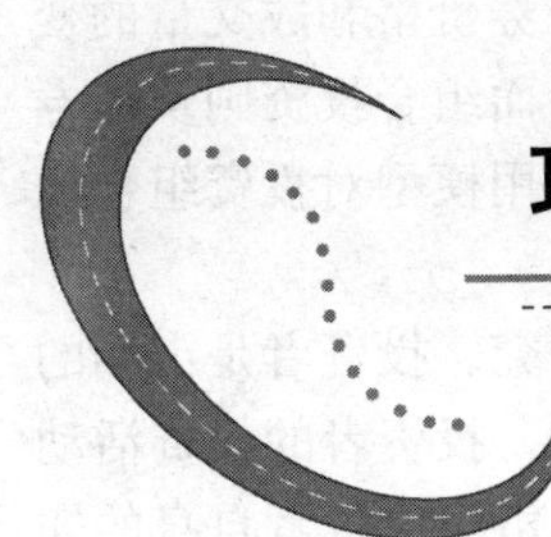

项目八

证券投资心理与行为分析

学习要点

- 了解证券投资个体心理行为特征
- 知道证券投资中大众心理行为特征
- 熟悉证券投资中常见的心理现象
- 掌握证券投资中心理行为误区的调整方法

案例导入

金融投资如同选美

在有众多美女参加的选美比赛中，你如果猜中了谁能够得冠军，就可以得到大奖。你应该怎么猜?

凯恩斯先生告诉我们，千万别猜你认为最漂亮的美女能够拿冠军，而应该猜大家会选哪个美女做冠军。即便那个女孩丑得像个大巫婆，只要大家都投她的票，你就应该选她，而不能选那个长得像你梦中情人的美女。

“在这种情形下，每名竞猜者都不选他自己认为最漂亮的人，而选其他人认为最美丽的人。每个竞猜者都持此想法，于是都不选他们本人认为最美丽者，亦不选一般人认为最美丽者，而是运用智力，推测参与竞猜者认为的最漂亮者……”这样的选美结果是，选出了“大众情人”，选出了大多数人都会喜欢的脸蛋。

购买股票也应如此!

证券投资基本分析从经济基本面入手，来研判证券市场的整体估值，确定公司的投资价值，为投资者投资提供参考；技术分析从证券价格走势的形态、证券价格和成交量的变化关系入手，来判断证券价格的未来走势，为投资者提供决策参考；而组合投资则从证券的风险—收益关系入手，运用数学工具，构建一系列的数理模型，利用模型对投资组合的期望收益、风险进行衡量，为投资者提供决策参考。

然而，上述投资理论却忽视了对证券投资的主体——投资者的研究。投资者是市场的主体，对投资行为拥有主动权。投资者具有两面性：社会性和动物性。投资者的投资活动是理性和感性的统一，具有投资者的个性特征。对同一个目标证券，由于投资者自身的知识水平、判断能力、投资经验、心理素质等方面的差异，不同的投资者往往会得出迥异的投资决策。

研究和分析投资者的心理和行为，可以从一个侧面诠释众多的市场行为，揭示证券市场的某些内在规律，为投资者克服投资过程中的心理障碍、纠正投资过程中的错误行为提供科学的依据。

任务一　认识证券投资心理与行为

在投资过程中，来自于内心深处的压力与来自于市场外部的压力，会相互作用，共同影响投资者的投资决策。大量的实证研究表明，投资者的行为方式及深层次的心理特征对投资活动的结果具有直接的、重要的影响。这是因为，投资者面对大量的信息和瞬息万变的市场环境，在对市场信息的分析和处理上，不同心理特征的投资者会做出不同的判断和选择；当然，所做出的投资决策也各不相同。因此，对证券投资的分析就不能离开对投资者心理行为的分析。

活动一　证券投资心理与行为基础

2002 年，诺贝尔经济学奖授予美国普林斯顿大学的卡尼曼教授，以表彰他在行为金融领域开创性的贡献。卡尼曼教授用心理学的研究成果，探讨了传统经济理论所认为的个体理性的自利行为是如何的非理性。他解释了人们在理论上看上去是理性的行为，实际上是如何的非理性的原因。

卡尼曼教授开创性地把心理学的相关知识和理论应用于金融领域，他对于原有理论框架中的现代金融理论进行了深刻的反思，从人的角度来解释市场行为，充分考虑市场参与者的心理因素的作用，为人们理解金融市场提供了一个崭新的视角。

行为金融理论已经开始成为金融研究中一个十分引人注目的领域。行为金融理论以心理学对人类的研究成果为依据，以人们的实际决策心理为出发点，讨论投资者的投资决策对市场价格的影响。它注重投资者在投资决策过程中心理活动的多样性，通过对投资者的决策行为的研究，认为证券市场是一个由众多投资者构成的复杂的博弈场所。

一、人的心理现象和心理特征

人的心理现象是多种多样的，它们之间的关系也十分复杂。心理现象包括两个方面：心理过程和个性心理特征。个性是心理过程中表现出来的具有个人特点的、稳定的心理倾向和心理特征，如需要、兴趣、动机、态度、观点、信念、性格、气质、能力等，是心理现象的静态表现形式。

心理过程主要包括人的认识过程、情绪和情感过程、意志过程。认识过程是一个人在认识、反映客观事物时的心理活动过程，包括感觉、知觉、记忆、想象和思维过程；情绪和情感过程是一个人在对客观事物的认识过程中表现出来的态度体验，如满意、愉快、气愤、悲伤等，它总是和一定的行为表现联系着；为了改造客观事物，一个人有意识地提出目标、制订计划、选择方式方法、克服困难，以达到预期目的的内在心理活动过程即为意志过程。

心理过程是人们共同具有的心理活动。但是，由于个体先天素质和后天环境不同，心理过程在产生时又总是带有个人的特征，从而形成了不同的个性心理特征。

能力是能成功地完成某种活动所必需的心理特征，是个性心理特征的综合表现；气质是不同类型高级神经活动在人的行为上的表现，即每个人在心理活动、行为方式上所表现出的不同的速度、强度、稳定性、灵活性等；性格则是个体对现实的态度以及与之相适应的相对固定、习惯化的行为方式，比如每一个人的追求不同，爱好不同，各自采取相应的方式去实现自己的追求等。此外，兴趣、爱好、理想、信念、道德品德、责任心、荣誉感等也都是个性心理特征的表现，也都有着明显的个体差异。

二、证券投资心理与投资行为

投资者利用自身的知识、技术、资金、时间等方面的资源，对证券市场的投资产品进行判断、筛选，最终决定在什么时间、什么价格下，购买多少何种证券的过程，就是投资者的投资行为。证券投资心理就是投资者在进行证券投资过程中所表现出来的相对稳定的心理特征和心理现象。

证券投资是一种动态的心理与行为过程。对广大投资者来说，投资行为的发生存在着基本的心理模式：为了获取资金的回报，引发了投资者的投资需要；有了投资需要的投资者，就会产生投资动机；投资需要和投资动机诱发投资目标，进而引发投资行为；投资行为会导致相应的投资效果，投资者会不停地对照投资目标和投资效果，不断地对投资行为进行调整。如果投资者的投资行为调整所带来的投资效果进入良性循环，投资者的投资需求就会增加，投资目标也会扩大；相反，如果投资者行为调整使投资效果进入恶性循环，就会使投资者的投资需求逐渐减弱。图 8—1 表示了投资者的心理模式。

活动二　证券投资者个体的心理行为特征

沃伦·巴菲特说过："对投资者来说，最重要的是脾气，而不是智力。你不需要有超常的智商，也不必能玩复杂的象棋和桥牌，你只需要一个不是符合群体，也不是反对群

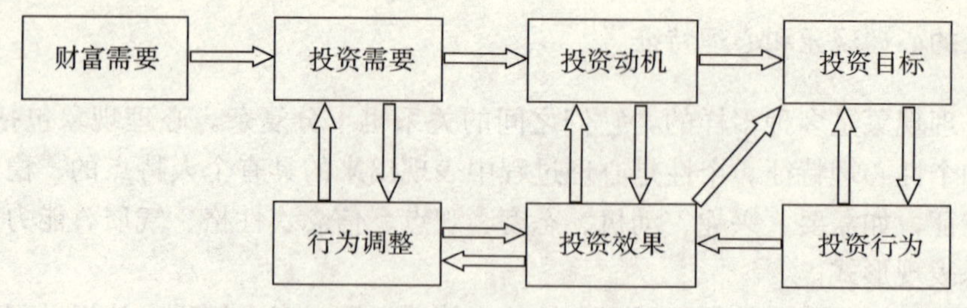

图 8—1　投资者的心理模式

体，能给你带来快乐的脾气。”投资者的个性倾向主要包括需要、动机、兴趣、理想、信念等，这是投资者进行投资活动的基本动力，是投资者个性结构中最活跃的因素。投资者个性心理特征就是投资者经常地、稳定地表现出来具有某种倾向性的各种心理特点。行为金融的研究表明，投资者在进行投资决策时常常会表现出以下一些心理特点。

一、过度自信

心理学家经过大量实验后认为：人是过度自信的，尤其对其自身知识的准确性过度自信。人们总是系统性地低估某类信息并高估其他信息。心理学家们的研究还发现：一些职业领域往往与过度自信相联系，如外科医生、心理学家、投资银行家、工程师、律师、投资者和经理在判断和决策中会存在过度自信特征。实验心理学家还发现，人们在回答中等到极度困难的问题时，倾向于过度自信；在回答容易的问题时，倾向于不自信。

在证券市场中，投资者总是过分相信自己的能力和判断。他们在进行投资决策时，往往会过度估计突出而能引人注意的信息，尤其会过度估计那些支持其信念的信息，并倾向于搜集那些支持其信念的信息，而忽略那些不支持其信念的信息。当投资者的某些观点得到丰富的信息、重要的案例和明显的场景支持时，他们会更加自信，并对这些信息反应过度。尤其是当投资者的投资盈利后，过分自信的一般表现形式就是情绪乐观，见到亲戚朋友大谈股票，并会积极、主动地向朋友推荐股票。此时，投资者一般会低估证券的实际风险，进行过度交易。

二、重视当前和熟悉的事物

人们总是对近期发生的事件、最新的经验以及熟悉的事物更为重视，从而导致人们在判断和决策时，过分看重近期事件和熟悉事物的影响。如投资者总是会对最近发生的事件记忆犹新，投资者总是投资于经常谈论、拥有、熟悉的股票，并认为这些股票的风险较小，有信心把握等；对不熟悉的公司的股票，尽管该公司的业务符合政府的产业政策，该公司管理科学、利润增长空间巨大等，投资者也会敬而远之。

三、从众

从众行为也叫羊群心理行为，是指个体在社会群体的影响下，放弃自己的意见和观点，转变原有的态度，采取与大多数人一致的行为。“随波逐流”、“人云亦云”是描述这类行为最好的成语。

从众并不是顺从。顺从行为虽然也是受到群体的影响而采取和群体一致的行动，但顺从者内心仍有自己的观点，保留自己的看法，仅仅是表面上的服从。而从众是发自内心的自愿，放弃自己原有的观点和看法，遵守群体的规范。

在我国证券市场中，从来就不缺乏从众现象。1999 年，网络概念风靡全国，绝大多数投资者对网络股产生了浓厚的兴趣。上市公司也纷纷向网络产业靠拢。股市上凡是和网络搭边的股票，甚至是垃圾股，都涨势喜人。2006 年到 2007 年的奥运概念股也有类似的情况。这中间显然存在从众行为。

四、回避损失

对于收益和损失，投资者更注重损失所带来的不利影响，而这将造成投资者在投资决策时主要按照心理上的"盈亏"而不是实际的得失采取行动。如投资者总是选择过快地卖出有浮盈的股票，而将具有浮亏的股票保留下来。

投资者不愿卖出已下跌的股票，实际上是为了避免损失变成现实。在投资者看来，只要还没有卖出已经亏损的股票，该股票就有盈利的可能。在这种情况下，大多数投资者会倾向于转变成长线投资者。"不就是等嘛，一年、三年、五年、十年，我就不信它涨不上去!"坚持"长期抗战"，在漫漫长夜中苦熬，等待市场重新回暖，是具有该心理特点的投资者经常遇到的情况。

五、事后后悔

投资者正是有了从众心理，为避免做出错误决策带来的遗憾，投资者可能拒绝卖掉价格已经下降的股票。当投资者考虑到大量投资者也在同一投资上遭受损失时，投资者可能降低其情绪反应或感觉。

回避损失会使投资者在投资过程中出现后悔的心理状态。在大牛市背景下，没有及时介入自己看好的股票会后悔，过早卖出获利的股票也会后悔；在熊市背景下，没能及时止损出局会后悔，获点小利没能兑现，然后又被套牢也会后悔；在牛市中，自己持有的股票不涨不跌，而别人推荐的股票却在上涨，投资者会因为自己没有听从别人的劝告而及时换股后悔；当下定决心，卖出手中不涨的股票，买入专家推荐的股票后，又发现自己原来持有的股票不断上涨，而专家推荐的股票不涨反跌时，更加后悔。这类投资者从进入股市的那一天起，就生活在后悔之中。

也有学者认为，投资者的从众行为和盲从，是为了避免由于做出了一个错误的投资决定而后悔。许多投资者认为：买一只大家都看好的股票比较容易，因为大家都看好它并且买了它，即使股价下跌也没什么。大家都错了，所以我错了也没什么！而如果自作主张买了一只市场形象不佳的股票，买入之后它就下跌，自己就很难合理地解释当时买它的原因。此外，基金经理人和股评家倾向于推荐名气大的上市公司股票，主要原因也是因为如果这些股票下跌，他们因为操作得不好而被解雇的可能性较小。害怕后悔也反映了投资者对自我的一种期望。

即问即答

过度自信、回避损失各有哪些常见的表现形式？

六、心理账户

许多调查研究的结果证明，在投资者进行决策的时候，并不是权衡了全局的各种情况，而是在心里无意识地把一项决策分成几个部分来看。用行为金融理论的话来说，人们在自己的内心建有数个账户，会把在现实中客观等价的支出或收益“放在”内心不同的账户中。比如，人们会把辛苦劳动、日积月累攒下来的血汗钱放在“勤劳所得”账户中，把年终奖视为一种额外的恩赐，放到“奖励”账户中，而把赌博、买彩票赢来的钱，放到“馅饼”账户中。投资者对这些以不同方式得到的等额资金分别赋予各异的效用，这就是心理账户。

对于“勤劳致富”账户里的钱，人们会赋予较高的效用，使用起来也精打细算。而对“奖励”账户里的钱，人们就会赋予其相对较低的效用，使用起来也更轻松随意。“馅饼”账户里的钱在人们的心里最不值钱，使用起来也是“来也匆匆，去也匆匆”。

阅读材料

看看你是否拥有心理账户

星期六的下午五点，你拿着票价是200元的门票，兴冲冲地前去观看你期待已久的明星演唱会。当你走到剧院的门口掏票进场时：糟糕！可恼！衣兜翻了个底朝天，但200元的门票就是不见影踪。经过这一波折，你是否还会再掏钱买票进去看这场明星演唱会？

如果把情形换一换，你事先没有买票，但是在剧院的售票处，你发现在来的路上，你丢了200元！这时你还会掏200元买票看演出吗？

上面这两个问题，不知你的答案是什么？如果两种情况你的选择不一样，恭喜你，你也拥有心理账户。

活动三　证券投资中大众的心理行为特征

证券市场是由众多各色投资者构成的市场——有老有少、有男有女、有尊有卑，既有知识渊博的学者，也有目不识丁的文盲。然而，在这样的市场中，投资大众因共同的投资需要走到一起，进行相同的活动，投资者们既有共同的目标，又相互竞争。

在众多有限理性投资者群体构成的市场中，投资者个体自发的理性行为，却能导致整个市场的沉寂与疯狂。查尔斯·迈可说：“一个公认的事实是，人们的思维喜欢合群，他们会集体发疯。”弗里德里希·席勒说：“任何一个人，作为个体来看，都是足够理智和通情达理的，但是，如果他作为群体中的一员，立刻就成为白痴一个。”在证券市场中，群体累加的不是智慧，而是愚蠢。理性的个体构成的群体却成为非理性的重灾区。

大量的事实证明，金融市场是群体性癫狂的高发领域。在证券投资领域，由投资者构成的群体具有下列心理行为特征。

一、从众与众从

在证券市场中，存在大量的从众心理行为。人类金融史上的屡次金融风暴都是群体性疯狂的结果。1634—1636年荷兰的郁金香事件、1719—1720年的英国南海事件、1929年的美国金融大恐慌、1987年纽约的“黑色星期一”、1997年的亚洲金融危机、2007年我国证券市场的非理性疯狂和随之而来的深幅调整等，都是由投资者的从众心理和从众行为造成的。

在证券市场中，如果在证券价格上涨后，投资者采取跟风策略而买进证券，则会导致证券价格的进一步上涨，股市的泡沫就会越吹越大；证券价格的一轮上涨会吸引一批新的投资者，造成证券价格的又一轮上涨；而新一轮价格的上涨再次增加投资者对证券的需求，如此反复，最终形成泡沫。

在证券市场中，比较常见的是从众现象。然而，投资者群体中也有坚持己见的投资者。他们可能受到各种挑战，承受巨大的心理压力，但还是要坚持到底。这样的投资者也会给整个群体带来决定性的影响，甚至在特定情况下，证券市场中的绝大多数人会采纳少数人的意见，产生证券市场中的另一种心理行为——众从。

在证券市场中，证券市场行情的每次翻转，都是多数人受到少数人意见的影响而改变原来的态度、立场和信念，转而采取与少数人一致的行动造成的。有很多投资者有这样的体会：有时候大多数人的意见未必正确，真理也会在少数人手里，尤其是面临市场反转的情况时，这种感觉更明显。在市场面临反转时，少数人意见一致，并坚持自己的观点和行动，多数人也开始怀疑自己的立场是否正确，思想上摇摆不定。在这一阶段，多数人中的一小部分可能会首先转变观念，改变行动方向，转而支持少数人的意见，当越来越多的多数人调转枪口，采取与少数人一致的策略后，证券市场中的少数人就变成了多数。

证券市场中，从众和众从相互交映，造成了证券市场周期性的波动。当股价不断上涨、投资者不断购入看涨的股票时，市场中的其他投资者也会受到市场人气的感染，加入到作多的行列，这是从众。当股价高高在上，少数人意识到股价高得离谱，开始抛售时，少数人的意见就会引起部分人的思考，当越来越多的人也意识到股价高位的风险时，他们会纷纷加入到少数人的行列，开始抛售股票，这是众从。股价下跌，引起更多人的抛售，股价会继续下跌，这又是从众。当股价下跌到一定程度时，少数聪明的投资者意识到股票已经跌无可跌，开始作多。少数人的观点会逐渐增强，股价止跌企稳。当越来越多的投资者加入少数人的行列时，股价又开始节节攀升，这又是众从。

阅读材料

丽江旅游强势涨停，王亚伟成投资者的风向标

作为“史上最牛基金经理”、“公募基金第一人”、“中国的彼得·林奇”，在崇拜者眼中，跟踪王亚伟买股，百万富翁不是梦；仅“王亚伟”三个字，就值三

个涨停。其执掌的华夏大盘，2007 年以 226%的回报率高居股票型基金 NO. 1，2008 年名列第二，从成立以来净值累计翻了 7 倍。

超人的投资业绩，引发了投资者和众多基金经理对王亚伟的崇拜。许多投资者以王亚伟为风向标，跟王亚伟买卖股票。

2009 年二季度，当投资者得知王亚伟小幅增仓丽江旅游后，丽江旅游再次显现暴炒效应。7 月 24 日，丽江旅游被曝出王亚伟持有该股之后，便迅速得到主力资金的关注，封于涨停。对此，有分析师认为，未来投资者很可能以王亚伟在二季度的增仓情况作为投资标准，疯抢个股。

“目前上市公司的中报业绩披露期已经开始，我们已经在开始密切关注有王亚伟增仓的股票了。虽然不能说是百发百中吧，但是在目前大盘风险开始显现的背景下，王亚伟所持有的股票可以成为指数行情中的避风港，最起码也能成为有效的参考标准。”一位长期炒股的股民对金融投资报的记者如是说。

资料来源：http://finance. qq. com/a/20090727/005007. htm。

二、投资者群体行为极端化

对股票价格走势的分析，不仅要关注基本面的变化，而且要关注投资者群体心理对价格的影响。事实上，投资技术分析是建立在对大众心理规律的把握之上的。投资者群体心理行为的一个重要特征就是行为的极端化。也就是说，投资者在行情看好时更加乐观，在行情看空时更加悲观。所以，当证券市场繁荣时，一些股票毫无投资价值，人们也会争相购入，唯恐失去机会；当股市萧条时，即使具有良好投资价值的股票，也会遭人抛售，无人问津。

金融泡沫产生和破灭的周期性是群体心理行为极端化的最终结果。泡沫的形成和破灭过程往往是这样的：当股票的价格由下往上，逐渐偏离其价值时，买者获利以及随之而来的幸福感引诱投机进一步升级，市场乐观情绪进一步高涨；缺乏信息、缺乏理性的“外部人”（没有拥有股票的人）开始受到诱惑，积极入市，证券市场中的从众行为致使股票价格进一步上扬，当机敏的少数“内部人”（拥有股票的人）开始撤离市场，并引发越来越多的内部人离开市场时，股票的价格就到了峰顶。外部人又有情绪惯性，依然不肯离场，市场开始出现了焦虑期，市场一旦受到利空消息的打击，出现恐慌，股票被抛售，股票抛售的雪崩效应使股票的价格一落千丈，甚至远远跌破其基本价值。

三、投资者群体决策平庸化

投资者群体决策平庸化也称心理群体整体智能低下定律。

在证券市场中，由投资者个体所构成的群体，在决策或行为时所表现出的智能水准，将远远低于该群体成员在作为个体决策或行为时所能表现出的智能水准。换句话说，群体的智能要远远低于组成心理群体成员的个体智能。

法国的古斯塔夫·勒庞说过：“群体中累加在一起的只有愚蠢而不是天生的智慧。”这是因为群体中往往存在一种“集体心理”，在集体心理中，个人的才智被削弱了，从而使他们的个性也被削弱，集体无意识占了主导地位。勒庞从三个方面解释群体决策平庸化的原因。

第一是责任分散。从数量上看，形成群体的个体会感到一种势不可当的力量，使他敢于发泄自己本能的欲望，而在自己个体行动时，他必须对这些欲望加以限制。在群体中，他很难不产生这样的念头：和大众采取同样的行动，不必承担责任。

第二是传染。在群体中，每种感情和行动都具有传染性，其程度足以使个体随时跟着群体行动。

第三是易于接受暗示的倾向。长时间融入群体行动中的个人，往往会发现自己已经进入一种“催眠”状态，他不再意识到自己的行为，有意识的人格消失得无影无踪。此时，只要出现某种暗示，他就会因为难以抗拒的冲动而采取某种行动。由于群体中所有成员都受这种暗示的作用，成员之间的互相影响使得暗示的力量大大加强。

按照这一定律，心理群体永远无法完成需要高智能的任务。当人群构成心理群体时，由于理性个体的丧失，群体成员无法把由理性个性所支配的智能相叠加或组合；同时，由于非理性个性的加强，群体成员只能把由非理性个性所支配的愚笨相叠加或组合。这一定律对股票投资者也有着特别重要的警示作用。

四、投资者群体的锚定效应与心理关口

在证券市场中，群体锚定效应主要体现在投资者之间的互动会影响锚定值的设定。

人们对未来的预测有截然相反的两种结果，但是未来的事实却毫无争议地只有一个结果。之所以会出现这一矛盾，往往是由于有“锚定效应”的心理误区存在。因为人在做预测的时候，内心往往充满了对不确定性的恐惧，而通过自己以往的经验设定一个具体的数字，就可以明显降低自己的这种不安。这种思维机制称为“锚定”。

比如，2007 年我国上证综指涨到 6 000 多点时，许多投资者就把 6 000 点作为锚，认为未来两年之内，上证综指会涨到 8 000 点，甚至 10 000 点。当 2008 年，我国上证综指跌破 4 000 点时，许多投资者还以 6 000 点为锚，认为我国的股市已经很便宜了。投资者一般都有这样的感觉，比如一只股票从 10 元启动，被拉到了 70 元，投资者就会认为该股票的价格太高。但当该股票被拉到 150 元后，然后跌到 70 时，投资者就会认为该股票很便宜，因为他把股票的价格锚定在 150 元的位置上。

就单个投资者来说，他往往会以同类股票或者股票家的预测值作为初始的锚定值，然后加以调整。但是在市场中，投资者个体的初始锚定值的设定还受其他投资者锚定值的影响，经过群体的互动、媒体报道、投资者口耳相传，投资者会逐渐形成相对较为一致的群体锚定值。该群体锚定值一旦确定，就成了投资者决策中的一个重要参考。股票家们经常使用的压力位、支撑位等概念就是其他的锚定值。

群体锚定值的一个有趣的现象就是它具有跃升的阶梯性，即证券市场指数往往有 100 倍整数点的心理关口，如1 000点、2 000点、3 000点等。在心理关口附近，股指停留的时间很短，而一旦股指突破该心理关口，股指的跃升程度也会更大；当股指从高位回落时，该心理窗口也具有很强的支撑作用。

即问即答

试举出生活中的例子说明何为锚定效应。

案例讨论

我国的证券市场中是否存在从众、群体行为极化等现象？

近十年来，证券市场亢奋过、欢乐过，也犹豫过、悲观过。以我国 2005 年 4 月股权分置改革政策的提出为导火线，在一系列利好政策的刺激下，我国股市迎来了 2006—2007 年的牛市。2006—2007 年，我国股市峰回路转，一路飙升。尤其是自 2007 年年初开始，上证综指从 2 700 多点节节攀升，一度突破 6 000 点大关。与 2006 年相比，2007 年沪、深两市账户新增 5 600 万户，达到 13 500 万户，几乎增加了 72%。然而，进入 2007 年年末，我国股市出现了调整性的下跌，上证综指还一度跌破 5 000 点关口。2008 年股指持续走低，至年底已经跌破 2 000 点，最低跌至 1 600 多点。至 2014 年年初，上证综指又一度跌破 2 000 点。从 2005 年到 2013 年沪深 300 股指的涨跌幅变化图中，可以明显地看到以 2007 年 6 月为转折点前后巨大的反差。中国股市神话般的"跌宕起伏"成为国内外学术界尤其是金融界关注的焦点。中国的股市怎么了？股市一路飘红的背后是否隐藏着虚假的繁荣和人性的贪婪与疯狂呢？而 2010 年至今，上证综指持续下探，反复在 2 000 点左右振荡的背后是否又隐藏着过度的悲观呢？我国上证综合指数从 2002 年到 2013 年的周 K 线如图 8—2 所示。

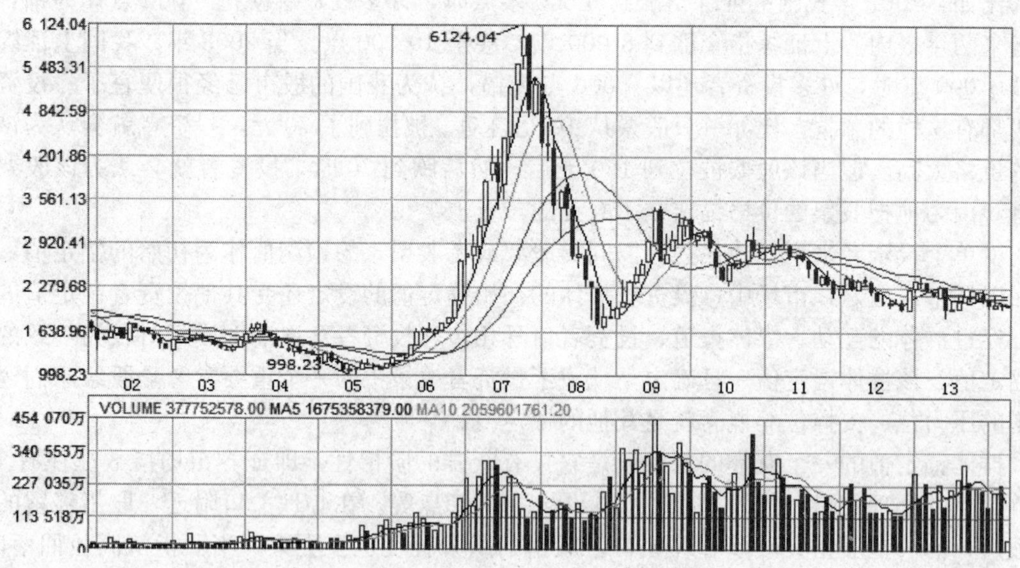

图 8—2　我国上证综合指数从 2002 年到 2013 年的周 K 线图

问题讨论：

(1) 在我国的证券市场，是否存在从众与众从的现象？

(2) 在我国的证券市场，是否也存在投资者群体行为极化的现象？

（3）从我国2002年到2013年的证券市场K线图中，你能否感受到投资者心理行为特征对投资行为的影响？

任务二　证券投资中的基本心理行为现象

投资者的心理现象非常复杂，投资者要理解这种心理现象，就要透过这些复杂的心理现象，找出一些具有共性特征的东西。

活动一　贪婪与恐惧

投资者十分熟悉的华尔街有一句名言：“市场是由两种力量驱动的——贪婪和恐惧”。在证券市场中，每一个投资者都希望从自己的投资中获得比一般人要多的收益。同时，每一个投资者都害怕风险，想方设法回避风险。贪婪和恐惧存在于市场中的每一个角落，并主导着投资者情绪的变化。

市场的繁荣不断增强投资者的信心和期望，而且会让已经进入的投资者来哄抬或操纵市场的价格，以便吸引更多的投资者进入。而这种从众行为的循环往复，导致股市价格一轮又一轮地上涨。在这一阶段，投资者以贪婪心理为主；相反，如果股市价格回落，则恐惧心理又会成为主导。这样，每一个投资者都在这种贪婪与恐惧之中徘徊。贪婪和恐惧这两种心态不断变换，派生出股市中各种复杂的心态。

一、贪婪

贪婪是人的天性，本无可厚非。人们投资，就是为了获取更多的利润。投资者投资股票可以大大缩短积累财富的时间，这是投资的初衷。投资者在股市初尝甜头后，他的贪欲会更强烈。然而，证券投资仅靠贪婪维系是不能长久的。过分贪婪的心理，往往是导致亏损的根源。大量的事实证明，要想在证券市场立足并不断成功，必须克服贪婪这一强大的拦路虎。这正应了股市的一句谚语：多头能赚，空头能赚，唯有贪心不能赚。

贪婪主要表现为以下几个方面：

第一，希望买入的股票天天涨，最好是天天涨停。遇到买入的股票不涨，或是看到别人持有的股票在涨，心里又是羡慕，又是嫉妒，于是头脑发热，不仔细进行分析，便调仓换股。一旦买入的股票被套，就坐卧不安，甚至连休息都不能安心，做梦都是满屏的红盘，涨势一片。

第二，见好不收。股价不可能毫无止境地上涨，当股价涨到了顶，也就开始回头了。而贪心过重的投资者总是不愿意相信多头的行情会戛然而止，总认为今天的趋势就是明天的事实。但股票市场的客观规律是：经过一段时间上涨的股票，一定会形成超买，在获利回吐的压力下，股票的价格会跌落回到合理的支撑位置，当新的买盘继续涌入，股票价格会重拾升势。股市到顶必跌，到底必升，有高潮就会有低迷，有山峰必定有峡谷，这就是股市的规律。因此，投资者必须控制好自己的欲望：不要乞求最优的结果，而要接受次优的结果。贪得无厌之人总是一味追求最大的收益，其结果只能是竹篮打水一场空。

有一位投资者，在2006年至2007年的大牛市中，投入10万元买入的两种股票，市值最高时达到60万元。然而当2007年上证综指以6 124点见顶后，便一路回落，该投资者的市值也在不断缩水，50万、40万，别人劝他赶快卖出，他却说："我的这只股票，75元时我都没有卖，现在跌到了40元卖它干嘛!"

第三，斤斤计较。投资者在买进股票时，总是会贪图一分、二分的便宜而使委托不能成交，最后失去宝贵的机会。有经验的投资者都知道，股票交易软件上显示的买入、卖出价，就是交易当时的最高价或最低价。贪心的投资者在买入股票时，总是喜欢按屏幕上的买入价甚至比买入价更低的报价单位申报，而卖出股票时，他又按当时的卖出价或者比该价格更高的价位报单，总是希望以比当时更低的价格买入、比当时更高的价格卖出。实际上，投资者买入或卖出股票之前，必须认真分析行情，搞清楚自己的立场——看空还是看多！如果坚决看多，在填单时完全可以多填几分，确保申报成交；反之亦然。这样才能保证不会因小失大。

二、恐惧

恐惧，就是害怕和畏惧，是人类对当前可能会危及自身安全的未来不确定事件表示担忧的一种心理体验。在股市中，有各种各样的担心、害怕、畏惧的情况，概括来看，就是害怕亏本和失掉赚钱的机会。恐惧主要有以下几种表现：

第一，害怕亏本和被套。投资者进入股市的直接目的是盈利，所以投资者特别害怕被套。所谓被套，就是投资者买入股票后，股票不涨反跌，导致投资者亏损；所谓亏本，就是投资者投入的本金受到了损失。

如果投资者亏本，就有可能遭受家人的奚落、朋友的嘲笑。实际上，投资亏本是很正常的现象，所有投资者都有亏本的体验。如果害怕亏本，就迟迟不肯进场，或者进场后一直在等待、观望，对交易始终没有信心，那就不要进入股市。因此，对股民来说，进入股市之前一定要谨慎抉择，对赔钱做好心理准备。

对于投资被套，也是一样。俗话说得好，常在股市里，哪有不被套！关键是被套之后不要坏了心态。只要心态不坏，就能沉着应战，按照操作计划进行投资。如果心态做坏，盲目追涨杀跌，只会错上加错，使潜在的损失变成实际上的损失，使小损失变成大亏损。

第二，怕赢。在股市里，怕赢的人似乎很少，实则非常多！2005年到2007年的一轮大牛市中，股指一涨冲天，涨幅接近5倍，然而有几位投资者得到了5倍的投资收益？有相当多的投资者往往是在行情刚上涨时就把手中的股票抛售变现了，股价涨了两三倍，甚至是六七倍，而投资者只赚了30%，至多是100%，这就是怕赢的表现。

股东的恐惧常常会妨碍投资者的判断和决定，在极度恐惧中，投资者坐立不安，但投资者越是紧张，就越难以专心分析和判断各种信息，当恐惧达到极点时，投资者不仅难以做出简单的决定，而且常常会做出错误的决定。

贪婪和恐惧是股市中两种极为有害的心态，它会使投资者遭受严重的投资损失。华尔街有句名言，恐惧和贪婪主宰着市场，它们是投资者一再遭受灾害和经济损失的根源。普通投资者都能在别人身上发现这一问题，然而一旦摊到自己的身上，总是难以发现。

在证券市场中，投资者始终保持理性的态度和清醒的头脑是非常可贵的，而要成为赢家就要克服自身的贪婪和恐惧。沃伦·巴菲特说过："我们也会有恐惧和贪婪，只不过是在别人贪婪之时我们恐惧，在别人恐惧之时我们贪婪。"理解、体会和借鉴巴菲特的话对投资者很有帮助。

即问即答

巴菲特也有贪婪和恐惧，但他却赚到了钱，而我国的大多数中小投资者为什么没有在股市中赚到钱？

活动二　焦躁与慌乱

焦躁和慌乱也是人们在投资证券过程中的一种常见的表现。

一、焦躁

所谓焦躁就是着急和烦躁，不沉稳，总是急于求成，今天买了指望明天大涨，一见不涨马上就换，所谓五马换六羊。之所以出现这种现象，与急于致富的心情有很大关系。

在现代社会，由于生活节奏加快，人们的生活压力加大，加上少数一夜暴富的人物的经典传奇故事被人们刻意渲染、夸大，很容易使人产生浮躁不安的心态。特别是在证券市场这个环境中，信息传播的速度极快，加上市场的气氛，常常会给人一种错觉，使很多人觉得必须立刻做出决定，以免错过眼前这个难得的机会，这样就会使得谨慎的、周密的计划被不耐烦和冲动所取代。

俗话说：财不入急门。事实上，在股市中真正赚钱并能体验到投资成功乐趣的中小股民，多数是那些并不急于求成的人。他们总是心平气和，认真研究公司的基本面，仔细研判大势，耐心等待最适合的入市时机，然后按照投资计划，买入股票，长期持有股票，一直等到股票给他们带来高额的回报后，然后择机退场观望，静等下一次机会。所以，投资者一定要戒浮躁，以平静的心态面对市场，直面证券市场的风风雨雨。

二、慌乱

慌乱是与焦躁情绪相连的另一个心理表现。所谓慌乱，就是对自己的行为缺乏控制能力，慌张而忙乱。在证券市场中，出现这种情况的人，大多数是散户（小额投资者）。这些慌乱的散户往往在心理上是处于劣势的群体，他们要么是遇事缺乏主见、心理素质较差的人，要么是经济压力较大的人，要么是在投资中一再遭受挫折、让挫折改变了自我的人。证券市场中往往是稍有风吹草动，这些人就会惊慌失措。见涨得稍微超出一点自己的预期，马上就抛，害怕到手的薄利再次化为乌有；在下跌的行情中，他们更是见跌就逃，唯恐重蹈覆辙，从来不认真考虑和评估自己行为的合理性。"惶惶如丧家之犬，急急如漏网之鱼"是这类投资者的形象比喻。

证券市场中的涨跌十分正常，就像晴天转阴、阴天转晴天一样自然。股市也是一个消息满天飞的场所，其中有相当一部分的消息是有人故意散布的，有庄家散布的，也有被套者散布的。庄家如果想出货，更会营造市场的乐观气氛，拉升价格，而不知内情的散户们忙着奔走相告、积极吸货，完全忘记了风险，面对高企的价格奋不顾身地猛追，盲目地搏杀，抢着接最后一棒。因此，面对市场的各种消息时一定要冷静对待，认真客观地分析一下，然后理智地做出决定。

活动三　盲从与随意

一、盲从

所谓盲从，是不问是非地附和别人。在证券市场中的表现就是别人怎么做自己就跟着，缺乏主见。这样是很危险的，很容易使自己遭受损失。但很多人认识不到这一点，赔了钱不是从自身找原因，而是埋怨某个股评家的误导。其实，投资者如果自己对所心仪的股票了解不多，对宏观经济的走势把握不透，听一听专家的建议是有好处的，对自己的投资是有帮助的。但是，专家的意见和建议只能作为参考，因为任何人都不可能以自己有限的经验涵盖瞬息万变的市场，证券市场里没有放之四海而皆准的真理。因此参考是可以的，千万不能依赖，更不能盲从。市场上这种例子很多，投资者应当吸取教训。当今社会信息高度发达，影响证券价格的因素非常多，即便是一些经验丰富的专家、股评家也可能因为对某些因素把握不当、不及时，给出不合时宜的投资建议。

总之，股市没有专家，只有赢家和输家。投资者必须提高自身素质和修养，培养自己独立的思考能力，而不要过分依赖别人，这才是最终取得投资成功的重要保证。

二、随意

随意是指投资者在做出投资决策时，随意性很大，凭一时情绪决定买进和卖出，做完交易后，自己感到莫名其妙。当时为什么买，为什么卖，连自己也搞不清楚缘由。这些投资者把投资证券看得过于简单，不注重平时信息的收集，不深入思考，更不认真学习。

投资者的随意行为是对自己的不负责任，也是对家庭的不负责任。要想在证券市场长期立足，投资者不能只看证券的行情信息，更要关心国家政治、经济等多方面信息，努力学习知识，慎重做出投资决策。俗话说得好：功夫在诗外！当投资者的知识积累到一定程度时，就会发现看问题的角度与以前不同了，思维方式也会发生变化。

在证券市场中，手中有钱时自己说了算，手中有股时则是市场说了算。当你选择买入某只股票时，一定要慎重，要认真收集相关的资料信息，反复比较分析，最后慎下决定。投资者如果没有足够说服自己的理由，还是不要轻举妄动为好。

活动四　多疑与犹豫

多疑和犹豫也是投资者在证券市场中常见的一种心理行为现象。

一、多疑

多疑绝不是怀疑。怀疑是人类的天性，怀疑就是对别人的观点或某一结论有疑问，不完全相信。从本质上说，怀疑是一切科学的起点。因为只有怀疑了，才不会盲从，才不会犯前人的错误；只有不犯前人的错误，才有可能做出新的东西，这就是创新。因此，怀疑是创新的原动力。

但多疑则走到了极端，是一种病态的心理，就是对一切事物都怀疑，甚至无中生有。如别人无意之中看自己一眼，就以为别人不怀好意，别有用心；当自己做错了事，即使别人不知道，也怀疑别人早就知道，好像正盯着自己似的。在证券市场中，多疑投资者的神经高度敏感，他们既不信投资专家对后市的判断，也不信任政府对证券市场监督和管理的能力，有时甚至对自己的判断和投资策略也会产生怀疑。

二、犹豫

人在面对选择的时候，总是会前思后想，不断比较各种情况下的成本和收益，最终确定选择方案。一旦方案确定，执行起来就应果断、干脆。但在证券市场中，有更多的中小投资者经过“认真思考”后决定买入股票时，则是“举棋不定”、“拖泥带水”。在市场的底部区域，股票的价格在多数中小投资者的犹豫不决中逐步攀升，最终使自己的持仓成本增加。在股市回落时，股票的价格也在其犹豫中逐节跌落，致使账面利润不断缩水。

阅读材料

杭萧钢构——三人合谋获利4 037万元？

杭萧钢构案，被称为中国全流通市场时代的第一要案。

事情的起因是杭萧钢构2007年年初与中国国际基金有限公司签订了300多亿元的安哥拉安居房工程。但杭萧钢构并未按规定及时披露合同信息，并做出了误导性陈述，被不法分子找到了可乘之机——杭萧钢构管理层的一名离职高管开始大肆坐庄，获利超过4 037万元！

2007年，杭萧钢构董事长在企业年度总结表彰大会上透露300多亿元的安哥拉项目，但紧接着在2月中旬的股东大会上，杭萧钢构对外表示：“担心合同尚未有实质性的履行……公司存在不继续执行合同的可能”，因此没有将300亿合同的消息发布。但这却给了消息灵通的前高管以可乘之机。殊不知，任何一个国家的资本市场，对于“消息”的触觉神经都是异常敏锐的！

证监会在对杭萧钢构调查后认定，杭萧钢构在信息披露中主要存在两类违法违规行为：一是未按照规定披露信息，二是披露的信息有误导性陈述。

对于上市公司而言，公开、透明是基本的信息披露原则。让所有股东了解企业动态以及运营状况，是管理层应该尽的义务。

资料来源：http://blog.10jqka.com.cn。

任务三　证券投资心理行为的误区与调节

在证券投资过程中，投资者在投资行为中经常表现出一些令常人无法理解甚至事后自己也难以想象的行为。例如：人们倾向于高估小概率事件出现的可能性，而低估大概率事件出现的可能性；人们倾向于表现出赌徒的心态来预测暂时未出现的事件将在最近出现；人们倾向于高估对他们有利的事件的真实概率，低估对他们不利的事件的真实概率等。

此外，投资者在进行投资决策时常表现出过分自信、损失回避、避免后悔等心理，往往过分相信自己对股票价值判断的准确性，过分偏爱自己掌握的信息；对于收益和损失，投资者更注重损失带来的不利影响等。这正是由投资心理与行为误区带来的影响。

投资是高智商的游戏，在这个游戏里，只有战胜了自己，才能战胜别人。既然称之为心理误区，那就不可能完全避免，但是对于这些误区的把握，可以帮助投资者尽可能地避免这一类的错误。

活动一　投资心理行为误区的表现

投资心理行为误区就是投资者在投资活动中，面对大量的信息和复杂的环境，无法摆脱自我个性心理特征的影响，受感觉、情绪、性格及思维定式的影响，从而使自己不能对信息进行正确的分析和判断，做出违背常理的投资活动行为。

在投资活动中，来自于内心深处内部的压力与来自于市场外部的压力会相互作用，共同影响人们的投资决策。如果投资者在投资时不能把握好这种心理上的问题，就可能错误地估计投资价值，以至于在不恰当的时间、不合适的价位，买入或卖出不应该买卖的股票。在实际的投资中主要表现在以下几个方面。

一、赌博心理，急于求成

有些投资者没有正确的投资理念，总是带着一夜暴富的赌博心理来投资股票。带着这种心理来参与证券市场的投资者，总是希望能一朝发迹。他们恨不得捉住一只或几只好股，好让自己一本万利；他们一旦在股市投资中获利，多半会被胜利冲昏头脑，像赌棍一样频频加注，恨不得把自己的身家性命全押在股市上。而当自己在股市上失利时，他们常常会不惜背水一战，把资金全部投在股票上，结果多半是蒙受巨额损失。

这种投资者的投机动机要远强于投资动机，他们总喜欢拼运气、搏短差，捞一把就走。他们也常常会做出孤注一掷的举动，寄希望于一次证券投资后能成为百万富翁。尤其是当他们在证券市场上稍有所获后，更容易失去理智，他们会把其所有的资金，甚至不惜借贷资金，全部投入，以期斩获巨额收益。反之，当他们在市场失利时，又往往像赌徒一样，会输红眼，然后不惜在市场拼死一搏。

赌徒型投资者经常赔钱，因为这种投资者是完全根据直觉行事的，往往把“宝”押在特定的品种和时段上。实际上，证券投资需要经得起时间的考验，任何想一夜暴富的心态都是错误的。

二、知错不改与恶习难改

知错不改与恶习难改是股市常见的另一种心理行为现象。

大量研究表明，投资者所表现出来的整体学习能力，还不如智力有障碍的孩子，即使错误是如此的显见，他们仍然不时地重蹈覆辙。投资者坚持错误观点的一个理由是他们产生了确认性偏差，即他们往往会重视那些能支持其投资行为的资料，而忽略那些不支持甚至是与自己观点相左的资料。比如，空仓的投资者怎么分析都认为要跌，即使是确定性的利好，也非要认为“利好出尽是利空”；满仓的投资者不论听到什么消息都不觉得是利空，即使是确定性的利空，也会说成是“利空出尽是利好”。

投资者对市场趋势的判断与情绪也有密切关系，而情绪的高低又与先前的市场状况相关，于是人们对市场的判断也就与市场过去的走势高度相关，这也是一种惯性现象。因此，在大多数情况下，投资者趋向于把预测未来当做一项延续过去趋势的外推工作，而不太注意寻找趋势的拐点。

人们还容易被自己所了解的现实所蒙蔽。大多数投资者不太愿意买自己太熟悉的绩差股，而去投机其他的绩差股；还有的投资者专门卖股价低廉的股票，认为这些股票很安全；专业人士则容易对利空产生过度悲观而对利好产生过度乐观。人们对自己了解的信息反应过度，而对自己不清楚的事情则考虑不足。埃里克·霍夫说过：“我们大多数人对于不喜欢的事实都视而不见。虽然事实就摆在我们面前，置于我们鼻子底下，堵在我们的喉咙里，但我们还是不承认它。”

三、卖优留劣，避免后悔

投资者会避开导致遗憾的行为，而去追求自以为好的行为。当投资者的一项决策被认定是正确的、该项投资会为其带来盈利时，就会引发投资者情感上的快乐。而当投资者认识到一项决策是错误的，或购入的股票为其带来损失时，就会引起其心理上的痛苦。但当该股票所带来的亏损只是账面上的浮亏时，投资者往往有这样的感受，只要不卖出，就有赚回来的可能。

比如：你有两只股票，股票甲和乙。股票甲目前盈利 60%，股票乙目前亏损 30%。你会卖出谁？心理学家的调查表明，绝大多数投资人的选择是卖出股票甲而持有股票乙，因为卖出股票甲会给自己带来情感的快乐，而卖出股票乙则会给自己带来情感的痛苦。这就得到了那个看似可笑却真实地发生了很多次的结论：人们倾向于过早地卖出赚钱的股票，而长期持有亏钱的股票，以避免后悔。

四、反应不足和过度反应

众所周知，物体具有惯性，这是真理。道氏理论的基石之一——股票的价格也具有惯性——已经被证实是错误的。尽管股票的价格没有惯性，然而，股票价格背后的人的思维是有惯性的。这一思维的惯性也使每年的股市中的许多投资者蒙受损失。人的思维惯性会使指数和股价的波动因受到阻力线和支撑线的约束，而幅度逐渐减小或增大。因为市场不断有各种利好和利空刺激，市场在上一个振荡过程没有完成时，可能会突然进入第二甚至第三个震荡过程。这种惯性会造成投资者对市场的信息反应不足或反应过度。

从思维惯性的角度，可以对上述的过度反应和反应不足现象进行解释。投资者对前阶段的某些趋势形成了思维惯性，于是其后的行为惯性造成了反应不足，但当投资者认识到前一阶段反应不足后，会在下一阶段以过度反应的方式进行补偿。当市场有利好或者利空的消息时，投资者因思维惯性，对目前某些新信息和新变化一时反应不过来而造成反应不足，随之而来的下一阶段则又是反应过度。其实，庄家的某些坐庄手段也是想在跟庄者的大脑中建立某种条件反射，并在最后的关键时刻，利用这种条件反射兑现盈利。

了解股票和投资者思维上的惯性后，自然会联想到如何防止和利用惯性。首先，当发现股票已经跌到平衡或合理的位置时，不要急于买进，惯性会使股票跌到合理位置之下，这时才是买进和补仓的好机会。其次，当股票上升到合理位置时，同样不要轻易抛出，等到惯性使股票涨到不太合理的位置后，才是实现利润最大化的好时机。利用投资者思维惯性的最佳买卖时机如图 8—3 所示。

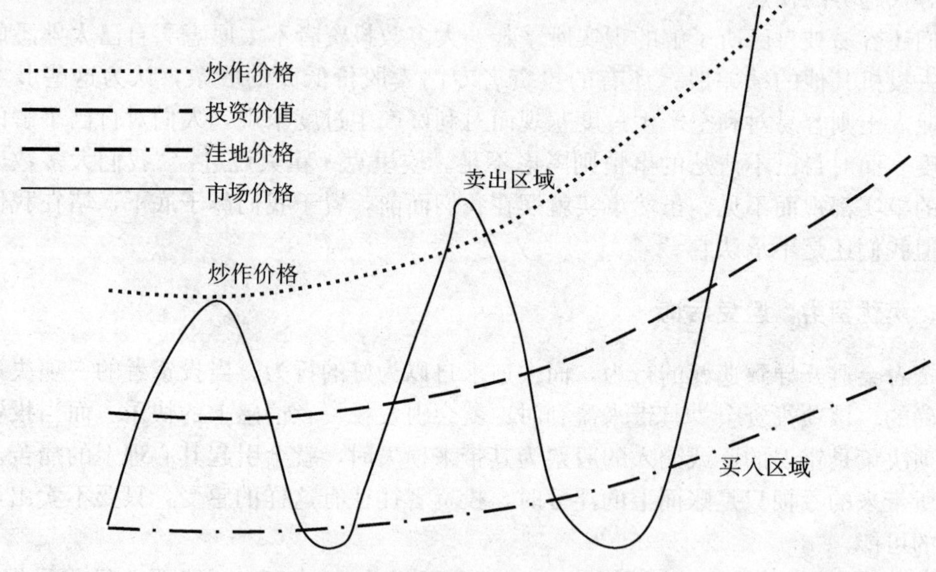

图 8—3　利用投资者思维惯性的最佳买卖时机

活动二　对投资者的心理行为误区进行调适

证券市场是高风险的投资场所，投资者要克服心理行为误区，进行科学合理的投资行动，就必须要对投资者的心理行为误区进行调适，以减少投资失误。投资者注重以下投资素养的养成具有重要意义。

一、制定详细的投资计划

投资者要想保证自己的投资取得成功，一个详细投资计划的制定是保证投资顺利进行的首要条件。正如彼得·林奇所指出的那样："如果你能执行一个固定的投资计划，而不理睬市场所发生的变化，你会得到丰厚的回报。"

制定投资计划的最大好处就在于，它可以使投资者提高投资的客观性，减少情绪性，从而在变幻莫测的市场中始终坚持自己的投资理念。投资者一旦写出投资计划，就很容易评估各方面的情况，比如计划的设计是否符合市场的逻辑，是否存在个人的偏见，在发生出乎意料的情况时应该采取哪些对策等。

对大多数投资者来说，可能不会制定投资计划，甚至拒绝制定投资计划。投资者不制定投资计划，既可能有知识方面的原因，也可能有能力方面的原因；而反对制定投资计划的人，是因为他们不喜欢按固定的原则进行投资，总认为市场多变，无规律可循，计划不如变化快，总喜欢按自己一时的冲动去投资，往往产生一连串的投资失误，最终以投资失败而告终。

凯恩斯指出：证券投资这种游戏，对于一点赌性都没有的人，是一件既无聊又烦琐的事。至于有赌性而对投资又有兴趣的人，想以此为业，就必须付出适当的代价。这就是说，要在股市上有所成就，就必须把股票投资当成重要的工作，而不只是赌博冒险。既然是一项工作，就要按工作计划来展开。

投资计划要考虑以下几方面的情况：

首先，要客观分析自身的风险承受能力。分析自身的风险承受能力是进行证券投资的前提。不同的投资者具有迥异的风险承受能力，如果一项投资失败会影响投资者的生活水平，投资者就没有承受该投资风险的能力。对于到证券市场进行投资的投资者来说，一定要用闲钱投资，要用三到五年都不用的钱来投资。投资专家刘彦斌曾经说过，投资股票的钱一定不能是等着吃饭的钱，不能是看病的钱，不能是孩子上学的钱，不能是孩子结婚的钱，不能是买房子的钱，不能是养老的钱……一句话，一定是不用的闲钱。

其次，要考虑投资资金的数量。不同数量的资金，在投资过程中的投资策略也不一样。如果投资者只有数万元的资金，在制定投资计划时，就不必构建投资组合，只要买入一只、两只股票，最多三只股票，把有限的资金放在少数的"篮子"里精心照管；如果投资者资金的数量较为庞大，在制定投资计划时，就要考虑分散投资了。

再次，要考虑投资者的投资风格。不同性格特征的投资者，具有不同的投资风格。有的喜欢大得大失的刺激，有的喜欢少得少失的稳健。如果为喜欢冒险的投资者制定一份货币型基金、政府国债类的投资方案，这一投资能否得到有效的贯彻执行就会成为疑问。所以，投资计划一定要考虑投资者的风格，使投资计划和自身的投资风格相适应。

最后，要考虑投资的期限，因为时间可以熨平证券市场中的一切风险。投资的期限不同，投资计划中的投资策略也不相同。如果投资者允许的投资期限只有半年到一年，那最好的投资对象就是银行存款、货币市场基金、政府国债等；如果投资者的投资期限在三年以上，投资者就可以考虑股权投资了。

二、明确投资目标

人生没有明确的目标，就会像在大海里漂泊的航船，就不会有全力以赴的行动。在股市投资中，投资者也必须要确立自己的目标。如果目标不能确定，投资者的心理就会经受种种欲望的冲击，自己的心态就会随着股市的波动而起伏，就容易出现失误。

投资目标的确立有助于投资者把自己的精力从外部转向自身，这样在投资出现问题时，就不会仅仅从外部寻找原因、怨天尤人，而会更好地审视自己，从自身寻找原因，分析总结自己的经验教训，更好地完善自己，以使自己更加成熟，使投资行为更加理性。

三、学会控制自己

人的心理状态对投资决策影响很大，学会控制自己的心理是很重要的一项本领。有过几年实战经验的投资者就会发现，掌握大盘阶段性的运行趋势有时并不难，难的是在得出结论后如何说服自己去执行。因此，学会控制自己是投资者必修的一门功课。

对股市的职业投资者而言，世界可以划分为简单的两部分，第一部分是自己内心的一切，第二部分是自己以外的一切，即主观和客观。如果一个人可以控制第一部分，那么他就可以立于不败之地，如果再可以控制第二部分，那他就是这个市场的主宰，但如果只能控制第二部分而不能控制第一部分，那他可能是一个恶魔，最终将因无法战胜自己而毁灭。比如，市场中很多中小投资者都热衷于打探庄家的意图，其实这是中小投资者的身外之事，是自己所不能控制的事情。投资者自己可以控制的是用多大比例的资金跟庄，出现意外后如何止损。

在市场中，投资者的投资行为要经过事先认真分析、思考后再做决定。在实施时，一定要冷静分析，理智决定，控制好自己的行为。

四、保持平常心态，遇事果断冷静

心态是投资能否成功的重要因素之一。投资者应以投资的心态介入股市，并且要保持良好的心理状态。股市如潮，有涨有跌，涨多了就要回调，跌多了就要反弹。虽然介入投资市场都是为了赚取投资收益，但投资毕竟有风险，毕竟会有赚、有亏。特别是股市中的短期投机有时会赚到很大的收益，但投机也同样会使投资者损失惨重。因此，投资者在股市中搏击最重要的是调整好自己的心态。在此基础上，还要理解和掌握股市的基本规律，逐步达到处乱而不惊的境界。

当股指或股价处于长期上涨的过程中时，就应认识到上涨是风险积累的过程；当股指或股价处于长期下跌的过程中时，应明白这意味着风险在释放。因此，投资者如果在股市的风险得到较好的释放之后买入股票，而待股价上涨、风险增加到一定程度时就卖出持股，如此反复，月积年累，必将在股市中获得不菲的收益。反之，若乱了心态，其操作行为也会反其道而行之，即使整天忙于股市也难有作为。

其实，在证券市场中，机会往往在犹豫中溜走，套牢常常在犹豫中降临。要想把握好机会，投资者就要保持良好心态，遇事果断冷静。投资者平时要注意培养自己独立的判断分析能力，锻炼遇事果断冷静的处事风格，只有这样，投资者在发生错误的时候才能及时止损、止盈，果断处理，该出手时就出手。

五、认识市场，认识自我

中国股市有自己的特点。真正的大牛市和大熊市的产生，往往是某一种投资理念得到了反复验证和广泛认同的时候。某种理念一旦被证实为正确，就会被更广泛的投资者所认同并采用，当越来越多的人采用这种理念时，就会使得理论在市场中得到更好的证实，此后又会使更多的人采用这种理论指导，最终会导致这种理论和方法失效。

当市场逐步走向狂热或极度低迷的时候，就会出现“反转”。针对我国深沪股市的特性，也有学者测定过中国股市的反转周期和动量周期，找出了深沪股市中反向操作和惯性操作的最佳周期。他们对 2001 年以前的市场进行实证研究发现，反转效应的周期在 9 个月。值得注意的是，这种周期并非十分稳定。机构投资者如果依据这两个效应设计投资策略，那么最好在每次设计前，重新估算当前市场的周期，并根据趋势预测下阶段的周期参数。根据我国有关学者的研究结果，相对股市最初的 10 年，从 2001 年开始，我国沪、深股市动量效应和反转效应的周期正处在缓慢延长的过程之中，即市场越成熟，操作的平均周期就趋向越长。

投资者在认识市场的同时，更应该认识自我。性格决定命运，不同的性格对投资收益会产生重要的影响。

人的气质是个人心理活动的稳定的特征。性格是人在现实的、稳定的态度和习惯化的行为方式中所表现出来的个性心理特征。性格和气质的关系十分密切，它们都是人脑的活动。人的气质类型分为四类：胆汁质、多血质、黏液质、抑郁质，这四种气质，各有优点，也各有缺点。因此，投资者在参与投资时，一定要根据自己的气质类型，选择适合自身特点的投资策略和方法，选择适合自身性格的投资工具，避开自己气质上的缺点，发扬自己的优势。

金融投资过程可以看成是一个动态的心理均衡过程，包括对市场的认知过程、情绪过程和意志过程。认知过程往往会产生系统性的认知偏差，情绪过程和意志过程可能会导致系统性的或非系统性的情绪偏差，意志过程则可能受到认知偏差和情绪偏差的影响。这些偏差由于金融市场可能存在的群体偏差或羊群效应而导致投资或投资组合中的决策偏差。投资决策偏差就会使资产价格偏离其内在的价值，导致资产定价的偏差。而资产定价偏差往往会产生一种锚定效应或框定效应，反过来影响投资者对资产价值的判断，进一步产生认知偏差和情绪偏差，这就形成一种反馈机制。在这个“反馈环”中，初始羊群效应使得偏差形成，而强化羊群效应使得偏差扩散和放大。

结论

证券市场是由众多投资者组成的。证券的价格是由投资者的心理行为决定的，证券价格的波动就是投资者心理的波动。证券投资者个人在投资活动中会表现出一些行为特征，包括过度自信、重视身边和熟悉的事物、回避损失、事后后悔、从众等。由投资者组成的群体，在投资活动中却会出现群体投资行为极化、投资决策平庸化、众从、群体锚定效应等。熟悉这些心理行为特征，对投资活动有很好的帮助。

投资者要想获得投资成功，就需要战胜自我。克服投资过程中的恐惧和贪婪、焦躁和慌乱、盲从和随意、多疑和犹豫等不正常的心理现象，是获取投资成功的第一步。了解和把握好投资心理行为误区，可以减少投资中的错误操作，避免投资出现更大的损失。投资计划的制定和执行可以帮助投资者避免进入投资误区。

复习题

1. 为什么要了解投资者的心理与行为基础知识，这对我们重新审视投资现象、理解投资活动有什么意义？

2. 试说出投资者个体在投资活动中的心理行为特征。了解这些心理行为特征，对投资活动有哪些帮助？

3. 在投资活动中，投资群体有哪些心理行为特征？了解群体心理行为特征，对投资活动有什么意义？

4. 贪婪和恐惧对投资活动有什么危害？

5. 解释投资活动中的盲从和随意，说明盲从和随意对投资者的危害。

6. 投资活动中的心理行为误区主要有哪些？它们对投资活动分别有何种影响？

7. 投资者如何才能避免投资活动中的心理行为误区？

问题与应用

1. 一个月以前，你以20元/股购买了两只股票，现在一个你信任的股评家告诉你，大盘要下跌。此时你也正需要回收一部分资金，只要卖出其中的一只股票就可以获得你需要的现金。这时，你会选择卖出哪只股票？你是会卖出现在的价格是19元/股，即每股亏1元的股票；还是会卖出现在的价格是21元/股，每股赚1元的股票？为什么你会做出这样的选择？

2. 假设现在你的手头持有两只股票。这两只股票基本一样，如果上涨，你就能盈利5 000元；如果下跌，你就会损失5 000元。它们唯一的不同在于上涨和下跌的可能性不一样。第一只股票有50%的可能上涨，有50%的可能下跌。第二只股票上涨和下跌的可能性大小是未知的（同时排除价格不涨不跌的情况）。那么，你更偏爱于哪一只股票呢？如果你打算出售，你会选择先出售哪一只股票？

3. 某一天你去逛超市，当你走进第一家超市时发现买一件夹克衫要125元，买一个计算器要15元。超市的售货员告诉你：你要买的计算器在另一家商店只需10元，但要走20分钟的路。你会去另一家商店吗？

假设在另外一种情况下，计算器的价格还是15元。售货员告诉你：你要买的夹克衫在另一家商店只需120元，但要走20分钟的路。你会选择去另一家商店吗？

4. 烈日炎炎的夏日，你路过两家同一零售商开的冰激凌店：一家把255克的冰激凌装在250克的杯子里面，看上去快要溢出来了；另一家把270克的冰激凌装在300克的杯子里，所以看上去还没装满。但是由于两家冰激凌店隔着一段距离，你无法比较哪一家的实际分量更多一些。此时，你觉得你更有可能为哪一杯冰激凌支付比较高的价格呢？是满满的那一小杯还是空空的那一大杯？为什么？

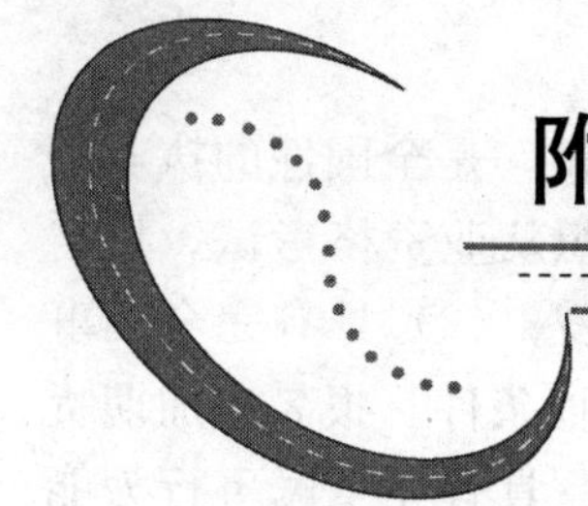

附录

证券、期货、银行业相关资格考试

1. 全国证券从业人员资格考试

主办方：中国证券业协会

网　址：www. sac. net. cn

简　介：证券从业人员资格考试是由中国证券业协会负责组织的全国统一考试，是进入证券行业的必备证书，是进入银行或非银行金融机构、上市公司、投资公司、大型企业集团、财经媒体、政府经济部门的重要参考。因此，参加证券从业人员资格考试是从事证券职业的第一道关口，证券从业资格证同时也被称为证券行业的准入证。该考试时间由证券业协会每年统一确定，已全部采用网上报名，采用全国统考、闭卷方式对学员进行考核。

中国证券业实行从业人员资格管理制度，由中国证券业协会在中国证监会的指导监督下对证券业从业人员实施资格管理。

证券公司、基金管理公司、基金托管机构、基金销售机构、证券投资咨询机构、证券资信评估机构及中国证监会认定的其他从事证券业务的机构中从事证券业务的专业人员，必须在取得从业资格的基础上取得执业证书，从事相应的证券活动。

考试成绩合格可取得成绩合格证书，考试成绩长年有效。通过基础科目及任意一门专业科目考试，即取得证券业从业资格；符合《证券业从业人员资格管理办法》规定的从业人员，可通过所在公司向中国证券业协会申请执业证书。

证券从业资格证书由中国证券业协会颁发，是从事证券行业工作必须持有的资格证书，全国范围内有效。

2014 年证券从业人员资格考试时间安排：

项目	考试时间	考试名称	报名时间	考试地点
证券业从业人员资格考试	3 月 22 日、23 日	全国统一考试第 1 次	1 月 9 日—2 月 13 日	北京、天津、石家庄、太原、呼和浩特、沈阳、长春、哈尔滨、上海、南京、杭州、合肥、福州、南昌、济南、郑州、武汉、长沙、广州、南宁、海口、重庆、成都、贵阳、昆明、西安、兰州、西宁、银川、乌鲁木齐、大连、青岛、宁波、厦门、深圳、苏州、温州、泉州、拉萨
	6 月 21 日、22 日	全国统一考试第 2 次	4 月 10 日—5 月 8 日	
	9 月 20 日、21 日	全国统一考试第 3 次	7 月 17 日—8 月 14 日	
	11 月 29 日、30 日	全国统一考试第 4 次	10 月 8 日—10 月 31 日	

2. 全国期货从业人员资格考试

主办方：中国期货业协会

网　址：www. cfachina. org

简　介：期货从业人员资格考试是期货从业准入性质的入门考试，是全国性的执业资格考试。依照《期货从业人员管理办法》，中国期货业协会负责组织从业资格考试。报名参加期货从业人员资格考试，应当符合下列条件：(1) 年满 18 周岁；(2) 具有完全民事行为能力；(3) 具有高中以上文化程度；(4) 中国证监会规定的其他条件。报名参加期货投资分析考试的人员，应当符合下列条件：(1) 年满 18 周岁；(2) 具有完全民事行为能力；(3) 已取得期货从业人员资格考试合格证；(4) 具有大学本科及以上学历或同等学力；(5) 中国证监会规定的其他条件。

期货从业人员资格考试科目为两科：期货基础知识和期货法律法规。上述两科考试通过后，可报考期货投资分析科目。每科目考试时间均为 100 分钟。

2014 年期货从业人员资格考试时间安排：

<table>
<tr><td>考试</td><td>报名时间</td><td>考试时间</td><td rowspan="6">北京、天津、石家庄、太原、呼和浩特、沈阳、长春、哈尔滨、上海、南京、杭州、合肥、福州、南昌、济南、郑州、武汉、长沙、广州、南宁、海口、重庆、成都、贵阳、昆明、西安、兰州、银川、西宁、乌鲁木齐、拉萨（拟定于 5 月考试）、大连、青岛、宁波、厦门、深圳</td></tr>
<tr><td>第一次</td><td>1 月 13 日—2 月 12 日</td><td>3 月 15 日</td></tr>
<tr><td>第二次</td><td>3 月 17 日—4 月 16 日</td><td>5 月 10 日</td></tr>
<tr><td>第三次</td><td>5 月 20 日—6 月 19 日</td><td>7 月 12 日</td></tr>
<tr><td>第四次</td><td>8 月 5 日—9 月 4 日</td><td>9 月 27 日</td></tr>
<tr><td>第五次</td><td>9 月 25 日—10 月 24 日</td><td>11 月 22 日</td></tr>
</table>

2014 年期货投资分析科目考试时间安排：

<table>
<tr><td>考试</td><td>报名时间</td><td>考试时间</td><td rowspan="3">北京、天津、石家庄、太原、呼和浩特、沈阳、长春、哈尔滨、上海、南京、杭州、合肥、福州、南昌、济南、郑州、武汉、长沙、广州、南宁、海口、重庆、成都、贵阳、昆明、西安、兰州、银川、西宁、乌鲁木齐、拉萨（拟定于 5 月考试）、大连、青岛、宁波、厦门、深圳</td></tr>
<tr><td>第一次</td><td>3 月 17 日—4 月 16 日</td><td>5 月 10 日</td></tr>
<tr><td>第二次</td><td>9 月 25 日—10 月 24 日</td><td>11 月 22 日</td></tr>
</table>

3. 银行业专业人员职业资格考试

主办方：中国银行业协会

网　址：www. china-cba. net

银行业专业人员职业资格分为初级、中级和高级 3 个资格级别，初级职业资格采用考试的评价方式，报考条件为：(1) 年满 18 周岁；(2) 具有完全民事行为能力；(3) 具有大学专科以上学历或者学位。考试科目：银行业法律法规与综合能力科目加上任意一门专业科目，专业科目为个人理财、风险管理、公司信贷及个人贷款。

2014 年银行业专业人员职业资格考试时间安排：

考试	报名时间	考试时间
上半年	3 月 31 日—5 月 16 日	6 月 28 日—6 月 29 日
下半年	9 月 3 日—10 月 10 日	11 月 1 日—11 月 2 日

4. 注册国际投资分析师（CIIA）考试

主办方：中国证券业协会

网　址：www. sac. net. cn

简　介：注册国际投资分析师（Certified International Investment Analyst，CIIA）考试是由注册国际投资分析师协会（ACIIA）为金融和投资领域从业人员量身定制的一项高级国际认证资格考试。通过CIIA考试的人员，如果拥有在财务分析、资产管理和/或投资等领域三年以上相关的工作经历，即可获得由注册国际投资分析师协会授予的CIIA称号。

拥有CIIA资格的专业人士被视为具备适用于不同国际市场的投资分析知识与经验，在投资市场全球化的环境下，是相关专业人士进入国际金融机构的通行证。

2014年CIIA考试时间安排：

考试安排	报名日期	考试日期
CIIA 3月考试	1月10日—18日	3月12日
CIIA 9月考试	6月14日—27日	9月17日

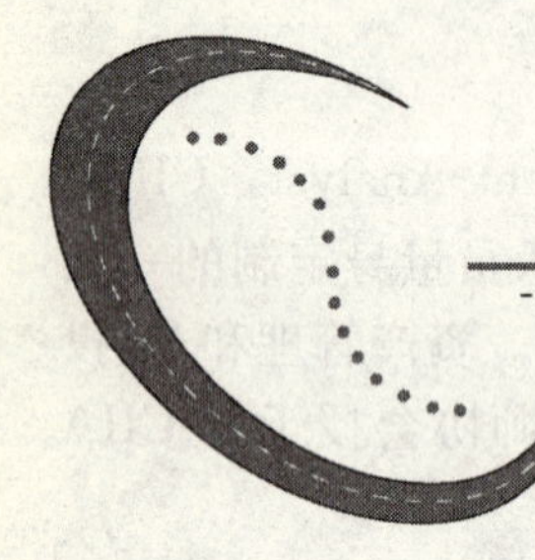

参考文献

1. 于长富，施元忠．证券投资学．北京：冶金工业出版社，2008.

2. 高鹏举．证券投资理论与实务．北京：机械工业出版社，2008.

3. 中国证券业协会．证券投资基金．北京：中国财政经济出版社，2008.

4. 陈江挺．炒股的智慧．北京：经济科学出版社，2004.

5. ［瑞典］卡尔·基林兰著．股市大众心理解析．李若愚，译．北京：机械工业出版社，2001.

6. 徐晓鹰．证券投资心理和行为分析．北京：中国物资出版社，2005.

7. ［英］乔纳森·迈尔斯．股市心理学．虞海侠，译．北京：中信出版社，2004.

8. 张颖．个人理财教程．北京：对外经济贸易大学出版社，2007.

9. 杜金富．金融市场学．北京：中国金融出版社，2007.

10. 魏涛．投资与理财．北京：电子工业出版社，2007.

11. 中央国债登记结算公司．债券投资基础．北京：中国金融出版社，2007.

12. 谷有利．证券投资实务．北京：中国纺织出版社，2008.

13. 中国债券信息网（http://www.chinabond.com.cn/）.

14. 晨星中国网站（http://cn.morningstar.com）.

15. 中国基金网（http://www.cnfund.cn）.

16. 中国证券监督管理委员会网站（http://www.csrc.gov.cn）.

17. 证券之星网站（http://www.stockstar.com）.

18. 东方财富网站（http://www.eastmoney.com）.

19. 新浪财经（http://www.finance.sina.com.cn）.

图书在版编目（CIP）数据

证券投资实务/杨立功主编. —2 版. —北京：中国人民大学出版社，2014.10
21 世纪高职高专规划教材. 金融保险系列
ISBN 978-7-300-19477-6

Ⅰ.①证… Ⅱ.①杨… Ⅲ.①证券投资-高等职业教育-教材 Ⅳ.①F830.91

中国版本图书馆 CIP 数据核字（2014）第 232425 号

21 世纪高职高专规划教材・金融保险系列
证券投资实务（第二版）
主　编　杨立功
副主编　景海萍
参　编　周　嵘　赖朝果　崔　嵩
Zhengquan Touzi Shiwu

出版发行	中国人民大学出版社		
社　　址	北京中关村大街 31 号	**邮政编码**	100080
电　　话	010－62511242（总编室）		010－62511770（质管部）
	010－82501766（邮购部）		010－62514148（门市部）
	010－62515195（发行公司）		010－62515275（盗版举报）
网　　址	http://www.crup.com.cn		
	http://www.ttrnet.com（人大教研网）		
经　　销	新华书店		
印　　刷	北京宏伟双华印刷有限公司	**版　　次**	2011 年 12 月第 1 版
规　　格	185mm×260mm　16 开本		2015 年 1 月第 2 版
印　　张	16	**印　　次**	2015 年 1 月第 1 次印刷
字　　数	377 000	**定　　价**	32.00 元

教师信息反馈表

为了更好地为您服务，提高教学质量，中国人民大学出版社愿意为您提供全面的教学支持，期望与您建立更广泛的合作关系。请您填好下表后以电子邮件或信件的形式反馈给我们。

您使用过或正在使用的我社教材名称		版次	
你希望获得哪些相关教学资料			
您对本书的建议（可附页）			
您的姓名			
您所在的学校、院系			
您所讲授课程的名称			
学生人数			
您的联系地址			
邮政编码		联系电话	
电子邮件（必填）			
您是否为人大社教研网会员	□ 是，会员卡号：________ □ 不是，现在申请		
您在相关专业是否有主编或参编教材意向	□ 是 □ 否 □ 不一定		
您所希望参编或主编的教材的基本情况（包括内容、框架结构、特色等，可附页）			

我们的联系方式：北京市海淀区中关村大街甲 59 号文化大厦 1508 室
中国人民大学出版社教育分社
邮政编码：100872
电话：010-62515912
网址：http://www. crup. com. cn/jiaoyu/
E-mail：cruplya@126. com